40주제로 이해하는 윤리와 사상 개념 사전

박찬구 · 양일모 · 최유진 · 정원섭 · 박지운 · 안인선

씨마스

Introduction

고등학교 '윤리와 사상' 교과서는 한국을 비롯한 동서양의 주요 윤리 사상과 사회사상에 대한 체계적인 학습을 통해 자신의 도덕적 신념과 바람직한 윤리관을 정립해 나가도록 돕는 데 주안점을 두고 있다. 고등학교 '생활과 윤리'가 현대사회의 다양한 윤리적 이슈들을 직접 다루는 일종의 '응용 윤리'라면, '윤리와 사상'은 그러한 윤리 문제들의 배후에 놓인 이론적·사상적 토대를 다루는 일종의 '이론 윤리'라고 할 수 있다.

하지만 '윤리와 사상' 교과서를 처음 접하는 학생들은 대개 '어렵다'는 반응을 보인다. 그 이유는 다양한 현실적 이슈를 직접 다루는 일보다는 그 사상적 배경을 이론적으로 이해하는 일이 훨씬 어렵기 때문이다. 그뿐만 아니라 교과서에 등장하는 다양한 윤리 사상과 사회사상을 제대로 이해하기 위해서는 그 이론적 배경에 대한 지식과 추상적 사고 능력이 요구되기 때문이다.

오늘날처럼 물질과 본능적 욕망을 추구하는 시대일수록 우리는 정신적 가치와 이성적 성찰을 중시하는 윤리의 목소리에 귀 기울이지 않을 수 없다. 또 오랜 세월에 걸쳐 인류의 지성이 쌓아 온 다양한 사상을 돌아보지 않을 수 없다. 비록 처음에는 어렵게 보일지라도 진지한 문제의식과 젊은이다운 기상을 지닌 학생이라면 기꺼이 도전해 볼 만한 과목이 바로 '윤리와 사상'이다.

이 책의 취지는 이러한 진지함과 도전 정신을 지닌 학생들이 '윤리와 사상' 교과서에 나오는 주요 개념들을 그 배경 지식과 더불어 쉽게 이해하도록 돕는 데 있다. 이를 통해 이론적으로 무장한 우리 젊은이들이 현대 사회의 윤리적 난제들을 해결하고 미래 사회의 주역으로 성장하기를 바라마지 않는다.

이 책은 다양한 전공과 경력을 지닌 저자들에 의하여 집필되었다. 모쪼록 '윤리와 사상' 시간에 만나는 선생님과 학생들이 우리의 윤리 문제들을 더 깊게 이해하고 재미있게 배우는 데 도움이 되었으면 하는 바람을 가져 본다.

지은이 씀

❶ **핵심 주제:** 윤리와 사상 교과의 핵심 내용을 40개 주제로 선정하여 정리하였습니다.

❷ **인물 소개:** 각 주제를 대표하는 인물과 그의 사상을 함축하여 소개하였습니다.

❸ **KEY WORD:** 각 주제의 이론을 이해하는 데 필요한 핵심 용어를 알기 쉽게 풀이하였습니다.

❹ **사상과 이론:** 각 주제와 관련된 사상가와 그의 이론을 알기 쉬운 개념으로 설명하였습니다.

❺ **더 알아보기:** 각 주제 이론과 관련하여 궁금한 점이나 심화된 내용을 정리하였습니다.

Contents

01 인간의 고유한 특성

▶ **파스칼** (Pascal, B., 1623~1662)

프랑스의 철학자, 신학자, 수학자, 과학자, 발명가, 작가이다. 주요 저서로는 『팡세』, 『시골 친구에게 보내는 편지』 등이 있다. 그는 파스칼라인이라고 불리는 세계 최초의 계산기를 발명했으며, 파스칼의 삼각형은 수학에서 이항계수를 삼각형 모양의 기하학적 형태로 배열한 것으로 사영기하학의 기초가 되는 정리이다.

사상의 흐름

인간 고유의 특성	인간 본성에 대한 관점	현대의 진화론적 관점
○ 이성적 존재 ○ 사회적 존재 ○ 도구적 존재 ○ 유희적 존재 ○ 문화적 존재 ○ 윤리적 존재	○ 성선설: 인간의 선한 본성 강조 – 맹자, 루소 ○ 성악설: 인간의 이기적 욕구와 욕망 강조 – 순자, 홉스 ○ 성무선악설: 인간 본성은 선하지도 악하지도 않음. – 고자	○ 인간의 도덕성은 진화에 따른 선택의 결과라는 관점 ○ 도킨스, 리들리: 생존 경쟁을 위한 유전자의 이기성이 인간의 이기적 행동과 이타적 행동의 원인 ○ 헉슬리: 진화 윤리론 주장

1 인간이란 무엇인가?

인간으로 태어난 우리가 스스로의 존재 가치를 찾고 의미 있는 삶을 살아가려면 '인간이란 무엇인가?'라는 질문과 마주하게 된다. 이 질문에 답하기 위해서는 먼저 누구나 공감할 수 있는 인간의 특성을 확인할 필요가 있다.

인간은 생물학적 관점에서 볼 때 일종의 동물이라 할 수 있다. 하지만 인간은 외부 자극에 따라 본능적이고 무의식적으로 행동하는 다른 동물들과는 달리 이성 능력을 지니고 있다는 점에서 차원이 다른 존재가 될 수 있다. 또한 인간이 존엄한 존재일 수 있는 것은 자유 의지를 가지고 선한 삶을 살 수 있기 때문이다. 이러한 윤리적 사고 능력이 인간을 다른 동물과 구별할 수 있는 가장 큰 특징이라 할 수 있다.

생각은 인간을 위대하게 만든다. 팔다리가 없는 인간을 떠올릴 수는 있지만 생각이 없는 인간은 떠올릴 수 없다. …… 인간은 자연계에서 가장 연약한 갈대에 지나지 않는다. 그러나 '생각하는 갈대'이다. 여기에 도덕의 근본이 있다.
— 파스칼, 『팡세』

고대 그리스의 사람들은 인간을 인간답게 만드는 것은 인가의 정신 능력, 즉 이성에 있다고 보았다. 즉, 다른 동물과 달리 이성을 가지고 자신의 욕구를 통제할 수 있는 인간을 동물과는 비교할 수 없는 존엄한 존재로 여겼다. 그리스도교에서도 하느님의 형상을 본떠 만든 인간은 다른 동물과는 비교할 수 없는 가치를 지닌 존재로 여겨졌다. 그러나 인간이 동물과는 질적으로 다르다는 이러한 생각은 19세기에 다윈의 진화론이 등장하면서 흔들리기 시작하였다. 인간이 원숭이로부터 진화하였다는 주장은 인간과 동물은 근본적으로 다르지 않다는 것을 이야기하고 있기 때문이다.

근대 이후의 사상가들은 인간만이 가지는 고유한 특성을 밝힘으로써 인간이 동물과 다르다는 것을 증명하려고 하였다. 그리하여 인간만이 가지는 고유한 특성으로, 고도의 사고 능력과 더불어 도구를 사용할 줄 알며(도구적 존재), 문화를 가지고 있으며(문화적 존재), 언어를 사용한다는 것, 또 사회생활을 하며(사회적 존재), 유희를 즐길 줄 안다는 것(유희적 존재) 등을 제시하였다. 그러나 인간만이 가지고 있다고 보았던 이러한 특성들도 정도의 차이는 있지만 동물에게서도 찾아볼 수 있다. 그래서 다른 존재들보다 연약하게 태어난 인간이 만물의 영장이 될 수 있었던 것은 태어난 뒤에 몸에 익히게 되는 여러 가지 기술, 제도라는 문화를 갖고 있기 때문이라고 보았다. 그러나 유인원이나 침팬지도 태어난 뒤에 어미나 동료로부터 배우며, 그와 같은 행동을 집단 단위로 똑같이 행동한다는 사례가 보고되었다. 특히 침팬지는 네 단어로 된 말을 기억하며, 꿀벌이나 개미 같은 곤충들도 사회 조직과 분업 체계가 있다는 사례들이 발견되면서 이러한 것들이 더 이상 인간만의 고유한 특성이라고 보기 어렵게 되었다. 그렇다면 과연 인간만이 가지는 특성은 무엇일까?

철학자 카시러(Cassirer)는 『인간이란 무엇인가』에서 "인간은 끊임없이 자기와 세계의 의미를 찾고 이상을 바라보며 가능한 것을 추구하는 존재이다."라고 하였다. 인간은 자신의 삶의 의미와 가치를 추구하며 끊임없이 무엇이 올바른 것인가를 묻고, 행동하려는 윤리적 존재이다. 인간의 본질은 이러한 정신적 특성에서 찾아야 하며, 상징체계를 가지고 가치와 의미를 추구하며 살아간다는 점에서 찾아야 할 것이다. — 미쿠라야 료이치, 『아주 쉽고도 재미있는 철학 이야기』

2 맹자와 고자의 본성에 관한 논쟁

인간의 본성에 관한 논의에는 다양한 관점이 존재하는데, 이는 맹자와 고자의 논쟁에서도 찾아볼 수 있다. 맹자는 인간이 본래 선한 마음을 가지고 있다는 점에 근거해 성선설(性善說)을 주장한다. 맹자는 우물 안으로 떨어지려는 어린아이를 목격할 경우를 예로 들면서, 인간의 본성에 선의 단서가 내재되어 있음을 주장하였다. 아이가 우물에 빠지려는 것을 볼 때, 누구나 깜짝 놀라며 측은한 마음을 가져 아이를 구하게 되는 것은 외부 요인이 아니라 인간의 선한 마음이 발현된 결과이며, 이러한 마음을 확충한다면 도덕적 존재가 될 수 있다는 것이다. 즉, 사단은 본연의 마음이고 본성에 본래적으로 내재된 도덕적 선의 단서가 될 수 있다는 입장이다.

고자는 타고난 그대로의 특성을 본성으로 여겼다. 따라서 인간의 본성은 태어나면서 자연적으로 가지고 있는 것으로 여기면서, 인간만의 고유한 특성이 아닌 모든 생명체의 생물학적 특성을 본성으로 규정하였던 것이다. 따라서 본성에는 선악이 존재하지 않는다고 주장한다. 이러한 고자의 관점은 인간의 본성은 선하지도 악하지도 않다는 성무선악설(性無善惡說)에 해당된다. 고자는 인간의 본성을 다음과 같이 물에 비유하였다.

> 사람의 본성은 빙빙 소용돌이치는 물과 같아서, 동으로 터 주면 동쪽으로 흐르고, 서쪽으로 터 주면 서쪽으로 흐른다. 사람의 본성 자체에 선함과 불선함의 구분이 없는 것은 물 자체에 동쪽과 서쪽의 구분이 없는 것과 같다.
>
> — 『맹자』, 고자 상

맹자는 고자의 주장에 대해 그가 든 비유를 다시 인용해 반박함으로써 그의 성선설을 논증하였다. 즉, 물 자체에 아래로 흐르는 경향성이 있는 것처럼 인간의 본성 자체에도 선을 향한 경향성이 있으며, 사람이 도덕적 행위를 하는 것은 그러한 본성이 발현한 것이라는 점이다.

> 물 자체에 동서의 구분이 없기는 하지만, 어찌 위아래의 구분도 없겠는가? 사람의 본성이 선한 것은 물이 위에서 아래로 흐르는 것과 같다. 사람은 선하지 않음이 없고, 물은 낮은 데로 흘러가지 않음이 없다. 만약 물을 쳐서 튀어 오르게 하면 사람의 이마 높이를 넘어가게 할 수 있고, 물결을 막아서 거슬러 올라가게 하면 산 위에 이르게 할 수도 있다. 이것이 어찌 물의 본성이 그렇기 때문이겠는가? 밖으로 가해지는 힘이 그렇게 한 것이다. 사람이 불선한 것을 행하게 되는 것 역시 이처럼 본성이 밖의 힘의 영향을 받았기 때문이다.
>
> — 『맹자』, 고자 상

맹자의 인간 본성에 대한 관점은 고자와 분명한 차이를 갖는다. 맹자는 다른 동물과 구별되는 인간 고유의 특성에 주목하고, 그 실마리를 인간의 선한 마음에서 찾았다. 그것이 비록 미세하고 미약한 것일지라도 그것을 보존하고 확충한다면 진정한 인간으로 거듭나게 된다고 본 것이다.

3 순자의 '성악설(性惡說)'

성악설(性惡說)을 주장한 순자는 인간의 인위적 노력을 강조하였다. 그에게 성(性)이란 생물학적 본능을 뜻하는 개념이다. 그런데 생물학적 본능은 생리적 욕구를 포함하고 있기 때문에 악하며, 이러한 인간의 본성을 그대로 따르면 그 결과 바람직하지 못한 사회적 혼란이 필연적으로 발생한다고 본다.

순자는 인간의 본성이 선해질 수 있는 가능성은 인간의 자각적인 노력[僞]에 달려 있다고 본다. 따라서 인간이 선한 행위를 하려면 본성과 인위를 구분하고, 교육을 통해 본성을 선하게 교화해야 한다고 주장한다.

본성이 없다면 인위를 더할 데가 없고 인위가 없다면 본성이 스스로 아름다워질 수 없다. 본성과 인위가 합해진 연후에 성인(聖人)이란 이름이 있게 되고, 천하를 하나가 되게 하는 공도 여기서 성취된다. 그러므로 본성과 인위가 합해져서 천하가 다스려지는 것이라 한다.

– 『순자』, 예론

모든 사람은 배가 고프면 먹기를 바라고 추우면 따뜻하기를 바라며, 피곤하면 쉬기를 바라고, 이익을 좋아하고 해가 되는 것을 싫어하는 데에서 같다. 이는 사람이 나면서부터 지니고 있는 것이다.

– 『순자』, 영욕

사람은 나면서부터 육체적 욕망이 있어 아름다운 소리와 빛깔을 좋아하는데, 이를 그대로 따르기 때문에 음란함이 생기고 예의와 아름다운 형식이 없어진다. 따라서 사람의 본성을 따르고 감정을 쫓으면 반드시 다투게 되고 빼앗게 되며, 분수를 어기고 이치를 어지럽히게 되어 사회적 혼란으로 귀결된다.

– 『순자』, 성악

더 알아보기 **인간 본성에 대한 신화론석 관점은 윤리학과 어떤 관련이 있을까?**

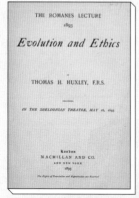

▲ 헉슬리의 『진화와 윤리』

『진화와 윤리』는 헉슬리가 죽음을 두 해 앞두고 옥스퍼드 대학 로마니즈 강연에서 연설한 원고를 정리한 내용이다. 헉슬리는 19세기를 대표하는 자유주의 과학인으로서 일생 동안 사회 발전을 위해 과학 지식, 과학적 사유 방법, 그리고 기술 교육이 중요하다는 점을 강조하고 실천했지만 이 강연에서는 그와 상반되어 보이는 주장을 전개하여 많은 논란을 일으켰다.

그는 이 강연에서 "인간의 윤리가 우주의 본성이지만 문명사회를 건설하기 위해서는 우주의 본성에 저항해야 한다."라는 역설을 제기했던 것이다. 헉슬리는 위기적 사항을 방지하고 문명사회를 지속시키기 위해서는 자연 상태에서 이루어지는 생존 경쟁 방식과 차원을 달리하는 인간 사회의 윤리적 과정이 필요하다고 주장한다.

"사회 속의 인간들 역시 우주 과정의 지배를 받습니다. 다른 동물들처럼 끊임없이 번식을 진행하고 생존 자원을 차지하기 위해 격렬한 경쟁을 벌입니다. 생존 경쟁은 생존 환경에 잘 적응하지 못하는 자들을 도태시킵니다. 자기주장이 가장 센 강자는 약자를 짓밟아버립니다. 그러나 사회 진화에 끼치는 우주 과정의 영향력이 클수록 그 문명은 더욱 원시적 상태에 머물게 됩니다. 사회 진보는 매 단계마다 존재하는 우주 과정을 억제하여 이른바 윤리 과정으로 대체하는 것을 말합니다. 윤리 과정의 목표는 주어진 환경에 가장 잘 적응하는 사람들이 아니라 윤리적으로 가장 훌륭한 사람들의 생존입니다. 사회의 윤리적 진보는 우주 과정을 모방하거나 더욱이 그로부터 도피하는 것이 아니라, 우주 과정과 투쟁하는 활동에 의지한다는 점을 각별히 이해해야 합니다."

– 헉슬리, 『진화와 윤리』

> ❝
> 사람을
> 사랑하는 것이
> 인(仁)이다.
> ❞

02 공자의 윤리 사상

KEY WORD

┼ 인(仁)
남을 사랑하며 배려하는 도덕적인 마음을 말한다.

┼ 효제(孝悌)
가족 안에 흐르는 자연스러운 사랑으로 부모 자식 간의 사랑인 효(孝)와 형제자매 간의 우애(悌)를 일컫는 말이다.

┼ 충서(忠恕)
충(忠)은 마음의 충실함을 의미하며, 서(恕)는 자신의 충실한 마음을 매개로 타자를 배려하고 사랑하는 것이다.

┼ 정명론(正名論)
이름과 내용이 서로 일치하게 한다는 의미로, 사회 구성원 각자가 자신의 직분에 맞는 역할을 충실히 해야 한다는 주장이다.

▶ **공자**(孔子, B.C. 551~B.C. 479)

'인(仁)'의 사상에 바탕을 둔 효제(孝悌), 충서(忠恕), 예치(禮治), 덕치(德治) 등을 주장하였다. 그는 세상이 혼란한 이유를 인(仁)의 부재와 예악(禮樂)의 상실에서 찾고, 인(仁)을 갖추고 예(禮)에 밝은 군자가 정치를 주도해야 한다고 보았다. 그의 사상을 계승 발전시켜 체계화한 일련의 사상을 유학 또는 유교라 한다.

사상의 흐름

유교 사상의 창시	공자의 사상 계승	유교의 성립
◦ 유교: 춘추 전국 시대 제자백가의 하나로 출현 ◦ 공자의 사상 → 유교 성립 ◦ 인(仁) 사상 제시 → 도덕 사회 실현 목표	◦ 맹자와 순자 → 공자 사상 계승 ◦ 맹자: 성선설 주장 ◦ 순자: 성악설 주장 ◦ 맹자와 순자의 사상 → 유교 사상의 토대 마련	◦ 진시황의 유교 탄압(분서갱유) ◦ 한대에 사라진 유교 경전에 대한 연구 활발해짐. ◦ 훈고학 발전(한~당대): 경전의 자구 해석 중시, 경학 중시

1 공자의 '인(仁)'

공자의 사상은 그의 제자들이 기록한 『논어』를 통해 살펴볼 수 있다. 『논어』에서 '인(仁)'이 58장에 걸쳐 105차례나 언급된 것을 보면, 공자 사상의 핵심은 인이라고 할 수 있다. 공자는 인에 대해 논리적으로 정의하고 일관되게 설명하기보다는 제자들과의 대화 속에서 제자들의 장단점을 고려하면서 다양한 방식으로 설명하는 방법을 택했다.

공자의 제자인 유자가 말하였다. "사람됨이 부모에게 효도하고 형에게 공손한 사람 가운데 윗사람 범하기를 좋아하는 이는 거의 없다. 윗사람 범하기를 좋아하지 않는 사람 가운데 난을 일으키기 좋아하는 자는 없었다. 군자는 근본에 힘쓰니, 근본이 서야 도(道)가 생긴다. 부모를 잘 섬기는 효(孝)와 형과 어른을 잘 따르는 제(弟)는 인을 실천하는 근본이다.　　　－『논어』, 학이

공자가 말하였다. "번지르르한 말과 알랑거리는 얼굴빛은 거의 인이 아니다."　　　－『논어』, 학이

공자가 말하였다. "사람이 인하지 않으면 예가 무슨 소용이 있겠는가? 사람이 인하지 않으면 음악이 무슨 소용이 있겠는가?"　　　－『논어』, 팔일

공지가 말하였다. "인하지 않은 사람은 어려움을 오래 참지 못하고, 즐거움도 오래 누리지 못한다."　　　－『논어』, 이인

공자가 말하였다. "인한 사람만이 사람을 좋아할 수 있고, 사람을 싫어할 수 있다."　　　－『논어』, 이인

공자가 말하였다. "사람들은 부귀를 바란다. 그렇지만 나는 도로써 얻은 것이 아니면 부귀를 누리지 않는다. 사람들은 빈천을 싫어한다. 그렇지만 나는 도로써 피하는 것이 아니면 빈천을 거절하지 않는다. 군자가 인을 버리고 어떻게 이름을 내겠는가? 군자는 밥 먹는 동안에도 인을 어겨서는 안 되니, 아무리 다급한 때라도 인을 따라야 하고, 아무리 어려운 때라도 인을 따라야 한다."　　　－『논어』, 이인

번지가 인에 관해 물었다. 공자가 대답했다. "인한 자는 어려운 일은 먼저 하고 이득을 나중에 한다."　　　－『논어』, 옹야

공자가 말하였다. "인한 자는 자기가 서고 싶으면 남을 세워 주고, 자기가 이루고 싶으면 남도 이루게 해 준다. 가까운 일을 통하여 깨우칠 수 있는 것이 인을 행하는 방법이라 할 수 있을 것이다."　　　－『논어』, 옹야

안연이 인에 관해 물었다. 공자가 대답했다. "자기의 사심을 극복하고 예를 실천하는 것[극기복례]이 인이다. 하루라도 자기의 사심을 극복하고 예를 실천한다면, 세상 사람들이 그를 인하다고 할 것이다. 인의 실천은 자기로 말미암는 것이며 남에게 달려 있겠는가?", "안연이 자세한 항목을 듣고 싶습니다."라고 하였다. 공자가 말하였다. "예가 아니면 보지 말고 예가 아니면 듣지 말고 예가 아니면 말하지 말고 예가 아니면 움직이지 말라."　　　－『논어』, 안연

중궁이 인에 관해 물었다. 공자가 대답했다. "문을 나서면 큰 손님을 맞이하듯 행동하고, 백성에게 일을 시키면 큰 제사를 받들 듯 하라. 자기가 하고 싶지 않은 일은 남에게 강요하지 말라. 나라에도 원망이 없고 집안에서도 원망이 없는 것이다."　　　－『논어』, 안연

번지가 인에 관해 물었다. 공자가 대답했다. "사람을 사랑하는 것이 인이다."　　　－『논어』, 안연

번지가 인에 관해 물었다. 공자가 말했다. "평소 생활은 공손하고, 일 처리는 경건하며, 다른 사람과의 관계는 충직해야 한다." — 『논어』, 안연

공자가 말하였다. "뜻 있는 선비와 인한 사람은 목숨을 추구하고자 인을 해치지 않고 몸이 죽더라도 인을 이룬다[殺身成仁]. — 『논어』, 위령공

『논어』에서 인은 신중한 생활 태도, 효도, 공손, 겸손, 상대에 대한 존중, 사랑, 화합, 구원, 공동체의 결속 등 다양한 의미로 사용되었다. 공자의 인은 부모와 형제 등 가족 관계에서 지켜야 할 공경한 마음가짐에서 출발하여 타인에 대한 사랑과 배려, 애정과 연민 등의 의미로 확장된다. 나아가 인은 유교에서 중시되는 사회적 관례인 예와 악의 기본 원리이며, 목숨보다 귀중한 가치로 파악된다. 이후로 유교에서는 인의(仁義)라는 합성어로 사용되기도 하고, 나아가 인의예지(仁義禮智)의 사덕(四德)으로 쓰이기도 하였다. 유교 윤리 사상의 핵심으로 제시된 인은 인의예지신(仁義禮智信)이라는 유교의 오상(五常) 가운데 최고의 덕목으로 중시되었다.
— 신정근, 『사람다움의 발견』

2 예(禮)와 예치(禮治)

공자는 윤리 사상에서 인과 더불어 예를 중시하였다. 예는 원래 원시적 종교 의례라는 뜻에서 출발하였지만, 점차 사람들 사이의 사회적 의례, 질서, 문화 의식 등을 의미하게 되었다. 공자의 예(禮)도 이러한 다양한 의미를 포함하는데, 주로 사람들의 행위와 관련된 예법 또는 그러한 예법을 지키는 정신의 의미로 사용되었다. 예의 본래 의미는 나이와 신분, 계급의 구별을 통해 사회 질서의 화합을 중시

하는 이중 구조를 지니고 있다. 따라서 공자는 차이를 구별하는 예와 화합을 이루어 내는 악(樂)을 함께 말하였다. — 가나야 오사무, 『중국사상사』

유자가 말하였다. "예의 쓰임은 화합이 중요하다. 선왕의 도는 그것을 훌륭하게 여겼다. 크고 작은 일은 그것을 따랐다. 제대로 실행되지 않는 것은 화합만 알고 화합을 추구한 것이다. 예로써 조절하지 않으면 역시 실행될 수 없다." — 『논어』, 학이

공자가 말하였다. "법령으로 이끌고 형벌로 다스리면, 백성은 형벌을 피하고자 하지만 부끄러움을 모르게 된다. 덕으로 이끌고 예로써 다스리면, 백성은 부끄러움을 알고 선에 이르게 된다." — 『논어』, 위정

번지가 마차를 몰자 공자는 "맹의자가 나에게 효에 관해 물었을 때 나는 어기지 않는 것이다."라고 말했다. 번지가 "무슨 의미입니까?"라고 물었다. 공자는 말했다. "살아 계실 때는 예에 따라 섬기고, 돌아가시면 예에 따라 장례를 치르고 예에 따라 제사를 지내는 것이다." — 『논어』, 위정

임방이 예의 근본에 관해 물었다. 공자가 말하였다. "예는 사치스럽기보다는 오히려 검소해야 한다. 상례는 형식을 갖추기보다는 오히려 슬퍼해야 한다." — 『논어』, 팔일

노나라 정공이 물었다. "군주가 신하를 부리고 신하가 군주를 섬기는 것은 어떠해야 합니까?" 공자가 말하였다. "군주는 예로써 신하를 부리고 신하는 충으로써 임금을 섬긴다. — 『논어』, 팔일

공자가 말하였다. "군자는 학문을 널리 배우고 예로써 단속하면 크게 어긋나지 않을 것이다." — 『논어』, 옹야

자공이 정치에 관해 물었다. 공자가 말하였다. "먹고 살 수 있어야 하고, 병력이 충실해야 하고, 백성의 신뢰가 있어야 한다." 자공이 "어쩔 수 없이 한 가지를 포기해야 한다면 어느 것을 먼저 버려야 합니까?"라고 묻자, 공자는 "병력을 버려야 한다."라고 답했다. 자공이 "어쩔 수 없이 또 하나를 버려야 하면 어느 것을 버려야 합니까?"라고 묻자, 공자는 "먹는 것이다. 자고로 사람은 모두 죽지만 백성에게 신뢰를 잃게 되면 지도자가 있을 수 없다."라고 답했다.

— 「논어」, 위정

예는 가족과 인륜의 질서에 관한 규정에서부터 관혼상제와 같은 통과 의례를 포함하고, 가족과 사회에서 높고 낮은 신분의 차이를 규정하는 것이었다. 나아가 예는 군주와 신하 사이의 정치적 영역, 국가와 국가 사이의 외교 관계로까지 확대되었다. 따라서 공자의 사상에서 예는 일상생활의 의례를 넘어 사회와 문화, 정치를 관통하는 일종의 규범적 의미를 지닌다.

공자가 주장하는 예는 외형적으로는 사회적 신분과 차이를 구별하는 규범과 형식을 의미하지만, 이러한 예는 타인에 대한 배려를 의미하는 인(仁)과 자신에게 충실한 신(信)에 근본하고 있다. 따라서 공자의 덕치 또는 예치는 법률과 형벌에 의한 통치가 아니라 덕과 예에 바탕을 둔 신뢰의 정치를 말한다.

더 알아보기 공자가 말하는 '정명(正名)'은 어떤 의미일까?

제나라 경공이 공자에게 정치에 관해 물었다. 공자는 "군주는 군주답고 신하는 신하답고, 아버지는 아버지답고, 자식은 자식다워야 하는 것입니다."라고 대답했다.

— 「논어」, 안연

자로가 "위나라 군주가 선생님을 초대하여 정치를 맡게 한다면 어떤 일부터 하시겠습니까?"라고 물었다. 공자는 "반드시 이름을 바로잡는 일부터 할 것이다."라고 하였다. 자로가 "그것 뿐입니까?"라고 묻자 공자는 "군자는 모르는 일은 말하지 않는 법이다. 이름이 바르지 않으면 주장이 정연하지 않고, 주장이 정연하지 않으면 일이 이루어지지 않고, 일이 이루어지지 않으면 예와 악이 흥하지 않고, 예악이 흥하지 않으면 형벌을 적용할 수 없다. 형벌을 적용할 수 없으면 백성은 몸 둘 곳이 없어진다. 이름은 반드시 주장할 수 있어야 하고, 주장하면 반드시 실행할 수 있어야 한다. 군자는 주장에 있어 구차한 점이 없다."라고 하였다.

— 「논어」, 자로

모든 사물이나 존재는 이름을 지니고 있으며, 그 이름에 해당하는 내용과 목적을 지니고 있다. 사회적 관계 속에서는 통치와 피통치자, 부모와 자식, 어른과 젊은이 등 직위와 기능상의 구분이 있으며, 이 속에서 형성된 이름은 각각 그에 따르는 책임과 의무가 있다. 직분과 직위에 부여된 이름에 상응하는 책임과 의무를 다해야 한다는 것이 공자의 정명론이다. 공자는 안정된 사회를 이룩하는 데 가장 중요한 것이 이름을 바로잡는 것, 즉 정명(正名)의 확립이라고 주장하였다. 군주는 군주다워야 하며, 신하는 신하다워야 한다는 것이다. 나아가 공자는 이러한 관계를 정치의 영역뿐만 아니라 아버지는 아버지다워야 하며, 자식은 자식다워야 한다고 하면서 가족의 영역에도 적용하였다. 이후로 유교에서 '정명'은 정치와 사회, 그리고 인륜 질서를 만들어 내는 기본 원칙이 되었다.

— 펑유란, 『중국철학사』

03 맹자의 윤리 사상

+ 인의예지(仁義禮智)
유교의 네 가지 덕목으로 사단은 이것의 실마리가 된다.
- 인: 타인에 대한 진실한 사랑
- 의: 일을 처리하는 마땅한 도리
- 예: 다른 사람을 공경하는 마음
- 지: 옳고 그름을 분별하는 지혜

+ 존심양성(存心養性)
선한 마음을 보존하고 선한 본성을 기르는 수련 방법을 뜻한다.

+ 부동심(不動心)
부귀를 얻어도 교만하지 않고 빈천하게 살아도 절도를 잃지 않는 도덕적 용기를 의미한다.

+ 호연지기(浩然之氣)
지극히 크고 올곧은 기운을 뜻하는 말로, 어떤 권위와 폭력으로도 꺾을 수 없는 씩씩한 기상을 뜻한다.

▶ **맹자**(孟子, B.C. 372~B.C. 289)
공자의 '인(仁)' 사상을 현실 정치에 적용하기 위해 논리적으로 체계화하고, '인'에 짝하는 덕으로서 '의(義)'를 강조하였다. 공자의 사상을 계승하여 공자와 함께 유교의 대표적 인물로 손꼽히고 있다.

사상의 흐름

공자의 사상	맹자의 사상	순자의 사상
○ 유교 사상 창시	○ 공자의 사상 계승	○ 공자의 사상 계승
○ 인(仁)의 사랑 강조	○ 성선설 주장	○ 성악설 주장
○ 효제(孝悌), 충서(忠恕)	○ 사단과 인의예지	○ 화성기위 강조
○ 덕치 강조, 정명론 주장	○ 호연지기, 부동심 강조	○ 예치 강조
○ 대동 사회 추구	○ 왕도 정치, 역성혁명 주장	

1 성선설과 사단(四端)

공자의 사상을 계승한 맹자는 인간의 윤리적 행위의 근거를 탐구하기 위하여 인간의 본성과 마음에 대해 깊이 탐구하였다.

고대 중국에서 인간의 본성에 관한 견해는 대체로 세 가지 주장이 있다. 첫째, 인간의 본성에는 선도 악도 없다. 둘째, 본성은 선하게 될 수도 있고 악하게 될 수도 있다. 셋째, 어떤 사람은 본성이 선하고 어떤 사람은 선하지 않다. 첫째 주장은 본성에 관해 맹자와 논쟁을 벌인 고자의 견해이며, 셋째 주장은 순자의 견해이다.
　　　　　　　　　　　　－ 펑유란, 『중국철학사』

맹자는 당시 인간의 본성에 관한 다양한 논의를 비판적으로 검토하면서 인간의 본성이 선하다는 성선설을 주장하였다. 맹자는 인간의 마음에 사단(四端)이라는 보편적인 도덕 감정이 있다는 것을 근거로 인간의 본성이 선하다는 성선설(性善說)을 제시했다.

공도자가 물었다. 고자(告子)는 "사람의 본성은 선도 없고 불선도 없다."라고 하고, 어떤 사람은 "본성은 선하게 될 수도 있고 선하지 않게 될 수도 있다. 그래서 훌륭한 문왕과 무왕이 나오게 되면 백성들이 선을 좋아하게 되고, 포악한 유왕과 여왕이 나오게 되면 백성들이 포악한 행동을 좋아하게 된다."라고 합니다. 또 어떤 사람은 "본성이 선한 사람도 있고 선하지 않는 사람도 있다. 그래서 요임금과 같은 성왕의 시대에도 포악한 동생 상(象)이 있고, 포악한 고수(瞽瞍)의 아들인 순임금은 지극한 효자였다. 포악한 주(紂)가 임금으로 나와도 그 삼촌인 미자계와 왕자 비간은 선하였다."라고 합니다. 이제 맹자 선생님께서는 본성이 선하다고 말씀하시는데, 그렇다면 저들의 주장은 잘못된 것입니까?　　－ 『맹자』

맹자가 말했다. "사람은 누구나 차마 남의 고통을 외면하지 못하는 마음[不忍人之心]을 가지고 있다. 선왕들에게는 차마 남의 고통을 외면하지 못하는 마음이 있었으므로 차마 남의 고통을 외면하지 못하는 정치[不忍人之心]를 하였다. 차마 남의 고통을 외면하지 못하는 마음으로 차마 남의 고통을 외면하지 못하는 정치를 실천한다면, 천하를 다스리는 것은 손바닥 위에서 움직이는 것 같이 쉬울 것이다. 사람이 누구나 불인인지심을 갖고 있다는 것은 다음과 같은 근거에서 알 수 있다. 만약 지금 어떤 사람이 갑자기 갓난아이가 우물 속으로 빠지게 되는 것을 본다면, 누구나 깜짝 놀라면서 측은하게 여기는 마음을 가지게 된다. 그렇게 되는 것은 어린아이의 부모와 교분을 맺기 위해서가 아니고, 마을 사람과 친구들로부터 어린아이를 구했다는 칭찬을 듣기 위해서도 아니며, 어린아이의 울부짖는 소리가 싫어서 그렇게 한 것도 아니다. 이를 통해 볼 때, 측은하게 여기는 마음[惻隱之心]이 없다면 사람이 아니고, 부끄러워하는 마음[羞惡之心]이 없다면 사람이 아니고, 사양하는 마음[辭讓之心]이 없다면 사람이 아니고, 옳고 그름을 판단하는 마음[是非之心]이 없다면 사람이 아니다. 측은지심은 인(仁)의 단서이고, 수오지심은 의(義)의 단서이고, 사양지심은 예(禮)의 단서이고, 시비지심은 지(智)의 단서이다. 사람이 이 네 가지 단서를 가지고 있는 것은 사지(四肢)를 갖고 있는 것과 같다. 사단을 갖고 있는데도 선을 실천할 수 없다고 말한다면, 이는 스스로를 해치는 자이다. 자기 나라의 군주가 선한 정치를 실현할 수 없다고 말한다면, 이는 그 군주를 해치는 것이다. 나에게 갖추어져 있는 4단을 확충하여 가득 차게 할 줄 알면, 마치 불이 타오르기 시작하고 샘이 솟아나기 시작하는 것과 같이 활발하게 선한 행동을 할 수 있다. 그것을 확충하여 가득 차게 할 수 있으면 천하를 보존할 수 있고, 반대로 확충하여 가득 차게 하지 않으면 부모도 모실 수 없다.
　　　　　　　　－ 『맹자』, 공손추 하

맹자의 성선설은 도덕적 행위의 가능성을 제시하기 위한 근거로서 사단을 제시하는 것이며, 이러한 사단을 확충하기 위한 수양과 노력을 강조하고 있다. 맹자는 도덕의 근거로서 본성과 마음을 제시하였으며, 선의 단서로서 나타나는 마음을 보존하는 일[存心]과 선한 행위의 근거로서 제시된 본성을 확충하는 일[養性]을 강조하였다. 아울러 도덕적 행위를 위한 부동심(不動心)과 도덕적 용기인 호연지기(浩然之氣)를 제시하였다.

공손추가 물었다. "선생님께서 제나라 재상의 직책을 맡아서 뜻을 펼치게 되면, 분명 패업을 이루고 왕도를 이루게 되실 것입니다. 그렇다면 마음이 흔들리지 않겠습니까?" 맹자는 "그렇지 않다. 나는 사십이 되고부터 마음의 동요가 없어졌다."

공손추가 다시 물었다. "마음이 동요되지 않게 하는 방법이 있습니까?" 맹자가 대답했다. "있다. 북궁유는 용기를 기르고 마음을 동요하지 않게 하는 데 있어서 칼에 찔려도 살갗조차 움찔하지 않고 눈이 찔려도 부릅뜨고 쳐다보았다. 털끝만큼이라도 남에게 모욕을 당하면 저잣거리나 조정에서 뭇사람이 보는 가운데 매를 맞는 것같이 생각했다. 누더기를 걸친 천한 사람뿐만 아니라 만승의 부를 지닌 군주에게라도 모욕을 당하는 것을 참지 않았다. 만승의 부를 지닌 군주를 찔러 죽이는 것을 누더기를 걸친 천한 사람을 찔러 죽이는 것같이 생각했다. 제후도 무서워하지 않았고 자신에 대한 나쁜 소문을 들으면 반드시 복수하였다.

맹시사는 용기를 기르고 마음을 동요하지 않게 하는 것에서 '나는 이길 수 없을 것 같은 적군도 이길 것처럼 상대한다. 만약 적군의 역량을 가늠해 본 후에 전진하고 승패를 가늠해 본 후에 진격한다면, 이는 적군의 대병력을 두려워하는 것일 뿐이다. 난들 어떻게 전쟁에서 매번 이길 수 있겠는가? 단지 나는 어떤 것도 두려워하지 않을 뿐이다.'라고 했다.

맹시사는 증자와 비슷하고 북궁유는 자하와 비슷하다. 두 사람의 용기 가운데 어느 쪽이 나은지 모르겠지만, 맹시가가 요령을 얻은 것이다.

옛날에 증자가 제자인 자양에게 말했다. "그대는 용기를 좋아하는가? 나는 큰 용기에 관해 선생님께 들은 적이 있다. 스스로 돌이켜보아 옳지 않다면 누더기를 걸친 비천한 사람에게도 두려움을 느끼게 될 것이고, 스스로 돌이켜보아 옳다면 수천만 명이 오더라도 나아가 대적할 수 있을 것이다." 맹시사가 용기를 기름에 단지 두려워하지 않는 기(氣)를 지닌 것은 증자가 요령을 얻은 것보다 못하다.

공손추가 "선생님의 뛰어난 점이 무엇입니까?"라고 물었다. 맹자는 "나는 남의 말을 잘 이해하며[知言] 호연지기(浩然之氣)를 잘 기른다."라고 대답했다.

공손추가 "호연지기가 무엇입니까?"라고 물었다. 맹자가 대답했다. "말하기가 어렵다. 호연지기는 지극히 크고 지극히 강한데, 올곧음으로써 기르고 해치지 않는다면 하늘과 땅 사이를 가득 채우게 된다. 그 기는 의(義)와 도(道)를 짝으로 삼기 때문에 의와 도가 없으면 위축되고 만다. 그것은 의가 쌓여서 생겨나는 것이지 우연히 한번 나의 어떤 행위가 의로움에 부합되었다고 해서 호연지기를 지니게 되는 것이 아니다. 행동하면서 마음에 흡족하지 않은 데가 있다면 이 호연지기는 위축되고 만다. …… 반드시 의를 실천하는 일을 하되 결과에 집착하지 말아야 하고, 의를 실천해야 한다는 것을 마음에서 잊어서도 안 되지만 억지로 조장해서도 안 된다."

－『맹자』, 공손추 상

3 왕도 정치와 인정(仁政)

맹자는 남의 고통을 차마 지나치지 못하는 마음을 정치·사회의 영역으로 확장하여 남의 고통을 차마 지나치지 못하는 정치를 해야 한다고 말하며, 통치자가 도덕적 심성을 확보하고 이에 근거한 도덕 정치를 해야 한다고 주장한다.

도덕 정치를 제기한 맹자는 힘으로 다스리는 패도를 반대하여 왕도 정치를 주장하고, 인의 원리에 근거하여 인정(仁政)이라는 정치사상을 제시하였다. 인정은 폭력적인 방법으로 통치하는 패도 정치와 달리 도덕적 감화와 자발적 복종을 이끌어 내는 왕도 정치이다.

왕도 정치는 백성의 고통을 덜어 주는 백성을 위한 정치이며, 민이 군주보다 귀한 존재라는 민본주의에 의거하고 있다.

맹자가 말했다. "힘으로 인(仁)을 실천하는 것은 패(覇)이며, 패자에게는 반드시 큰 나라가 있어야 한다. 덕으로써 인을 실행하는 것은 왕(王)이며, 왕자에게는 큰 나라가 필요하지 않다. …… 힘으로 사람을 복종시킨다면 사람들이 진심으로 복종하지 않고, 단지 자신의 힘이 부족하기 때문에 억지로 복종한다. 덕으로 사람을 복종시킨다면 마음으로 기뻐하며 진정으로 복종한다." – 『맹자』, 공손추 상

더 알아보기 신하가 군주를 벌하는 '역성혁명'은 정당한 것일까?

맹자가 말했다. "백성이 귀하고 사직은 그 다음이고 군주는 가볍다. 그러므로 백성의 마음을 얻으면 천자가 된다."

– 『맹자』, 진심 하

제나라 선왕이 "탕왕은 걸왕을 내쫓았고[放], 무왕은 주왕에 징벌을 내렸다[伐]고 하는데 그런 일이 있었습니까?"라고 물었다. 맹자는 "전해 오는 기록에 있습니다."라고 대답했다. 왕이 "신하가 군주를 시해할 수 있습니까?"라고 물었다. 맹자가 대답했다. "인(仁)을 해치는 자는 남을 해치는 사람이라고 하고, 의(義)를 해치는 자는 잔인한 사람이라고 합니다. 남을 해치고 잔인한 사람은 평범한 한 남자에 불과합니다. 보통 사람인 주를 죽였다는 말은 들었지만 군주를 시해했다는 말은 듣지 못했습니다."

– 『맹자』, 양혜왕 하

맹자는 군주보다 백성이 귀하다는 민본 사상을 제시하면서 통치자가 도덕적이지 못할 때는 통치자를 바꿀 수 있다는 '역성혁명'을 주장하였다. 맹자는 은나라 탕왕이 포악한 정치를 일삼는 하나라 걸왕을 내쫓은 것과, 주나라 무왕이 주색에 빠져 정치를 소홀히 한 은나라 주왕을 징벌한 것이 정당하다고 한다. 걸왕과 주왕의 정치적 실패는 천명(天命)을 상실한 것이며, 도덕 정치로 백성을 잘 다스린 탕왕과 무왕은 새로운 천명을 부여받았다는 것이다.

이와 같이 맹자는 왕조의 교체를 천명의 변화, 즉 역성혁명으로 설명한다. 하늘은 군주에게 백성을 잘 다스릴 수 있는 천명을 부여하고, 하늘로부터 천명을 위임받은 군주는 백성을 덕으로 잘 다스려야 한다. 하지만 군주가 이러한 민본의 원리를 거부하고 폭정을 휘두를 경우 그에게 부여된 천명이 박탈되어야 한다는 것이다. 즉, 천명은 곧 민심이며, 민심을 잃은 군주는 백성들에 의해 언제든지 교체되는 것이 정당하다는 의미이다.

04 순자의 윤리 사상

KEY WORD

+ 성악설(性惡說)
  인간의 본성은 욕망을 추구하는 경향 때문에 악하며, 인간이 선한 행위를 하는 것은 인위적인 노력 때문이라는 주장이다.

+ 예(禮)
  순자가 말하는 예는 인간의 본성을 교화하고 규제하는 교육과 제도적 규범을 의미한다.

+ 화성기위(化性起僞)
  교육이나 사회적 규범을 통해 인간의 악한 본성을 선하게 교화하는 인위적인 노력을 뜻한다.

+ 인간과 동물의 차이점
  순자는 인간은 이성적 능력을 소유한 사회적 존재로서 사회성과 지적 분별력을 가지고 있다고 보았다.

▶ **순자**(荀子, B.C. 298~B.C. 238)

공자의 사상을 계승하였으나 맹자에 비해 냉철한 현실주의자인 순자는 맹자와 달리 성악설을 주장하였다. 그는 인간이 원래 악하지만 교육을 통해 인간의 본성을 개조할 수 있다고 보고, 특히 예(禮)와 의(義)를 강조하였다.

사상의 흐름

공자의 인(仁)	맹자의 사단	순자의 예
○ 다른 사람에 대한 사랑으로서 인(仁)을 강조함.	○ 인간의 선한 도덕적 마음(사단)에서 출발 → 성선설 주장	○ 예라는 도덕적 규범을 통해 도덕성 확보 → 성악설 주장
○ 인간의 선한 마음(인)을 통해 도덕 사회를 실현하고자 함.	○ 선한 도덕적 마음(사단)을 확충하려는 노력 필요	○ 교육과 제도적 규범(예)으로 인간의 악한 본성을 교화
○ 맹자와 순자 사상으로 계승됨.	○ 공통점: 교육과 수양 강조	○ 공통점: 교육과 수양 강조

1 성악설

순자는 공자, 맹자와 더불어 선진 유교를 대표하는 사상가이다. 이름은 황(況)이며 자(字)는 경(卿)으로 순경으로 불리기도 한다. 그는 공자의 사상을 이어받았으며, 맹자가 이상주의적 관점에서 성선설을 제기한 것과는 대조적으로 현실주의적 관점에서 성악설을 주장하였다. 인간의 본성을 악한 것으로 규정하는 순자의 성악설은 인간을 멸시하는 것 같지만 훌륭하고 가치 있는 것, 그리도 인간의 도덕적 행위는 모두 인간의 인위적 노력의 산물이라는 점을 강조하기 위한 것이다. 따라서 순자는 본성과 도덕의 관계, 도덕의 주체, 인간 삶의 이상, 윤리 교육, 개인의 수련 등을 강조한다.　– 펑유란, 『중국철학사』

순자의 성악설은 인간의 본성이 악하기 때문에, 바로 그 때문에 본성을 교화해야 한다는 것이다. 따라서 그는 타고난 본성[性]과 인위적 노력[僞]의 차이를 분명히 밝히면서 맹자의 성선설을 비판했다. 그는 인간이 태어나면서부터 갖고 있는 본성은, 맹자의 주장처럼 선의 단서를 지닌 본성을 갖고 있는 것이 아니라, 오히려 이익을 좋아하고 쾌락을 즐기고 심지어 악하게 될 수도 있는 경향성을 지니고 있다고 보았다.

순자는 맹자와 달리 본성을 규정하였지만, 누구나 노력을 통해 완전한 인격에 도달할 수 있다는 것, 즉 성인이 될 수 있다고 주장한 점은 맹자의 견해와 같다.

사람이 타고난 본성이나 감정이 가는 대로 쫓는다면, 반드시 서로 싸우고 뺏게 되며 분수를 어기고 이치를 어지럽히게 되어 마침내 난폭한 세상이 될 것이다. 그러므로 반드시 스승과 법도에 의한 교화와 예의에 의한 교도가 필요하며, 그런 뒤에야 서로 사양하고 조리에 맞는 행동을 하여 안정된 세상이 될 것이다. 그러므로 사람의 본성은 악한 것이 분명하며, 그것이 선하다는 것은 인위적 노력[僞]이다. 굽은 나무는 반드시 도지개에 넣고 불에 반듯하게 잡아 준 다음에야 곧아지며, 무딘 쇠는 반드시 숫돌에 간 뒤에라야 날카로워진다. 마찬가지로 이제 사람의 본성이 악하니, 반드시 스승과 법도가 있어야 바르게 되고 예의가 있어야 안정된 세상이 된다. 오늘날 사람들에게 스승과 법도가 없다면 사람들은 편벽되고 음험하여 바르지 않게 될 것이며, 예의가 없다면 이치에 모두 도리에 어긋나는 잘못된 행동을 하여 혼란이 발생할 것이다. 옛날에 성왕은 사람의 본성이 악하여 사람들이 편벽되고 음험하며 바르지 않으며 이치에 어긋나는 잘못된 행동을 해서 혼란이 발생한다고 생각하였다. 그래서 예의를 만들고 법도를 제정하여 사람들의 성정을 교정하고 수식하여 바르게 하고, 사람들의 성정을 교화하여 올바르게 이끌어 안정되고 도리에 맞게 되었다. 오늘날 사람들은 스승과 법도에 교화되고 학문을 쌓고 예의를 지켜 나가는 사람을 군자라 하고, 본성과 감정이 가는 데로 맡겨 멋대로 행동하고 예의를 어기는 사람을 소인이라 한다. 그러므로 사람의 본성이 악한 것이 분명하다. 본성이 선하다는 것은 인위적인 것이다. 맹자는 "사람이 학문을 하는 것은 본성이 선하기 때문이다."라고 말했다. 이것은 잘못된 견해이다. 이는 인간의 본성을 제대로 알지 못해 인간의 본성과 인위적 꾸밈을 구별하지 못했기 때문이다. 본성은 사람이 태어나면서부터 타고난 것으로서 학습이나 노력으로 이루어질 수 있는 것이 아니다. 예의는 훌륭한 성인이 만들어 낸 것으로 사람들이 학습하면 능숙해지고 노력하면 완성에 도달할 수 있다. 사람에게 학습하거나 노력해서 되지 않는 것을 성(性)이라 한다. 사람에게 학습하면 능숙해지고 노력하면 완성할 수 있는 것은 인위[僞]이다. 이것이 본성과 인위의 구별이다.　– 『순자』, 성악

인간의 본성이 악하다고 규정하는 성악설을 전제로 하는 윤리에서 부딪히는 문제는 어떻게 인간이 윤리적으로 행동할 수 있으며, 현실적으로 성립되고 있는 윤리의 근거는 무엇인가 하는 것이다. 순자가 제시하는 방법은 이기적 성질을 지닌 본성을 교정하는 것이다.

교화의 방법으로 순자가 제시한 것은 유교적 성인이 이미 제정해 둔 예의이다. 따라서 그는 본성을 인위적으로 바꾸는 노력을 통한 교화, 즉 화성기위(化性起僞)를 주장한다. 본성이 선한 것이 아니라 인위적 노력에 의한 교화의 상태, 즉 위(僞)가 선(善)이라는 것이다.

어떤 사람이 "사람의 본성이 악하다면 예의는 어떻게 해서 생겨났는가?"라고 묻자 순자가 대답했다. "예의라는 것은 성인이 인위적으로 만들어서 생겨나는 것이지 인간의 본성에서 나온 것이 아니다. 옹기장이는 진흙을 이겨서 옹기를 만든다. 그렇다면 옹기그릇은 옹기장이의 인위적 노력에서 나온 것이지 사람의 본성에서 나온 것이 아니다. 목공은 나무를 깎아 여러 가지 물건을 만든다. 그렇다면 그 물건은 목공의 인위적 노력에서 나온 것이지 사람의 본성에서 나온 것이 아니다. 마찬가지로 성인은 사려를 쌓고 인위적 노력을 수없이 되풀이하여 여기에 예의와 법도를 만들어 낸다. 그렇다면 예의와 법도라고 하는 것은 성인의 인위적 노력에서 나온 것이지 인간의 본성에서 나온 것은 아니다. 눈은 아름다운 색을 좋아하고, 귀는 아름다운 소리를 좋아하고, 입은 맛 좋은 음식을 좋아하고, 마음은 이익을 좋아하고, 육체는 편안하고 유쾌한 것을 좋아한다. 이는 사람의 성정에서 나온 것으로서 바깥 사물의 자극을 받아 저절로 그렇게 되는 것이며 일부러 노력해서 생기는 것이 아니

다. 반대로 바깥 사물의 자극만으로는 저절로 그렇게 될 수 없고 반드시 노력해야 비로소 되는 것을 인위적 노력의 소산이라고 한다. 이것이 본성과 인위가 나오는 근거이며, 이 두 가지가 전혀 다르다는 증거이다. 따라서 성인은 본성을 변화시켜 인위를 일으키고[化性而起僞] 인위가 일어나면 예의를 만들고, 예의가 만들어지면 법도를 제정하는 것이다.

결국 예의와 법도는 성인이 만들어 낸 것이다. 그러므로 성인이 보통 사람들과 똑같고 그들보다 더 나을 것이 없는 것은 타고난 본성이 같기 때문이다. 성인이 보통 사람들과 달리 더 뛰어난 까닭은 인위적인 노력 때문이다. 대체로 이익을 좋아하여 얻고자 하는 것은 인간의 자연적인 성정이다. 예를 들어 어떤 형제가 재물을 분배한다고 하자. 만일 성정이 가는 대로 맡겨 둔다면, 이익을 좋아하여 그것을 얻고자 할 것이다. …… 그러므로 성정에 맡겨 두면 형제간이라도 서로 싸우게 되고, 예의에 따라 교화가 되면 남이라도 양보하게 된다.　— 「순자」, 성악

순자는 군주와 신하라는 정치적 제도, 예의를 통한 교화, 규범에 의한 통치, 형벌의 금지 규정 등 인간의 문화적 제도가 없는 세상을 가정한다. 인간의 문명이 실현되지 않은 상황에서 사람들이 어떻게 행동할 것인가에 대해 순자는 강한 자가 약한 자를 해치고 강한 집단이 약한 집단을 짓밟는 무질서와 혼란이 난무하는 공황 상태가 발생할 것이라고 주장한다.

순자는 이러한 상황이 초래되는 것을 곧 인간 본성이 악하다는 근거로 삼고 있다. 나아가 그는 이러한 무정부적 상황을 피하기 위해 본성에 대한 교정과 교화, 예법에 의한 통치를 주장한다.

순자는 인간의 본성을 악하다고 규정함으로써 오히려 본성을 교화하기 위한 인간의 노력, 예에 의한 교화와 규범, 스승의 가르침과 교육, 예와 규범을 통한 사회 질서와 제도 확립 등의 중요성을 강조하

는 윤리 사상을 제시하였다. 순자는 성악설을 주장함으로써 오히려 공자의 가르침 가운데 예의 중요성을 강조한 것이다.

③ 예(禮)

인간은 욕망적 존재라는 전제에서 출발한 순자는 사회적 혼란을 방지하기 위해서 욕망의 조절이 필요하다고 주장한다. 맹자가 "인간의 욕망을 막고 천리(天理)를 보존하라."라고 주장한 것에 비해, 순자는 욕망의 조절을 위해 예를 요청한다. 예는 개인 혹은 두 사람 사이의 관계에서뿐만 아니라 사회적 차원의 규범이다. 이러한 규범을 통해 사람들 사이에서 발생할 수 있는 싸움을 미연에 방지하고, 나아가 욕망과 재화 사이의 균형을 강구하고자 한 것이다.

예는 무엇 때문에 생긴 것인가? 사람은 태어나면서부터 욕망을 가지고 있다. 무엇을 바라다가 욕망을 실현하지 못하면 욕망을 추구하지 않을 수 없다. 욕망을 추구하는 데 일정한 분량과 한도가 없으면 싸움을 하지 않을 수 없다. 싸움이 발생하면 혼란해지고, 혼란해지면 곤궁한 상태가 된다. 선왕(先王)은 이러한 혼란을 싫어하였다. 그래서 선왕은 예의를 제정하여 사람 사이에 분별을 설정하고 사람들의 욕망을 정도에 맞게 길러 주고 또 사람들이 추구하는 것을 채워 주고, 사람들의 욕망이 바라는 대상을 완전히 없어지지 않도록 하고, 욕망의 대상인 재화 또한 사람들의 욕망 때문에 완전히 없어지지 않도록 하였다. 욕망과 재화, 이 두 가지가 서로 균형 있게 오랫동안 유지되도록 하였다. 이것이 곧 예가 생기게 된 본래의 뜻이다.

– 『순자』, 예론

더 알아보기 인간의 삶에서 '예(禮)'는 왜 필요한 것일까?

인간은 기가 있고 생명이 있고 지각이 있고 행위 규범이 있다. 그러므로 인간이 천하에서 가장 귀하다. 그러나 인간은 소보다 힘이 약하고 말보다 빠르게 달리지 못하지만, 인간이 소와 말을 이용하는 것은 무엇 때문인가? 인간은 사회[群]를 만들 수 있지만, 소와 말은 그렇지 않기 때문이다. 그렇다면 인간은 왜 사회를 만들 수 있는가? 그것은 분별[分]이 있기 때문이다. 이러한 분별은 어떻게 이루어지는가? 그것은 규범이 있기 때문이다. 규범으로 분별을 정하면 조화를 이루게 되고, 조화를 이루면 하나로 뭉칠 수 있고, 하나로 뭉치면 큰 힘을 이룰 수 있고, 큰 힘을 이루면 강하게 되고, 강하면 어떠한 대상도 이길 수 있다. …… 이는 다름 아니라 분별과 예의가 있기 때문이다. 사람은 태어나면서부터 사회생활을 하지 않을 수 없다. 사회생활을 하는 데 분별이 없으면 서로 싸우게 되고, 싸우면 세상은 혼란해지고, 혼란해지면 서로 흩어지고, 흩어지면 힘이 약해지고, 힘이 약하면 자연 세계를 이길 수 없고, 집에서 편안히 살 수가 없게 된다. 그러므로 잠시라도 예의를 버릴 수 없는 것이다.

– 『순자』, 왕제

순자는 인간과 동물의 차이를 사회성과 지적 분별력에서 찾았다. 인간은 이성적 능력을 소유한 사회적 존재이기 때문에 사회를 구성할 수 있다는 것이다. 이러한 사회를 유지하기 위해 필요한 것이 행위의 규범이며, 이것이 바로 순자가 말하는 예이다.

05 주희의 성리학 사상

> " 성(性)이 곧 하늘의 이치이다. "

KEY WORD

+ 도학(道學)
성리학의 별칭으로 요순 이래의 도통설에 근거하여 도덕의 원리와 실천을 강조하는 송대의 주돈이, 정호, 정이 등의 학문을 말한다.

+ 성즉리(性卽理)
인간을 비롯한 우주 만물의 본성[性]이 곧 하늘이 부여한 이치[理]라는 뜻이다.

+ 심통성정(心統性情)
마음[心]의 본체가 성(性)이며, 그 작용을 정(情)이라 규정하고, 심(心)이 성(性)과 정(情)을 통괄하는 총체라는 의미이다.

+ 격물치지(格物致知)
사물의 이치를 탐구하여 궁극적인 지식에 이른다는 뜻이다.

▶ **주희**(朱熹, 1130~1200)

남송 시대의 유학자로, 주자(朱子), 주부자(朱夫子), 주문공(朱文公)이라고도 불린다. 공자, 맹자 등의 학문에 전념하였으며 주돈이, 정호, 정이 등의 유학 사상을 이어받았다. 유학을 집대성하였으며 성리학(주자학)을 창시하여 완성시켰다.

사상의 흐름

선진(先秦) 유교	훈고학(訓詁學)	성리학(性理學)
○ 춘추 전국 시대 공자의 사상 계승 → 유가 성립 ○ 공자, 맹자, 순자의 사상 → 유교 사상의 토대 마련 ○ 진시황의 사상 탄압(분서갱유)	○ 한대 이후 사라진 유교 경전에 대한 연구 활발 ○ 경전의 자구 해석에 치중 → 경학 중심 ○ 한대 ~ 당대의 유학 학풍	○ 송대: 이기론 중심 → 인간 본성과 자연 질서, 도덕 법칙 설명 ○ 주희가 도학의 체계 확립 → 성리학 집대성 ○ 사물의 이치 규명 중시

1 이(理)와 기(氣)

10세기 이후 중국의 유교는 사상적인 전환을 이루었다. 선진 유교가 일상생활에서 윤리적 규범을 강조했다면, 송대 이후로 이(理)와 기(氣), 심(心)과 성(性) 등의 개념을 중심으로 전개된 이학(理學)은 도덕 법칙의 근거를 탐구하기 위한 형이상학적 체계를 구축하였다. 이학은 공자에서 맹자로 이어져 온 유교의 인의(仁義)와 도덕의 계통을 후세에 전하는 것을 목표로 삼았기 때문에 도학(道學)으로 불리기도 한다.

'이(理)' 자는 원래 구슬 옥(玉) 변을 통해 유추할 수 있듯이 옥의 결을 뜻하였으며, 좋은 보석을 만들기 위해 옥을 결에 따라 자르고 다듬는다는 의미를 포함했다. 따라서 이 글자는 '조리', '무늬'라는 뜻의 명사이자 동시에 '조리 있게 처리하다', '다스리다'라는 뜻의 동사로 사용되었다. 그리고 순리(順理), 도리(道理), 원리(原理), 물리(物理), 사리(事理), 이성(理性), 진리(眞理) 등의 용례를 통해 알 수 있듯이, 이 글자는 보편적 원리라는 의미로 확장되었다.

— 미조구치 유조 외 편저, 『중국사상문화사전』

기(氣)는 원래 호흡, 숨, 증기 등을 뜻하였으며, 나중에 이 글자에 물질 혹은 기운(氣運) 등의 의미가 추가되었다. 현재 우리가 사용하는 기후, 기상, 공기, 감기 등의 단어에는 물질적 의미가 포함되어 있지만 기분, 기질, 용기, 원기 등과 같은 단어는 물질적 의미 이상을 뜻하기도 한다. 이처럼 다양한 의미를 함축하는 기의 개념은 유교의 수양론이나 도교의 양생론은 물론 우주론, 정치론 나아가 신선술과 예술 이론 그리고 한의학 등에서 가장 기초적인 개념으로 자리를 잡게 된다.

— 이동철 외, 『21세기의 동양철학』

주희는 이(理)와 기(氣) 개념을 이용하여 우주의 생성과 원리, 사회의 규범과 윤리, 개인의 수양과 학문의 방법 등을 체계적으로 제시하고자 했다. 사물이 현상적으로 나타나는 것은 기(氣)의 흐름으로 파악하며, 어떤 사물이 바로 그 사물로서 존재하게 하는 원리를 이(理)라고 정의하였다. 주희는 이와 기는 분리될 수 없는 것으로 보았지만, 만물의 궁극적 근원으로서 이(理)가 현상적인 기(氣)에 앞선다고 주장하였다.

제자가 주희에게 물었다. "이가 먼저입니까, 아니면 기가 먼저입니까?" 주희가 대답했다. "이는 기를 떠나 있을 수는 없다. 그러나 이는 형이상(形而上)의 것이요, 기는 형이하(形而下)의 것이다. 형이상의 관점에서 보자면 어찌 선후가 없겠는가? 이는 형체가 없고 기는 거칠고 찌꺼기도 있다." 다른 제자가 물었다. "반드시 이가 있고 나서 그 뒤에 기가 있는 것입니까?" 주희가 대답했다. "본래 선후를 말할 수는 없지만, 그 까닭을 끝까지 궁구해 보면 먼저 이가 있다고 말해야 한다. 그렇지만 이는 또한 별도로 어떤 형체를 지니는 것이 아니라 기 가운데 존재한다. 기가 없으면 이가 매달릴 곳이 없다. 쇠·나무·물·불은 기(氣)이고, 인의예지는 이(理)이다."

— 『주자어류』, 이기 상

아직 일이 없더라도 이(理)는 있다. 예를 들어 임금과 신하가 있기 전이라도 이미 임금과 신하의 도리가 있으며, 아버지와 아들이 있기 전에도 이미 아버지와 아들의 도리가 있다. 원래 이러한 도리가 없었는데 임금과 신하, 아버지와 아들이 생긴 다음에야 그러한 도리를 그들에게 우겨 넣었겠는가?

— 『주자어류』, 정자지서

천지간에는 이도 있고 기도 있다. 이는 형이상학적인 도이며, 사물을 생성하는 근본이다. 기는 형이하적인 기(器)이며, 사물을 생성하는 도구이다. 그러므로 사람과 사물이 생성될 때는 반드시 이(理)를 품부받은 뒤에 성

(性)이 생기고, 기를 품부받은 뒤에 형체가 생긴다.

― 『주자문집』, 황도부에게 답함

주희는 이기론의 관점에서 현상과 그 배후의 근거, 인간과 자연의 관계 등을 해석하고자 했다. 이와 기의 관계에 대한 주희의 관점은 실제로는 이와 기 사이에 선후가 없지만 논리적으로는 일종의 선후 관계가 있다는 말이다. 다시 말해 이가 기보다 앞서 존재한다는 것은 논리적인 앞섬을 의미하는 것일 뿐이며 시간적인 앞섬을 뜻하는 것은 아니다.

― 천라이, 『송명성리학』

2 성즉리(性卽理)

인간의 본성[性]을 이(理)라고 규정한 주희의 성리학은 그 이전의 이학을 집대성한 것이었다. 주희는 정호의 "성(性)은 곧 이(理)이다[性卽理]."라는 주장과 장재의 "심(心)은 성(性)과 정(情)을 통괄한다[心統性情]."라는 주장을 수용하여 이와 기, 그리고 성, 정, 심의 관계를 체계적으로 설명하면서 독자적인 심성론을 정립했다.

주희는 맹자의 성선설을 이어받아 그 근거를 탐구하였으며, 『중용』에 나오는 하늘의 명령으로서 성(性)의 개념을 만물의 본성인 이(理)로 해석하면서 성리학을 구축했다. 주희의 대표적인 저작은 『사서집주』이다. 그는 『논어』와 『맹자』, 『대학』, 『중용』에 상세한 주석을 달면서 사서를 해석했다. 『맹자』는 민본주의와 역성혁명 등이 포함되어 있었기 때문에 송대까지 역대 군주 체제하에서는 호의적으로 받아들여지지 못한 고전이다. 『대학』과 『중용』은 『예기』에 포함되어 있었다. 주희의 성리학은 이처럼 사서의 새로운 해석을 통해 전개되었다.

『중용』첫 장은 "하늘이 명한 것을 성(性)이라 하고, 성을 따르는 것을 도(道)라 하고, 도를 닦는 것을 교(敎)라고 한다."로 시작한다. 주희는 이 구절에 주석을 달면서, 성(性)을 '천명'으로 해석하고 사람들이 태어나면서부터 갖고 있는 본성으로 풀이하였다. 또한 맹자의 성선(性善)에 대해 타고난 순수한 본성을 확충하면서 노력하면 성인에 도달할 수 있다고 해석하고, 그 근거로 성즉리를 인용하였다.

'명한다'는 것은 명령과 같고, 성은 곧 이(理)이다. 하늘이 음양과 오행으로 만물을 화생할 적에 기로써 형체를 이루고 또한 이(理)를 부여하니 명령하는 것과 같다. 이에 사람과 물건이 태어남에 각각 부여받은 바의 이를 얻음으로 인하여 건순(健順)과 오상(五常)의 덕을 삼으니, 이것이 바로 성이라는 것이다. '따른다'는 것은 그대로 쫓아간다는 것이다. 도(道)는 길과 같다. 사람과 물건이 각각 성의 자연스러움을 따르면 일상생활을 하는 사이에 각각 마땅히 행해야 할 길이 있으니, 이것이 곧 도라는 것이다. 조목을 정해 놓는다는 것은 절차를 정한다는 것이다. 성과 도가 비록 같지만 기품이 혹 다르기 때문에 지나치거나 모자라는 차이가 있다. 그러므로 성인이 사람과 물건이 마땅히 행해야 할 것을 구별하고 정해서 천하의 법도로 삼았으니 이것을 교이며, 예약과 형벌 같은 것이 곧 그것이다. 사람들이 자기 몸에 성이 있다는 것을 알지만 하늘에서 나온 것은 알지 못하고, 일에 도가 있다는 것을 알지만 성에서 나온 것을 알지 못하고, 성인의 가르침이 있다는 것을 알지만 나에게 본래부터 갖추어져 있는 것에 근거하여 만들었다는 것을 알지 못한다(『중용장구』 1장).

― 성백효, 『대학 · 중용』

성(性)이라는 것은 사람이 태어날 때부터 하늘로부터 부여받은 것이다. 순수하고 지극히 선하며 악이 있은 적이 없다. 보통 사람도 처음에는 요순과 같은 성인과 다르지 않다. 다만 보통 사람은 사사로운 욕망에 빠져 그

것을 잃어버렸고, 요순은 사적인 욕망에 가리지 않고 그 본성을 확충한 것이다. — 『맹자장구』, 등문공 상

3 심통성정(心統性情)

주희의 심성론 가운데 주요한 특징은 성을 본체로 주장하면서도 마음의 작용으로 여기지 않고 정을 마음의 작용으로 삼았으며 마음을 성과 정을 관통하는 총체로 파악했다는 점이다. 심통성정에서 '통'의 의미는 성과 정을 포괄한다는 의미와 주재한다는 의미를 지닌다.

주희에 따르면, 성과 정은 서로 체(體)와 용(用)이 되며, 성은 마음의 본체이고 정은 마음의 작용이다. 마음은 체용을 포괄하는 총체이며, 성과 정은 이러한 총체의 다른 측면일 뿐이다. 마음은 사유와 의식 활동을 총괄하는 총체이다. 마음의 이(理)로 정의되는 성은 도덕의 근거가 되고, 마음이 작용하는 것이 곧 감정이다.

마음은 몸을 주재한다. 마음에서 본체가 되는 것은 성이고 그 작용은 정이다. 그러므로 마음은 동정을 관통하여 없는 곳이 없다. — 『주자대전』, 하숙경에게 답함

인의예지는 성(性)이고 측은·수오·사양·시비는 정(情)이다. 인으로써 사랑하고 의로써 미워하며 예로써 사양하고 지로써 아는 것은 마음이다. 성은 마음의 이(理)고 정은 마음의 작용이며, 마음은 성과 정의 주재자이다. — 『주자대전』, 원형이정설

더 알아 보기 '격물치지(格物致知)'는 어떤 의미일까?

'격물치지'는 『대학』에서 학문의 방법과 목표를 제시한 8조목, 즉 격물, 치지, 성의, 정심, 수신, 제가, 치국, 평천하 가운데 처음 두 항목이다. 주희는 『대학』에 대한 치밀한 고증을 통해 이를 분류하면서 격물 치지에 대한 해석이 사라졌다고 주장하고 스스로 다음과 같은 해석을 추가했다.

'치지(致知)는 격물(格物)에 있다.'라는 것은 나의 지식을 지극히 하고자 한다면 사물에 나아가 그 이치를 궁구함에 있음을 말하는 것이다. 인심의 영특함은 앎이 있지 않음이 없고 천하의 사물은 이치[理]가 있지 않음이 없지만, 다만 이치에 대하여 궁구하지 않았기 때문에 그 앎이 다하지 못함이 있는 것이다. 이 때문에 대학에서 처음 가르칠 적에 반드시 배우는 자들로 하여금 전하의 사물에 나아가 이미 알고 있는 이치를 바탕으로 하여 더욱 궁구해서 지극함에 이르도록 강 구하지 않음이 없게 한 것이다. 그리하여 힘쓰기를 오래하게 되면 하루아침에 갑자기 확 깨우치게 되면[활연관통, 豁然 貫通], 모든 사물의 안과 밖, 정밀함과 거침이 모두 파악되어 내 마음의 온전한 본체와 위대한 작용이 밝게 된다. 이것을 '사물의 탐구'라 하며 '지식의 극대화'라고 한다(『대학』, 「격물장」). — 성백효, 『대학·중용 집주』

주희는 격물에서 '격(格)'을 이르다[至]의 의미로 '물(物)'을 일[事]로 풀이했다. 주희에 따르면, 격물은 개별 사물에 이르러 세계의 보편적 진리인 이(理)를 인식하는 것이다. 보편적 원리로서 이(理)는 인간에게 본래적으로 갖추어져 있는 성(性)이며, 동시에 외부에 있는 자연 세계의 객관적 원리이다. 주희의 성리학 은 지적 탐구를 통해 인간의 본성과 객관 사물의 원리 사이의 합일을 추구하는 것이다.

66 앎은 행함의 시작이요, 행함은 앎의 완성이다. 99

06 왕수인의 양명학 사상

▶ **왕수인**(王守仁, 1472~1528)

중국 명나라의 철학자로 호는 양명(陽明)이다. 양명학은 왕수인의 호에서 따서 붙인 이름이다. 육왕학(陸王學)으로도 불리는데, 이는 육구연(陸九淵)의 학풍을 이어받아 왕수인이 집대성한 유학을 뜻한다. 양명학 사상의 핵심은 심즉리(心卽理), 치양지(致良知), 지행합일(知行合一)이다.

사상의 흐름

성리학
○ 주돈이, 정호, 정이의 도학 계승 → 송대 주희가 집대성
○ 사물의 이치 탐구 중시
○ 성즉리, 격물치지, 존양성찰 강조 → 조선의 성리학에 영향

양명학
○ 육구연의 심학 계승 → 명대 왕수인이 집대성
○ 주체의 도덕성 회복 중시
○ 심즉리, 치양지, 지행합일 강조 → 조선의 강화학파에 영향

고증학
○ 청대 양명학을 비판하며 등장
○ 학문 연구의 실증적 태도 중시
○ 경세치용, 이용후생, 실사구시의 학문 → 조선의 실학에 영향

1 심즉리(心卽理)

왕수인은 이학의 전통 속에서 심(心)을 중시하여 '마음이 곧 천리'라는 심즉리(心卽理)를 주장하였다. 그와 그의 제자들의 심학 중시의 사상을 통틀어 양명학이라고 한다. 양명(陽明)은 왕수인의 호이다. 그는 주희와 같은 시대에 살면서 사상적 논쟁을 전개한 육구연의 심즉리의 주장을 이어받아 치양지(致良知)와 지행합일(知行合一) 등을 포함하는 양명학의 체계를 구축했다. 육구연은 주희가 마음을 성과 정으로 구분하여 성이 곧 이(理)라고 주장하는 것에 반대하여 마음을 혼연한 일체로 파악하여 그것이 그대로 이(理)라고 주장하였다.

– 시마다 겐지, 『주자학과 양명학』

사람이 복석이 아니라면 어찌 마음이 없겠는가? 오관 가운데 마음이 가장 존귀하다. …… 맹자는 "마음이라는 기관은 생각하는 것이며, 생각하면 얻고 생각하지 않으면 얻지 못한다. 사람에게 어찌 인의의 마음이 없겠는가? 또 사람들의 마음에 어찌 다 같은 점이 없겠는가? 군자가 다른 사람과 다른 까닭은 마음을 보존하기 때문이다."라고 하고, "어찌 현명한 사람만이 이러한 마음을 갖고 있겠는가? 사람은 모두 마음을 갖고 있지만, 현자는 마음을 잃어버리지 않은 것이다. 또 사람과 동물의 차이는 아주 미미한데, 보통 사람들은 그것을 잃어버리고 군자는 그것을 보존한다."라고 하였다. "그것을 잃어버렸다는 것은 이 마음을 잃어버렸다는 것이다. 이는 본심을 잃어버린 것이다."라고 말했다. 그것을 보존한다는 것은 마음을 보존한다는 것이다. 그래서 "대인은 갓난아기의 마음을 잃어버리지 않는다."라고 말했다. 사단은 곧 이 마음이다. '하늘이 나에게 부여한 것'은 곧 이 마음이다. 사람은 모두 이러한 마음이 있고, 마음은 모두 이(理)를 갖추고 있다. 심이 곧 이(理)이다. 학자들이 중시해야 할 것은 이러한 이(理)를 궁하고 이러한 마음을 다하는 것이다.

– 『육구연집』, 이재에게 답함

명대의 사상가인 왕수인이 남송 시대 육구연과 동일하게 심즉리를 주장했기 때문에 이들의 사상을 육왕심학(陸王心學)이라고 부르기도 한다. 왕수인은 인간 인식의 주체인 심을 떠난 세계의 객관적인 원리가 있을 수 없다는 관점에서 인식 주체와 인식 객체를 구분하고자 한 주자학의 성즉리를 비판했다.

서애가 물었다. "지극한 선을 단지 마음에서만 구한다면 온 세상일의 이치를 다 궁구하지 못할까 염려합니다." 왕양명이 대답했다. "마음이 곧 이(理)이다. 천하에 다시 마음 밖의 일이 있고 마음 밖의 이치가 있겠는가?" 서애가 물었다. "예컨대 부모를 섬기는 효도, 임금을 섬기는 충성, 벗과 사귀는 믿음, 백성을 다스리는 사랑 등 그 사이에는 수많은 이치가 있으니, 또한 살피지 않을 수 없을 듯합니다." 왕양명이 탄식하며 말했다. "그러한 학설의 폐단이 오래되었으니, 어찌 한마디 말로 깨우칠 수 있을까? 우선 질문한 것을 토대로 말해 보자. 가령 부모를 섬길 때 부모에게서 효도의 이치를 구할 수 없고, 임금을 섬길 때 임금에게서 충성의 이치를 구할 수 없으며, 벗과 사귀고 백성을 다스릴 때도 벗과 백성에게서 믿음과 사랑의 이치를 구할 수는 없다. 모두가 다만 이 마음에 있을 뿐이니, 마음이 곧 이(理)이다. 이 마음이 사욕에 가려지지 않은 것이 천리(天理)이니, 밖에서 조금이라도 보탤 필요가 없다. 이 순순한 천리의 마음을 부모를 섬기는 데 드러낸 것이 바로 효도이고, 임금을 섬기는 데 드러낸 것이 바로 충성이며, 벗과 사귀고 백성을 다스리는 데 드러낸 것이 바로 믿음과 사랑이다. 다만 이 마음에서 인간적 욕망을 제거하고 천리를 보존하는 데 힘쓰기만 하면 된다."

– 『전습록』, 서애의 기록

2 치양지(致良知)

왕수인은 주희가 강조한 격물치지에 대한 해석을 달리한다. 왕수인은 주희가 『대학』에 빠진 글이 있고 순서가 잘못되었다고 해서 새롭게 편집한 『대학장구』와 이 책에 추가한 「격물보전」을 비판했다. 그는 『예기』 속에 포함되어 있던 원래의 『대학』 판본에 순서가 바뀐 부분은 있지만 빠진 부분은 없으며 경과 전의 구분도 없다고 주장하여 『예기』 속에 포함되어 있던 판본을 기반으로 『고본 대학』을 편찬했다.

물(物)은 사(事)이다. 대체로 의지[意]가 드러난 곳에는 반드시 그 일[事]이 있다. 의지가 있는 곳의 일을 물(物)이라고 한다. 격(格)이란 바로잡는다[正]는 의미이다. 올바르지 못한 것을 바로잡아 올바름으로 돌리는 것을 말한다. 올바르지 못한 것을 바로잡는 것을 악을 제거하는 것이라 하고, 올바름으로 돌리는 것을 선을 행한다고 한다. 이것을 격이라고 한다.　　　　－ 왕수인, 『대학문』

몸을 주재하는 것이 바로 마음이고, 마음이 드러난 것이 의지[意]이며, 의지의 본체가 바로 지(知)이고, 의지가 있는 곳이 바로 물(物)이다. 만약 의지가 부모를 섬기는 데 있다면 부모를 섬기는 것이 바로 하나의 물이고, 의지가 임금을 섬기는 데 있다면 임금을 섬기는 것이 바로 하나의 물이며, 의지가 백성을 사랑하고 사물을 아끼는 데 있다면 백성을 사랑하고 재화를 아끼는 것이 바로 하나의 물이며, 의지가 보고 듣고 말하고 움직이는 데 있다면 보고 듣고 말하고 움직이는 것이 바로 하나의 물이다.　　　　－ 『전습록』, 서애의 기록

주희는 격물의 '격'을 '이르다' 혹은 '나아가다'로, '물'을 일이라고 해석했지만, 왕수인은 '격'을 바로잡다[正]로, '물'을 뜻이 있는 곳[意之所在]으로 풀이했

다. 즉, 왕수인의 격물은 어떤 일에 있어서 바르지 못한 마음을 바로잡는 것이다. 어떤 일에 대한 옳고 그름을 판단하는 것은 양지(良知)이다. 따라서 치지는 양지를 실현하는 것이다. 이것은 결코 외연적인 지식의 확대를 의미하는 것이 아니다. 왕수인이 말하는 격물치지는 의지의 지향을 바르게 함으로써 양지를 실현하는 것이다.　　　　－ 펑유란, 『중국철학사』

주자의 격물이라는 것은 사물에 나아가 그 이치를 궁구하는 데 있다. 사물에 나아가 이치를 궁구한다는 것은 각각의 개별적 사물에서 정해진 이치[定理]를 구하는 것이다. 이것은 내 마음을 사용하여 각각의 개별적 사물에서 이치를 구하는 것으로, 마음과 이치를 둘로 나누는 것이다. 무릇 각각의 개별적 사물에서 이치를 구하는 것은 부모에게서 효의 이치를 구한다는 말과 같다. 부모에게서 효의 이치를 구한다면 효의 이치는 과연 내 마음에 있는가, 아니면 부모의 몸에 있는가? 가령 효의 이치가 부모의 몸에 있다면 부모가 돌아가신 뒤에 내 마음에는 곧 어떤 효의 이치도 없는 것인가? 어린아이가 우물에 빠지는 것을 보면 반드시 측은히 여기는 이치가 생기는데, 이 측은히 여기는 이치는 과연 어린아이의 몸에 있는가, 아니면 내 마음의 양지(良知)에 있는가? …… 내가 말하는 치지격물은 내 마음의 양지를 각각의 사물에 실현하는 것이다. 내 마음의 양지가 곧 천리(天理)이다. 내 마음 양지의 천리를 각각의 사물에 실현하면 각각의 사물이 모두 그 이치를 얻게 된다. 내 마음의 양지를 실현하는 것이 치지이고, 각각의 사물이 모두 그 이치를 얻는 것이 격물이다. 이것은 마음과 이치가 합하여 하나가 되는 것이다.　　　　－ 『전습록』, 고동교에게 답한 글

양지(良知)는 원래 『맹자』에 나오는 말로서 '깊이 생각하지 않아도 알 수 있는 것'이라는 의미이다. 왕수인은 심의 지적, 도덕적 판단 능력이 곧 양지라고 해석하면서 맹자의 사상을 발전시킨 것이다.

서애가 물었다. "부모에게는 마땅히 효도해야 하고 형에게는 마땅히 공손해야 한다는 것을 다 알고 있는 사람이 도리어 효도하지 못하고 공손하지 못합니다. 이것은 앎[知]과 행위[行]가 분명히 두 가지 일임을 보여 줍니다." 왕양명이 말했다. "그것은 사욕에 의해 앎과 행위가 가로막힌 것이지 앎과 행위의 본체는 아니다. 아직까지 알면서도 행하지 않는 사람은 없었다. 알면서도 행하지 않는다는 것은 다만 아직 알지 못한 것이다. …… 가령 아무개가 효도를 알고 아무개가 공손함을 안다고 말할 경우도 반드시 그 사람이 이미 효도를 행하고 공손함을 행해야만 비로소 그가 효도를 알고 공손함을 안다고 말할 수 있는 것이지, 단지 효도와 공손함을 말할 줄 안다고 해서 효도와 공손함을 안다고 말할 수는 없다. 또 아픔을 안다고 할 경우도 반드시 자기가 이미 아픔을 겪어야만 비로소 아픔을 안다고 할 수 있으며, 추위를 안다는 것은 반드시 자기가 이미 추위를 겪은 것이고, 배고픔을 안다는 것은 반드시 자기가 이미 배고픔을 겪은 것이니, 앎과 행위를 어떻게 분리시킬 수 있겠는가?"

– 『주자어류』, 장자지서

세상의 어떤 학문도 행하지 않고서 배웠다고 할 수 없으니, 배움의 출발이 확실히 이미 행위이다. 독행(篤行)의 독은 독실하고 돈후하다는 뜻으로, 이미 행위하는 상태에서 그 행위를 돈독하게 하여 공부를 쉬지 않는 것이다. 대체로 배우는 데는 의심이 없을 수 없기 때문에 물음이 생기게 된다. 물음은 곧 배움이자 행위이다. 또 의심이 없을 수 없으므로 생각을 하게 된다. 생각은 곧 배움이자 행위이다. 또 의심이 없을 수 없으므로 변별하게 된다. 변별은 곧 배움이자 행위이다. 변별이 이미 분명해지고, 생각이 이미 신중해지고, 물음이 이미 세밀해지고, 배움이 이미 능숙해지고, 또 그리하여 그 공부를 그치지 않는 것, 이것을 독행이라고 말하다 배우고 묻고 사색하고 변별한 뒤에 비로소 그것을 행위로 옮긴다는 말이 아니다.

– 『전습록』, 고동교에게 답하는 글

더 알아보기 — 왕수인의 주장은 주희의 주장과 어떤 점이 다를까?

동양 사상에서 앎과 실천의 관계는 지(知)와 행(行)으로 설명된다. 실천을 위해서는 먼저 지적인 탐구가 우선되어야 한다는 것이 선지후행론(先知後行論)이며, 앎과 실천이 서로 보완적이며 병행해야 한다는 것이 지행병진론(知行竝進論)이다. 그리고 앎과 실천이 일치해야 한다는 주장이 지행합일론(知行合一論)이다. 주자학에서는 지행병진론을 주장하면서도 앎과 실천의 선후를 따질 때는 지적인 탐구가 실천보다 먼저 있어야 한다고 주장했다. 왕수인은 주자학의 지행병진 혹은 선지후생설을 비판하면서 앎과 실천을 둘로 구분할 수 없다고 주장하였다. 유교 경전은 윤리 실천의 형식으로 다양한 예를 설명한다. 예를 먼저 알고 난 뒤에 실천에 옮긴다면 이러한 예의 규정은 외적인 이(理)가 된다. 왕수인은 예의 형식이 아니라 그러한 예를 만든 인간의 마음에 주목하였다. 왕수인은 심정(心情)에 기초한 행위를 아름답고 바르며 진실한 것으로 보아 세세한 예의 형식을 그다지 존중하지 않았다. 이러한 관점은 독서와 궁리를 가장 중시하는 주희의 성리학과는 대립적이다.

– 가나야 오사무, 『중국사상사』

왕수인은 앎과 행동의 일치를 유교 교육의 참된 정신을 나타내는 결정적인 특징이며, 사실 학문의 진정한 의미라고 본 것이다.

– 뚜웨이밍, 『한 젊은 유학자의 초상: 청년 왕양명』

07 이황과 이이의 사상

＋ 사단칠정론(四端七情論)
도덕 감정인 사단(四端)과 일
반 감정인 칠정(七情)의 관계
를 규명하기 위한 논의이다.

＋ 칠정(七情)
기쁨, 노여움, 슬픔, 두려움, 좋
아함, 미워함, 욕망과 같은 인
간의 대표적인 일곱 가지 감정
을 말한다.

＋ 이기호발설(理氣互發說)
사단은 이가 발하고 기가 이를
따르는 것이며, 칠정은 기가
발하고 이가 그 위에 올라타고
있다는 주장이다.

＋ 기발이승일도설(氣發理乘一途說)
이의 능동적 작용을 인정하지
않고 기가 발하고 이가 그 위
에 올라타고 있다는 것만 인정
하는 주장이다.

▶ **이황**(李滉, 1501~1570)

조선 중기의 문신이자 학자로 호는 퇴계(退溪)이다. 이언적의 사상을 이어받아 영남학파
를 이루었으며, 이기론을 중심으로 조선 성리학을 완성하여 동방의 주자라는 칭호를 받
았다. 저서인 『전습록변』을 통해 양명학의 지행합일설을 비판하였으며, 일본의 유학 발
달에도 큰 영향을 끼쳤다

사상의 흐름

유교의 전래	성리학의 수용	조선 성리학의 발전
○ 삼국 시대 초기부터 유교 관련 서적과 지식 전래	○ 고려 말 신진 사대부들의 성리학 적극적 수용	○ 중국 유학: 본체론 중심 → 사물의 이치 탐구
○ 왕인, 아직기 등의 활동 → 일본에 유교 경전 전파	○ 의리와 실천을 강조한 개혁 사상 → 고려 사회 혼란 극복	○ 조선 성리학: 심성론과 수양론 중시 → 마음의 수양 강조
○ 동아시아 각국 정치, 경제, 사회, 문화 발전에 중요 역할	○ 조선 왕조 건국의 이론적 기반 마련	○ 사단칠정론: 도덕 감정과 일반 감정의 문제를 깊이 있게 탐구

1 사단칠정(四端七情) 논쟁

조선 유학 사상의 특징 가운데 하나는 편지를 주고받으면서 윤리적, 철학적 문제를 토론하고 나아가 논점을 당시의 학자들과 공유하면서 윤리적 문제를 공론화했다는 점이다.

이황은 60세의 나이에 한 세대나 어린 소장학자 기대승과 사단칠정의 문제를 논의하기 시작하였고, 이 논쟁은 장장 8년에 걸쳐 진행되었다. 이것이 바로 이기와 심성의 문제에 집중한 조선 성리학의 성격을 드러내는 사단칠정 논쟁이다.

사단은 맹자가 인의예지(仁義禮智)라는 성(性)의 단서로 제시한 측은지심, 수오지심, 사양지심, 시비지심, 즉 성선설의 단서가 되는 네 가지 마음의 작용이다. 칠정은 『예기』 「예운」에 나오는 희노애구애오욕(喜怒哀懼愛惡欲), 즉 기쁨, 분노, 슬픔, 두려움, 사랑, 증오, 욕망의 감정을 가리킨다. 『중용』에서는 "희노애락(喜怒哀樂)이 아직 드러나지 않은 것을 중(中)이라 하고, 드러나서 모두 예의에 부합하는 것을 화(和)라고 한다."라고 하여 네 가지를 인간의 대표적인 감정으로 서술했다.

성리학자들은 칠정을 말하면서 일반적으로 『중용』에서 나오는 기쁨, 분노, 슬픔, 즐거움의 네 가지 감정을 예로 든다. 사단칠정 논쟁에서 '드러난다[發]'라는 표현은 『중용』의 구절에 근거를 두고 있는 것이다. 사단칠정 논쟁의 발단은 정지운이 작성한 『천명도』이다. 이황은 정지운의 저서에서 "사단은 이(理)에서 드러난 것이요, 7정은 기에서 드러난 것이다."라는 구절에 대해 "사단은 이가 드러난 것이요, 칠정은 기가 드러난 것이다."로 교정했다. 기대승이 이에 대해 의문을 제기했고, 이를 들은 이황이 기대승에게 자신의 의견을 변론하는 편지를 보내면서 사단칠정 논쟁이 시작되었다.

성(性)과 정(情)에 대한 변론은 선유(先儒)들이 상세하게 밝혔습니다. 다만 사단·칠정을 말한 데서는 모두 그것을 정(情)이라고 하고 이와 기로 나누어 말한 것은 보지 못하였습니다. 그런데 지난해에 정지운이 천명도(天命圖)를 만들면서 "사단은 이(理)에서 발하고 칠정은 기(氣)에서 발한다."라는 주장이 있었습니다. 나도 역시 그 분별이 너무 심하여 혹 분쟁의 실마리가 되지 않을까 염려되었습니다. 그래서 '순수한 선[純善]', '기를 겸함[兼氣]' 등으로 고쳤습니다. 이는 서로 도와서 연구하여 밝히고자 함이지 그 말에 흠이 없다고 여긴 것은 아니었습니다. 이제 그대가 잘못을 지적하여 상세히 밝혀 주니 더욱 깊이 깨우칠 수 있었습니다. 그러나 아직 의심 가는 부분이 있어 말씀드리니 바로잡아 주십시오. 사단도 정이고 칠정도 정이니 똑같은 정인데 어찌하여 사단·칠정이라고 이름을 달리하겠습니까? 보낸 편지에서 이른바 "입각하여 말한 관점이 같지 않다."라는 것이 그것입니다. 대개 이와 기는 본래가 서로 기다려서 체(體)가 되고 용(用)이 되어 진실로 이 없는 기가 없고 기 없는 이가 없습니다. 그러나 입각하여 말한 관점이 다르면 구별이 없을 수 없습니다. 예로부터 성현들이 두 가지를 논할 때 어찌 분별하여 말하지 않고, 혼합하여 한 가지로만 말한 적이 있었습니까?

– 『퇴계선생문집』, 기명언에게 답하다–사단칠정을 논한 두 번째 편지

기대승의 주장에 따르면, 7정은 감정의 전체를 말하며 사단은 그 가운데 완전하게 선한 것을 말한다. 사단이 칠정의 범위를 벗어나지 않는다는 것이다. 그러므로 그는 사단이 칠정과 다르지 않다고 변론한다. 결국 그는 이와 기의 절대로 분리될 수 없다는 주자학의 기본 원칙을 충실히 따르면서 사단과 칠정 또한 분리될 수 없다고 주장했다.

이황 또한 이와 기가 분리될 수 없다는 원칙을 부정하지는 않고, 사단과 칠정이 모두 정(情)이라는

것도 부정하지 않는다. 그렇지만 이황은 기대승의 견해를 따르게 되면, 기로써 성을 논하게 되고 나아가 인간의 욕망을 천리로 간주하게 되는 폐단이 생길 수 있다고 보았다. 이황은 이와 기를 분리함으로써 인욕으로부터 천리의 우월성을 확립해야 한다는 이상이 앞선 것이다.

– 윤사순, 「퇴계 철학의 연구」

그는 인간에게 주어진 본성 가운데 순수하게 선한 본연지성(本然之性)과 기질이 섞인 기질지성(氣質之性)을 구별하면서, 도덕 본성으로서 본연지성을 회복하는 것을 수양의 목표로 삼았다.

2 이황의 '이기호발설(理氣互發說)'

이황이 기대승과 논쟁을 전개하면서 얻은 수확은 "사단은 이(理)가 드러난 것이요, 칠정은 기(氣)가 드러난 것이다."라는 자신의 처음 주장에 대해 "사단은 이가 드러나면서 기가 따르는 것이요. 칠정은 기가 드러나서 이가 타는 것이다(理發而氣隨之, 氣發而理隨之)."로 수정하여 사단칠정과 이기의 관계를 정립한 것이다. 인간의 감정이 움직일 때 이와 기가 서로 드러나면서 작용한다는 것이 바로 이기호발설이다.

퇴계는 『주자어류』에서 주희가 "사단은 이가 드러난 것이요, 칠정은 기가 드러난 것이다."라고 한 부분을 발견하고 자신의 주장에 대한 자신감을 갖게 되면서 기대승의 비판에도 불구하고 이기호발설을 주장했다.

그대는 '사단칠정이 모두 이와 기를 겸하고 있으며 이름이 달라도 실제는 같으므로 이와 기를 분리할 수 없다.'라고 주장합니다. 저는 '서로 다른 점 가운데 같은 점이 있

음을 보게 되므로 이 둘을 통틀어 말합니다. 또 같은 점 가운데 다른 점이 있음을 알게 되므로 이 둘을 그 근거로부터 말하자면 저절로 주리(主理)와 주기(主氣)의 구분이 있게 되니, 어찌 이렇게 구분할 수 없겠습니까? …… 대개 통틀어서 말하면 칠정이 이와 기를 겸하는 것은 더 이상 말할 나위 없이 명확합니다. 만일 칠정을 사단과 대립시켜 각각 구분되는 것으로 말한다면, 칠정에 있어서 기의 관계는 사단에 있어서 이의 관계와 같습니다. 그 드러나는 것이 각각 혈맥이 있고 그 이름이 모두 가리키는 것이 있으므로, 그것이 주가 되는 바에 따라 구분할 수 있습니다. 나도 칠정이 이(理)와 상관없이 외물이 우연히 모여들어 감응하여 움직인다고는 생각하지 않습니다. 또 사단이 외부 사물에 감응하여 움직이는 것도 실로 칠정과 다르지 않습니다. 다만 사단은 이가 드러나서 기가 따르고, 칠정은 기가 드러나서 이가 타는 것뿐입니다. …… '이가 드러나서 기가 따른다.'라는 것은 이(理)를 주로 하여 말한 것일 뿐 이가 기에서 벗어난다고 하는 것이 아닙니다. 사단이 바로 그것입니다. '기가 드러나서 이가 탄다.'라는 것은 기를 주로 하여 말한 것일 뿐 기가 이에서 벗어난다고 하는 것이 아닙니다. 칠정이 바로 그것입니다. 맹자의 기쁨, 순(舜)의 분노, 공자의 슬픔과 즐거움은 기가 이를 따라 드러나면서 조금도 구애됨이 없기 때문에 이(理)의 본체가 완전한 반면, 보통 사람이 부모를 보고 기뻐하며 상(喪)을 당해서 슬퍼하는 것도 또한 기가 이를 따라 드러나는 것이지만 기가 일정할 수 없는 까닭에 이의 본체가 또한 순수하고 완전할 수 없습니다. 그러므로 칠정을 기가 드러나는 것이라고 하더라도 이의 본체에 무슨 해로움이 있겠으며, 또 어찌 형기(形氣)와 성정(性情)이 서로 무관하게 되는 병폐가 있겠습니까?

– 「퇴계 선생 문집」, 기명언에게 답하다–두 번째 편지

3 이이의 '기발이승일도설(氣發理乘一途說)'

사단칠정 논쟁은 오랫동안 전개되었지만, 이황은 이기호발의 주장을 견지했고 기대승은 칠정이 사단을 포함한다는 주장을 굽히지 않았다. 이기와 심성 문제가 유교에서 중시된 도덕의 실현을 위한 수양의 방법론과 밀접하게 관련되어 있었기 때문에, 언제든지 재발할 가능성을 갖고 있었고, 인심도심(人心道心) 논쟁은 그러한 가능성이 드러난 것이다.

주희는 『중용장구』 서문에서 인심(人心)과 도심(道心)을 구분하여 인심이 도심의 명령을 들어야 한다고 주장하였다. 1572년 성혼이 이이에게 이기에 관한 질문을 제기하면서 시작한 이 논쟁은 아홉 번에 걸친 서신 왕래로 전개되었다. 성혼은 이황의 이기호발설과 『중용장구서』의 견해를 지지하는 관점에서 도심과 인심을 각각 사단과 칠정에 속한다는 주장을 제기했다. 이에 대해 이이는 이기의 관계를 이통기국(理通氣局)으로 설명하고 이황의 이기호발설을 비판하면서 기발이승일도설(氣發理乘一途說)을 제시했다. 이와 기를 어느 한편으로 치우쳐 보는 관점을 지양하면서 이와 기의 관계를 설정한 것이 이통기국이다.

– 황의동, 『율곡 철학 연구』

이이의 '기발이승일도설'은 기가 작용하는 구체적인 측면을 강조하면서 주자학과는 달리 인간의 육체와 욕망을 긍정적으로 평가한다. 육체 자체가 악이 아니라 지나치거나 부족하기 때문에 악으로 흐를 수 있는 것이라고 규정한다.

즉, 탁한 물도 물이라는 명제를 제시하여 선과 악이 원리적 대립물이 아니라 악은 선을 이루지 못한 부차적인 개념임을 분명히 드러내고 있다.

– 김교빈 외, 『함께 읽는 동양 철학』

퇴계(이황)는 주희를 깊이 믿어 그 뜻을 구하면서 기질이 상세하고 치밀하며 공부 또한 깊어 주희의 의도에 부합되지 않는다고 이를 수 없고, 전체에 대해서도 본 것이 없다고 할 수 없다. 그러나 완전히 관통한 경지에는 아직 이르지 못하여 견해가 밝지 못하고 말이 조금 틀린 점이 있습니다. 이기호발과 이발기수(理發氣隨)의 주장은 도리어 잘못된 견해입니다.

– 『율곡전서』, 성호원에게 답함 2

이와 기는 원래 서로 떨어지지 않아 한 물건인 것 같으나 다릅니다. 그 까닭은 이는 무형이고 기는 유형이며, 이는 무위이고 기는 유위이기 때문입니다. 무형과 무위이면서 유형과 유위의 주(主)가 되는 것은 이이고, 유형과 유위이면서 무형과 무위의 그릇[器]이 되는 것은 기입니다. 이는 무형이고 기는 유형이므로 이는 통하고 기는 국한되는 것이며[理通氣局], 이는 무위이고 기는 유위이므로 기가 드러나서 이가 타는 것입니다[氣發理乘]. …… 기가 드러나서 이가 탄다[氣發而理乘.]'라는 것은 무슨 뜻입니까? 음이 고요하고 양이 움직이는 것은 기기(氣機)가 스스로 그러한 것이지 누가 시키는 것이 있는 것은 아닙니다. 양이 움직이면 이(理)가 이러한 움직임에 타는 것이요, 이가 움직이는 것은 아니며, 음이 고요하면 이가 고요함에 타는 것이요, 이가 고요한 것은 아닙니다. …… 음이 고요하고 양이 움직이는 것은 기기가 스스로 그러한 것이고, 음이 고요하고 양이 움직이는 까닭은 이 때문입니다. 그러므로 주돈이가 "태극이 움직여 양을 낳고 고요하여 음을 낳는다."라고 말한 것입니다. …… 그러므로 천지의 조화와 우리 마음의 드러남이 모두 기가 드러나 이가 타지 않는 것이 없습니다. 기가 드러나 이가 탄다는 것은 기가 이에 앞선다는 말이 아닙니다. 기는 유위(有爲)이고 이는 무위(無爲)이므로 이렇게 말하지 않을 수 없는 것입니다.

– 『율곡전서』, 성호원에게 답함 4

08 실학과 정약용의 사상

▶ **정약용**(丁若鏞, 1762~1836)

조선 후기의 유학자, 문신, 실학자이며 호는 다산(茶山)이다. 성리학의 공리공론을 비판하며 여러 가지 개혁 방안을 제시하였으며 실학을 집대성하였다. 『여유당전서』를 비롯하여 수많은 저서를 남겨 현재 그의 학문 체계를 '다산학'이라고도 한다.

사상의 흐름	이황의 사상	이이의 사상	정약용의 사상
	◦ 기대승과 사단칠정 논쟁 ◦ 이기호발설 주장 ◦ 경(敬) 사상 중시 ◦ 순수한 도덕 본성 확보 강조	◦ 이통기국 주장 ◦ 기발이승일도설 주장 ◦ 성(誠)과 경(敬) 중시 ◦ 현실 중시 → 경장론 제시	◦ 성리학의 공리공론 비판 ◦ 실학 집대성 → 여러 가지 사회 개혁 방안 제시 ◦ 성기호설 주장 → 자주지권 강조

1 실학(實學)

17세기 이후 조선에서는 국내외적인 요인으로 인해 사상적인 전환이 시작되었다. 중국에서는 만주족인 청이 중원을 지배하고 일본에서는 도쿠가와 막부가 성립되었다. 조선은 임진왜란과 병자호란을 거치면서 내정을 일신할 단계에 들어섰다. 서양의 천주교가 알려지고 서양의 과학 서적이 국내에 전래되면서 동서 사상의 대화가 시작되었다.

조선 후기의 사상을 일반적으로 실학이라고 부른다. 이러한 용법은 1930년대 민족주의적 성향의 학자들이 정약용 혹은 홍대용 등의 북학파에 속하는 사상가들을 발굴하면서부터 시작되었다. 실학이 허학(虛學)을 비판하면서 등장한 것이라면, 이미 송·명대의 이학이나 조선의 성리학에서도 불교와 노장을 비판하면서 자신들의 학문을 실학으로 지칭했다. 그동안 조선 후기의 실학에 대해 반주자학적 성격, 민족주의적 성격, 근대 지향성으로 평가하던 방식에 대한 학계의 비판이 제기되면서, 새로운 학술적 개념 정립이 요청되고 있다.

－ 한영우, 「실학 연구의 어제와 오늘－실학 개념의 재정리」

그럼에도 불구하고 조선 후기는 사상적 다양성이 돋보인다. 학자들이 도교와 불교, 그리고 양명학에 관심을 갖게 되었다. 18세기 이후로는 서양의 종교와 과학, 그리고 청조의 고증학이 국내에 소개되었다. 이 시기의 학자들은 실학이 무엇인지 진지하게 고민하기 시작했다. 조선 전기의 실학이 '실심(實心)의 실학'을 문제 삼아 진실한 마음을 확립하는 데 중점을 두었다면, 조선 후기의 실학은 '실사(實事)의 실학'을 문제 삼아 실증적이고 객관적인 증거를 중시했다고 할 수 있다. 　　　－ 금장태, 「한국 유학의 탐구」

북경에 다녀오면서 청나라의 융성한 문화와 서양의 과학을 보고 견문을 넓힌 홍대용은 사람과 사물, 중화와 오랑캐의 구분을 비판하면서 역외춘추론(域外春秋論)이라는 새로운 세계관을 제시했다. 그는 유교 안에서만 해결책을 찾으려는 태도를 버리고, 사상적으로 자유로운 모색을 꾀하면서 평등을 강조하는 사회사상을 정립해 갔다.

－ 박희병, 「범애와 평등－홍대용의 사회사상」

허자가 물었다. "옛사람이 이르기를 '하늘은 둥글고 땅은 모났다.'라고 하였는데, 지금 선생님께서 '땅의 형체가 둥글다.' 함은 무슨 까닭입니까?"

실옹이 대답했다. "달이 해를 가릴 때는 일식(日蝕)이 되는데 가려진 체(體)가 반드시 둥근 것은 달의 형체가 둥글기 때문이다. 땅이 해를 가릴 때 월식이 되는데 가려진 모양 또한 둥근 것은 땅의 형체가 둥글기 때문이다. 그러니 월식은 땅의 거울이다. 월식을 보고도 땅이 둥근 줄을 모른다면 이것은 거울로 자기 얼굴을 비추면서 그 얼굴을 분별하지 못하는 것과 같으니, 어리석지 않으냐? …… 땅덩이는 하루 동안에 한 바퀴를 도는데, 땅 둘레는 9만 리이고 하루는 12시간이다. 9만 리 넓은 둘레를 12시간에 도니, 번개나 포탄보다도 더 빠른 셈이다."

허자가 물었다. "공자가 「춘추」를 지을 때 중국은 안이라 하고 사방의 오랑캐는 밖이라 하였습니다. 중화와 오랑캐의 구별이 이같이 엄격하거늘 지금 선생께서는 '인사의 감응이요 천시의 필연'이라고 하니, 옳지 못한 것이 아닙니까?"

실옹이 대답했다. "하늘이 내고 땅이 길러 주는, 무릇 혈기가 있는 자는 모두 같은 사람이며, 여럿에 뛰어나 한 나라를 맡아 다스리는 자는 모두 같은 임금이며, 성문을 겹겹이 만들고 해자를 깊이 파서 강토를 굳게 지키는 것은 모두 같은 나라요, …… 문신을 새기거나 이마에 그림을 그리거나 다 같이 습속이다. 하늘에서 본다면 어찌 안과 밖의 구별이 있겠느냐? 그러므로 각각 자기 나라 사람을 친하고 자기 임금을 높이며 자기 나라를 지키고 자기 풍속을 좋게 여기는 것은 중국이나 오랑캐가 다 한가지다. — 「담헌서」, 의산문답

2 정약용의 '성기호설'

정약용은 조선 후기의 실학의 집대성자라고 할 수 있을 만큼 방대한 저작을 남겼으며, 당시의 사회적 모순을 예리하게 지적하면서 새로운 사회를 위한 총체적인 개혁론을 제시했다. 그는 「오학론」에서 성리학, 훈고학, 문장학, 과거학, 술수학 등 다섯 가지 학문의 폐단을 비판하였으며, 성리학의 가장 기본 개념인 성 개념에 대한 새로운 해석을 통해 '선을 좋아하고 악을 미워하는' 경향성이 곧 성이라는 성기호설(性嗜好說)을 제시하였다. 즉, 성은 성리학의 해석과 같이 순선무악한 이(理)가 아니라 심(心)이 지닌 속성이라는 것이다. 따라서 그는 인간의 본성에는 감각적인 욕망을 추구하는 육체적인 기호[形軀之嗜好]와 선을 좋아하고 악을 미워하는 정신적인 기호[靈知之嗜好]가 있고, 이는 모두 성이라고 보았다.

아울러 그는 인간이 선을 좋아하는 성품을 지니고 있고, 또한 선과 악을 선택해서 행할 수 있는 의지, 즉 자주지권(自主之權)을 하늘로부터 부여받았다고 보았다.

'성'자의 본래 뜻에 따르면 성이란 마음의 기호이다. …… 천명지성도 기호로 말할 수 있다. 사람이 태어날 때 하늘이 영명하고 형상이 없는 실체를 부여하는데, 그것은 선을 즐거워하고 악을 미워하며 덕을 좋아하고 모욕을 부끄러워한다. 이것을 성이라고 하고, 이것을 성선

이라고 한다. — 「중용자잠」

나는 '성'이란 기호(嗜好)에 중점을 두고 말한 것이라고 생각한다. 어떤 사람은 성품이 산수를 좋아하고, 어떤 사람은 성품이 서화를 좋아한다고 하는 것은 모두 기호를 가지고 성이라고 하는 것이다. …… 성에는 선도 있고 악도 있는데 맹자가 오로지 성선만을 말하였다면, 맹자는 성을 알지 못한 것이다. 맹자가 성을 알지 못하였는데 다시 성을 알 사람이 있겠는가? "의리의 성은 선을 주로 하고 기질의 성은 악을 주로 하는데, 두 성이 서로 합해져서 온전한 성이 된다."라는 말에 근거한다면, 선악이 섞여 있다는 양웅의 주장이 정론이 된다. 오로지 기질의 성만을 말하면, 순자의 성악설이 정론이 된다. 그렇다면 공자와 자사의 도통(道統)은 마땅히 순자와 양웅에 있어야 하는데, 어째서 맹자를 정통으로 삼는가?

『도경』에서는 "인심은 위태롭고 도심은 미미하다."라고 말했다. 지금 사람들은 인심을 기질의 성으로 여기고 도심을 의리의 성으로 여기는데, 이는 심과 성의 가리키는 바가 다르다는 것을 알지 못한 것이다. 성이라는 글자의 뜻은 오로지 호오(好惡)를 주로 하여 말한 것인데, 어찌 심을 성이라 할 수 있겠는가? 사슴의 성은 산과 숲을 좋아하고 꿩의 성은 길들여지는 것을 싫어한다. 불행하게 인가에서 길러지게 되었더라도 그 마음은 끝끝내 산과 숲을 좋게 여겨, 한번 산과 숲을 보면 불현듯 선망하는 마음을 가지니, 이를 성이라 한다. — 「맹자요의」, 등문공

3 자주지권

정약용은 인간이 선을 좋아하는 성품을 지니고 있고, 또한 선과 악을 선택해서 행할 수 있는 의지, 즉 자주지권(自主之權)을 하늘로부터 부여받았다고 보았다. 그는 인간의 본성이 선과 악으로 결정되어 있다는 주장을 비판한다. 이는 인간의 마음이 하늘

로부터 자주지권을 받은 주체적 존재임을 확인하는 것이다. — 금장태, 『다산 실학 탐구』

성리학에서 도덕적 행위는 욕망의 제거 혹은 조절이었다. 정약용은 "우리 마음 안에 본래 욕구라는 것이 있으니, 만일 욕구하는 마음이 없으면 천하의 모든 일은 이루어질 수 없다."라고 하면서 인간의 욕망을 긍정적으로 파악한다. 다만 그는 욕망에 대해 영리를 추구하는 것과 도의를 추구하는 것으로 구별하여 전자를 조절하고 후자를 계발해야 한다고 주장하였다. 이는 인간의 욕망을 천리(天理)와 대립시키는 성리학의 관점을 비판한 것이다.

천(天)은 사람에게 자주지권을 주었다. 가령 선을 하려고 하면 선을 행하고 악을 하려고 하면 악을 하여, 향방이 정해져 있지 않은데 그 결정은 자기에게 달렸으니, 금수가 정해진 마음을 갖고 있는 것과는 다르다. 그러므로 선을 하면 실제로 자신의 공이 되고 악을 하면 자신의 죄가 된다. 이는 심(心)의 권능(權)이지 이른바 성(性)이 아니다. — 『맹자요의』, 등문공

천은 이미 인간에게 선할 수도 악을 할 수도 있는 권형(權衡)을 주었다. 또 한편으로는 선을 행하기도 어렵고 악에 빠지기는 쉬운 육체를 주었고, 다른 한편으로는 선을 좋아하고 악을 수치스러워하는 성(性)을 부여하였다. 만일 인간에게 이런 본성이 없었다면, 우리 인간은 예로부터 어느 한 사람이라도 하찮은 조그마한 선(善)마저 실행하는 사람이 없었을 것이다. 그러므로 솔성(率性)이라 말하고 존덕성(尊德性)이라 말하는 것이다. 성인(聖人)이 성을 귀중한 보배로 여겨 감히 이를 잃지 않으려고 한 것도 이 때문이다. — 『심경밀험』

더 알아 보기 — **정약용은 맹자의 '사단(四端)'을 어떻게 해석하였을까?**

성리학에서는 사단(四端)의 단을 '단서', 즉 실마리라 하여 네 가지 마음을 단서로 삼아 마음속의 성품이 사덕(四德)으로 이루어져 있음을 발견할 수 있다는 인식의 과정으로 본다. 이에 비해 정약용은 단을 시작으로 해석한다. 그는 사단이 인의예지(仁義禮智)의 근본이므로 성인이 사람을 가르침에 사단에서부터 공부를 하도록 하였다고 하여, 사단에서부터 시작하여 이를 출발점으로 삼아 사덕을 실현해 가는 것이다. 사단에 대한 해석에서 성리학이 마음을 통하여 내면의 성품으로 수렴시켜 내향화하고 있다면, 정약용은 마음에서 출발하여 행위의 덕으로 확산하여 외향화하는 정반대의 방향을 보여 준다. — 금장태, 『다산 실학 탐구』

"인의예지(仁義禮智)의 명칭은 일을 행한 뒤에 이루어지는 것이다. 그러므로 사람을 사랑한 뒤에 그것을 인(仁)이라 하고, 사람을 사랑하기 이전에는 인이라는 명칭이 성립되지 않는다. 나를 착하게 한 뒤에 이것을 의(義)라 하고, 나를 착하게 하기 전에는 의라는 명칭이 성립되지 않는다. 손님과 주인이 절하고 읍한 뒤에 예(禮)라는 명칭이 성립되고, 사물을 명료하게 분별한 뒤에 지(智)라는 명칭이 성립된다. 어찌 인의예지의 네 알맹이가 복숭아씨[桃仁]와 살구씨[杏仁]처럼 사람의 마음속에 덩어리로 숨어 있겠는가? …… 사단(四端)의 '단(端)'은 시작을 뜻한다. …… 사단은 인의예지의 근본이 되는 까닭에 성인이 사람을 가르침에 여기서부터 공부를 일으키고 여기서부터 기초를 닦아 확충하게 하였다. 만약 사단의 이면에 다시 인의예지라는 것이 있어 몰래 숨어서 주인이 된다면, 이는 맹자의 확충 공부가 근본을 버리고 끝을 잡는 격이며 머리를 놓치고 꼬리를 잡는 격이다. 사단은 심(心)이라고는 할 수 있으나 성(性)이라고는 할 수 없고, 심이라고는 할 수 있으나 이(理)라고는 할 수 없고, 심이라고는 할 수 있으나 덕(德)이라고는 할 수 없으니, 명칭을 바로잡지 않을 수 없다." — 『맹자요의』, 공손추

09 불교 사상의 특징

> " 모든 것은 원인에서 생기고 원인에 따라 소멸한다. "

KEY WORD

+ **연기(緣起)**
세상 모든 것이 서로 의존하는 관계에 있으며 상호 의존적으로 생겨나고 또 소멸한다는 주장이다.

+ **삼법인(三法印)**
불교의 세 가지 진실한 가르침이란 뜻으로 제행무상, 제법무아, 일체개고 또는 열반적정을 뜻하며, 네 가지 모두를 합하여 사법인이라고도 한다.

+ **사성제(四聖諦)**
고집멸도(苦集滅道)의 네 가지 진리를 말한다. 고제는 이 세상 모든 것이 괴로움이라는 뜻이며, 집제는 그 원인이 탐욕과 어리석음 때문이라는 뜻이고, 멸제는 괴로움의 원인을 바로잡아 소멸하는 것이며, 도제는 괴로움에서 벗어나는 길을 의미한다.

▶ **석가모니**(B.C. 563?~B.C. 483?)

본명은 고타마 싯다르타이다. 샤카족의 소왕국 카필라에서 왕자의 신분으로 태어났으나, 인간의 삶이 생로병사의 고통으로 이루어져 있다는 것을 인식하고, 이러한 고통에서 벗어나는 길을 추구하였다. 마침내 왕위를 버리고 출가하여 오랜 수도 끝에 깨달음을 얻고 부처가 되었다. 이후 인도 북부를 중심으로 가르침을 펼치고 많은 이들을 교화하다가 열반하였다.

사상의 흐름

싯다르타의 문제의식	석가모니의 깨달음	불교의 성립과 발전
○ 인간의 현실적 삶에 대한 고민 → 생로병사의 괴로움 ○ 괴로움에서 벗어나 해탈과 열반에 이르는 방법을 찾고자 함.	○ 싯다르타의 출가 수행 ○ 명상과 고행 → 스스로 깨달음을 얻어 부처(깨달은 자)가 됨. ○ 석가모니: 석가족의 성자	○ 삼보: 깨달은 자(부처), 깨달음의 진리(불법), 수행자(승려) ○ 석가모니의 깨달음 설파 → 부파 불교 성립 → 대승 불교 운동

1 불교의 성립

불교는 기원전 5~6세기경에 고타마 싯다르타(석가모니)에 의해서 창시되었다. 고타마 싯다르타의 생존 연대에 대해서는 불확실한 점이 있다. 불기는 부처의 사망 연도를 기원으로 하는데 1956년을 불기 2500년으로 정하여 현재 국제적으로 통용되고 있다. 이것은 스리랑카의 불교 사원의 전승에서 도출해 낸 것인데 미얀마 정부에 의해 채택되었다. 이것에 의하면 붓다는 기원전 544년에 입멸한 것으로 된다. 하지만 다른 문헌 기록과 모순이 생겨서 받아들이기 어렵다. 스리랑카의 역사서와 기타 문헌 기록들에 의해 일반적으로 기원전 480년경 또는 380년경에 부처가 입멸하였다고 본다. 이 두 가지 학설이 대립되어 있다.

고타마 싯다르타의 나라는 카필라국이라고 알려져 있다. 이 나라는 현재의 인도와 네팔의 국경 근처에 있었던 것으로 추정된다. 다만 부처의 출생지인 룸비니는 현재의 네팔에 있다. 고타마 싯다르타는 늙고 병들어 죽을 수밖에 없는 인간의 근본적 괴로움을 극복하기 위해 고민하다가 출가하여 6년간의 수행 끝에 깨달음을 얻는다. 수행의 방법은 통찰적 명상이라고 할 수 있을 것이다. 한편으로 마음을 가라앉히고 다른 한편으로는 관찰을 통해서 깨달음을 얻었다고 한다. 그 깨달음을 사람들에게 전하여 불교가 성립하게 되었다.

불교의 근본 구성 요소로는 불(佛) 법(法) 승(僧)의 삼보(三寶)를 말한다. 삼보가 있어야 불교가 성립한다. 먼저 불은 불교의 창시자이고 교주인 석가모니를 말한다. 석가가 깨달아 부처가 되면서 불교는 시작된다고 할 수 있다. 법은 부처에 의해서 설해진 교법을 말한다. 그것은 사람들을 괴로움이 없는 이상향으로 인도하는 가르침이다. 부처가 설하

는 세계에 대한 설명과 이상향에 도달하기 위한 방법 등이 모두 법에 해당한다. 승은 부처의 법을 실천하고 민중들에게 불교의 이론과 실천의 법을 전하고 가르치는 출가자들의 단체를 말한다. 부처의 진리를 직접 실천하고 가르치는 출가자가 없다면 불교는 또 성립할 수 없을 것이다.

2 연기(緣起)

불교의 가장 기본적인 진리로는 연기를 말한다. 붓다가 깨달은 진리의 핵심이 연기의 법칙이라는 것이다. 누구든지 연기의 법칙을 알면 진리를 아는 것이라고 말한다. 연기는 일반적으로 상호 의존적 발생 또는 원인과 조건에 의한 발생이라고 설명한다. 이 세상 모든 것은 저절로 생겨나는 것이 아니라 원인과 조건에 의해 생겨난다는 것이고 이 세상 모든 것은 상호 의존해서 존재한다는 것이다. 그것을 전형적으로 표현한 것이 다음의 말이다.

이것이 있으므로 저것이 있다. 이것이 생겨나므로 저것이 생겨난다. 이것이 없으므로 저것이 없다. 이것이 없어지므로 저것이 없어진다.

무지(無知無明)에는 경향성(行)이 의존하고, 경향성에는 의식(識)이 의존하고, 의식에는 심리적, 신체적 성격(名色)이 의존하고, 심리적. 신체적 성격에는 여섯 문(六入: 감각과 지각)이 의존하고, 여섯 문에는 접촉(觸)이 의존하고, 접촉에는 느낌(受)이 의존하고, 느낌에는 탐욕(愛)이 의존하고, 탐욕에는 집착(取)이 의존하고, 집착에는 되어 감(有)이 의존하고, 되어 감에는 태어남(生)이 의존하고, 태어남에는 늙음과 죽음(老死), 슬픔과 한탄, 괴로움, 낙담, 애가 탐 등이 의존한다. - 「잡아함경」

위의 말은 '연기(緣起)'와 그것의 구체적인 단계인 '12지연기'이다. 12연기는 12단계로 인간 삶의 연결 고리를 설명하는 것인데 전통적으로는 과거, 현재, 미래의 삼세에 걸쳐서 인과 관계가 일어나는 것으로 설명한다. 즉, 무명·행을 현재의 과보를 받게 한 과거의 2인(因), 식·명색·육입·촉·수를 현재의 5과(果), 애·취·유는 현재의 3인(因), 생과 노사는 미래의 2과(果)라 한다. 결국 무명에서부터 시작하여 끊임없는 삶과 죽음을 통해 괴로움을 받는 인간의 삶의 모습을 설명한 것이다. 무명을 최초에 두었지만 그것은 절대적인 시작이 아니라 순환적인 구조에서 가장 중요한 것이기 때문에 가장 먼저 거론하고 있다고 설명한다. 우리의 현실은 늙고 병들어 죽을 수밖에 없는데 그것이 저절로 되는 것이 아니라 인과 관계가 있다는 것이고 그 원인을 제거하면 괴로움이 없을 수 있다는 것이 요점이라 할 수 있다.

연기와의 연관에서 현실적인 이 세계의 객관적인 모습을 말할 수 있는데 무상(無常), 고(苦), 무아(無我)가 그것이다. 무상은 영원한 것이 없다는 것인데 연기와의 연관에서 설명하면 이 세상 모든 것은 원인과 조건에 의하여 생겨나므로 스스로 홀로 존재하는 것이 아니다. 따라서 영원할 수 없다는 것이다. 그리고 관찰을 통해서도 우리는 영원한 것이 없음을 어느 정도 확인할 수 있다고 본다. 다음으로 고(苦)인데 실질적인 괴로움도 의미하지만 좀 더 넓은 의미로는 불만족스럽다는 의미라 한다. 무상과 연관해서 설명하면 이 세상 모든 것은 영원한 것이 없는데 우리는 영원을 추구하기 때문에 불만족스러울 수밖에 없다고 한다. 다음으로 무아인데 이는 말 그대로는 내가 없다는 의미이지만 완전히 내가 없다는 의미라기보다는 불변의 본질로서의 나는 없다는 의미이고 행위의 배후의 주체로서의 자아가 없다는 의미이다. 불변의 주체인 자아가 있어서 행위

하는 것이 아니라 행위로서 내가 형성된다고 볼 수 있다.

사성제(四聖諦), 팔정도(八正道)

불교의 중요한 가르침으로는 사성제(四聖諦)와 팔정도(八正道)가 있다. 사성제, 팔정도는 구체적으로 어떻게 수행하여 열반의 이상에 도달하는가를 설명한다. 사성제는 줄여서 고집멸도(苦集滅道)라고 하는데, 고집멸도의 인과 관계를 살펴보면 집은 괴로운 현실 세계의 원인이고, 고는 결과로서의 고뇌의 현실 세계이고, 도는 이상 세계의 원인이고, 멸은 결과로서의 이상 세계이다.

먼저 고(苦)는 현실이 괴로움이라는 것이다. 이것이 첫 번째 진리인 것은 현실이 괴로움이라는 것을 직시해야 하기 때문이다. 대표적으로 생로병사(生老病死)를 네 가지 괴로움이라 하고, 여기에 네 가지를 덧붙여서 팔고(八苦)라고도 한다. 그 네 가지는 원증회고(怨憎會苦; 밉고 원망스러운 사람과 만나야 하는 괴로움), 애별리고(愛別離苦; 사랑하는 사람과 헤어져야 하는 괴로움), 구부득고(求不得苦; 얻으려 해도 얻지 못하는 괴로움), 오음성고(五陰盛苦; 집착으로 이루어진 몸과 마음의 5가지 구성 요소로 인한 괴로움)이다.

집(集)은 사물이 생겨나는 원인이란 말로서 괴로움의 원인을 뜻한다. 괴로움의 원인으로는 탐욕과 어리석음이 대표적인 것이다.

멸(滅)은 탐욕과 어리석음이 남김없이 멸한 상태이다. 멸은 일체의 번뇌가 멸한 상태, 즉 열반을 대표한다. 불교의 이상인 열반의 경지가 바로 멸이다.

끝으로 도(道)는 열반에 이르는 길, 즉 수행 방법을 말하는데 팔정도를 가리킨다. 팔정도는 정견(正

見), 정사(正思), 정어(正語), 정업(正業), 정명(正命), 정정진(正精進), 정념(正念), 정정(正定)의 8항목으로 이루어진 수행의 도이다.

정견은 바른 견해로 불교의 바른 세계관과 인생관인 연기와 사제에 관한 지혜를 말한다. 정사는 바른 생각과 마음가짐으로 말과 행위를 바르게 하려는 의지나 결의를 가리킨다. 정어는 거짓말이나 거친 말을 않고 진실하고 바른 말을 쓰는 것이다. 정업은 바른 행동과 신체적 행위이다. 정명은 바른 직업으로 바르게 생활하는 것이다. 정정진은 용기를 갖고 바르게 노력하는 것이다. 정진은 이상을 완성시키기 위한 노력이다. 정념은 바른 의식을 갖고 이상을 잊지 않는 것이다. 정정은 일상 중에 마음을 고요히 하여 정신을 집중하는 것이다. 그렇게 하면 바른 지혜가 생겨난다. 이처럼 팔정도는 부분이 아닌 전체로서 유기적으로 결합되어 있다. 편의상 구분하였을 뿐이다.

팔정도는 계·정·혜(戒定慧) 삼학(三學)과의 관계에서 파악할 수도 있다. 삼학은 불교의 모든 수행법을 셋으로 구분한 것인데 이상을 구하는 마음의 구조를 삼분하여 의지적인 면을 계(戒), 감정적인 면을 정(定), 지식적인 면을 혜(慧)라 한 것이다.

팔정도 중 정견과 정사는 혜에 해당하고, 정어, 정업, 정명은 계에 해당하고, 정념, 정정은 정에 해당하고, 정정진은 삼학에 공통으로 해당한다.

더 알아보기 **괴로움이 없는 이상적인 경지에 도달하는 방법은 무엇일까?**

▲ 석가모니 고행상

불교에서 해탈은 모든 존재가 헛된 것임을 깨달아 고통과 집착에서 벗어나는 것을 말하며, 열반은 해탈로 일체의 번뇌가 사라져 평온한 이상적인 상태를 의미한다.

불교에서는 열반을 유여열반(有餘涅槃)과 무여열반(無餘涅槃)으로 구분하여 설명한다. 유여열반은 아라한이 살아 있을 때 도달하는 열반이다. 탐욕과 어리석음이 없는 상태이지만 생명의 근본이 남아 있으므로 생명체로서 겪는 한계가 있다. 괴로움에 흔들리지 않지만 생명체로서 겪는 괴로움이 완전히 없다고 할 수는 없다. 무여열반은 아라한이 죽었을 때 도달하는 열반이다. 생명의 근본이 없는 열반이다. 더 이상 윤회하지 않는다. 그리고 완전한 상태이다. 하지만 말로 표현할 수 없는 상태이다. 석가여래가 사후에 존재하는가의 여부는 무기(無記; 단언하지 않은 문제) 중의 하나였다.

도움 글 / 아라한은 깨달음을 얻은 부처를 이르는 다른 말이었으나 점차 부처와 구별하여 불교 수행자가 도달할 수 있는 최고 단계의 위치를 이르는 말로 바뀌었다.

10 중관과 유식 사상

KEY WORD

+ 부파 불교
대승 불교 운동 이전 불교의
여러 교파를 뜻하며 대승 불교
도들은 이들을 소승 불교 또는
상좌부 불교라고 한다.

+ 대승 불교 운동
부파 불교의 수행자 위주의 학
문적 경향을 비판하면서 불교
의 혁신을 주장하며 일어난 운
동이다.

+ 중관(中觀)
모든 존재의 실체가 없음을 뜻
하는 공(空)과 극단에의 집착
을 버린 중도(中道)가 진리라
는 사상이다.

+ 유식(唯識)
모든 것은 오직 의식의 흐름에
불과하며 의식을 떠난 객관적
실체는 존재하지 않는다는 사
상이다.

▶ **용수**(龍樹, 150?~250?)

중관(中觀) 사상을 주장한 인도의 불교 승려로 본래 이름은 나가르주나이다. 3세기경 기존 부파 불교를 비판하면서 대승 불교의 논리를 세워 대승 불교의 창시자로 불린다. 대표적인 저술로는 『중론』이 있다.

사상의 흐름	대승 불교의 성립	중관 사상	유식 사상
	◦ 석가모니 열반 후 석가모니의 가르침 정리 → 여러 교파 성립 ◦ 불교 수행자 위주의 학문적 경향 → 부파 불교 ◦ 대승 불교 운동 → 부파 불교 비판, 불교 혁신 주장	◦ 용수의 『중론』 저술 → 대승 불교의 논리 확립 ◦ 핵심 사상: 무자성(無自性), 공(空), 중도(中道) 강조 ◦ 의미: 공(空)이 곧 중도(中道)이고 진리임을 강조	◦ 무착: 유식 사상의 기초 수립 ◦ 세친: 유식 사상 체계 확립 ◦ 핵심 사상: 모든 사물의 현상은 의식의 흐름에 불과함. ◦ 의식의 존재 형태와 심층 의식 탐구

1 대승 불교의 등장

석가모니 열반 후 부파 불교가 출가자 중심, 이론 중심으로 형식화되고 학문화되면서 불교 본래의 종교적 정신이 흔들리자 새로운 불교 운동이 일어난다. 이들은 기존의 불교를 소승이라 비판하고 대중성과 종교성을 강조하는 불교, 즉 대승 불교를 주장하였다.

대승 불교의 기원은 불전 문학, 불탑 신앙 등과 밀접한 관계가 있다. 대승 경전은 기원전 1세기경부터 제작되었다. 초기의 것에는 『반야경』, 『화엄경』, 『법화경』, 『무량수경』 등, 중기의 것에는 『여래장경』, 『승만경』, 『열반경』, 『해심밀경』, 『금광명경』, 『보적경』 등, 후기 것에는 밀교계 경전인 『대일경』, 『금강정경』 등이 있다.

대승 불교의 중요한 특징으로는 먼저 부처관의 변천을 말할 수 있다. 『반야경』에서는 법신(法身)과 반야바라밀을 동일시하고 있고, 『법화경』에서는 구원불(久遠佛)이라는 부처관을 기반으로 하고 있다. 『화엄경』에서는 보편적이고 무한정한 부처인 비로자나불이 있다. 여래장 계통의 경전에서는 여래장이 있다. 여래장은 불성을 말하고 있는데 불신(佛身)의 보편성을 구하는 가운데 궁극적으로 현실에 내재하는 부처를 뜻하는 것이라고 할 수 있다.

대승 불교는 부처에 대한 믿음을 강조한다. 대승은 아미타불로 대표되는 믿음의 불교이다. 부처가 중생을 구제하므로 부처를 믿어 구원을 받을 수 있다는 것이다. 이 외에도 정토나 미륵불 신앙이 있다. 대승 불교에서는 부처의 몸에 대한 이론도 발달하여 불신이 셋이라는 삼신설(三身說)이 발달하였다. 즉, 법신(法身; 진리의 몸), 보신(報身; 완전하고 원만한 이상적인 부처), 화신(化身; 교화 대상에 따라 모습을 바꾸는 불신)으로 부처를 설명한다.

2 대승 불교의 보살(菩薩)

대승 불교에서는 이상적 인간상으로 보살을 말한다. 보살(bodhisattva)의 기원적 의미는 '보리(참된 지혜)를 구하고자 머무르는 유정(有情)'으로서 반드시 부처가 될 사람 정도의 의미이다. 즉, 깨닫기 이전의 석가를 지칭하는 말로 사용되기 시작하였다. 그런데 특정한 사람만이 아니라 '누구라도 될 수 있는 보살'이 등장함으로써 대승 불교가 시작되었다.

보살의 이상은 누구나 부처가 될 수 있다는 것이다. 보살은 중생을 구제하고 자신도 깨달음을 얻기 위해 노력하는 존재이다. 일반적으로 "위로는 깨달음을 구하고 아래로는 중생을 교화한다[상구보리 하화중생; 上求菩提 下化衆生]"라는 것이 보살의 이상이다.

불교를 이상적인 저 언덕에 도달하게 해 주는 수레라 할 때 혼자서만 타고 가는 작은 수레가 아니라 많은 사람이 함께 타고 가는 큰 수레가 대승 불교라는 것이다. 이전의 불교에서는 스스로의 깨달음이 먼저였다면 대승에서는 스스로의 깨달음 못지않게 자비를 강조하고 중생 제도를 강조한다.

3 중관학파의 성립

대승 불교에는 중요한 두 학파가 있는데 중관과 유식이 그것이다. 그중에서도 먼저 등장하는 것은 중관학파이다.

용수(나가르주나)가 창시한 중관학파는 그 명칭에서도 알 수 있듯이 중도(中道)를 강조한다. 그의 저서 중 가장 중요한 것은 『중론(中論)』이다. 『중론』의 핵심은 연기(緣起), 무자성(無自性), 공(空), 중도(中道)라고 할 수 있다.

즉, 연기(緣起)란 모든 것은 원인과 조건에 의해서 발생하는 것이므로 독립된 고유의 실체가 없는 무자성(無自性)이며, 이것이 바로 공(空)이라는 것이다. 즉, 공(空)은 유무(有無)의 극단이 없는 것이므로 중도(中道)의 관점에서 사물을 올바르게 관찰하는 것에 깨달음이 있다는 것이 그의 주장이다.

용수의 제자 제바(提婆)는 『백론』 등을 저술하여 외도와 소승의 교의를 논파하고, 제바의 제자 라후라발타라는 『중론』의 팔불(八不)의 의의를 주석하였다. 그러나 중관파가 학파로서 명확한 형태를 취한 것은 불호(佛護) 때부터이다. 불호는 교학의 근본을 공(空)으로 설명한다. 즉, 일체가 공이기 때문에 집착하는 일이 없고 실천이 가능하며, 만약 공이 아니라면 목표를 향해 노력하는 것도 불가능하다고 주장한다. 불호 이후 공의 인식 방법에 대한 의견이 나뉘어 2파가 생겼다. 하나는 불호의 계통으로서 상대방의 주장을 오류에 빠뜨림으로써 논증하여야 한다고 주장하는 귀류 논증파이고 또 하나는 청변(淸辨)으로 대표되는 자립 논증파이다. 자립 논증파는 자립적 추론식을 작성하여 논증하여야 한다고 주장한다. 전자로부터는 월칭(月稱)이 중론의 주석서 『Prasanapada』를 쓰고, 『중관에의 입문』을 저술하였는데 그의 사상은 티베트에 널리 유포되었다. 중국에서는 용수의 『중론』, 『십이문론』, 제바의 『백론』을 소의로 하는 삼론종이 발전하였다.

4 중관 사상의 특징

중관 사상은 연기(緣起), 무자성(無自性), 공(空), 중도(中道)가 핵심이지만 이는 달리 파사현정(破邪顯正)과 이제(二諦; 두 가지 진리)와 팔불중도(八不中道)의 세 가지로도 설명한다.

먼저 파사현정은 잘못된 견해를 논파하고 바른 견해를 밝힌다는 의미인데 중관파는 잘못된 견해를 논파하는 것이 바로 바른 견해를 밝히는 것이라고 주장한다. 즉, 무집착이 바로 진리라는 것이다.

이제는 속제(俗諦; 세속적 진리)와 진제(眞諦; 궁극적 진리) 두 가지를 말한다. 『중론』에서는 "부처의 교법은 진제와 속제에 의거한다. 사람이 이 두 가지 진리를 분별하지 못하면 부처의 진실한 뜻을 알지 못한다. 속제에 의지하지 않으면 진제를 얻을 수 없고 진제를 얻지 못하면 열반을 얻을 수 없다."라고 말한다. 속제에서는 세속을 건립하지만, 진제에서는 세속이 파기된다. 속제는 우리의 분별에 입각한 가르침이고, 진제는 우리의 분별을 파기하는 가르침이다. 모든 것을 부정하는 방식으로 논의하지만 무조건 다 부정해서는 안 되고 분별에 입각한 가르침을 일단 인정한 바탕 위에서 다시 진제에서 세속이 파기됨을 알 수 있다.

팔불 중도는 여덟 가지의 극단을 떠난 중도를 말한다. 즉, 생겨나지도 않고 소멸하지도 않으며, 늘 있지도 않고 단절된 것도 아니다. 또 동일하지도 않고 다르지도 않으며, 오는 것도 아니고 나가는 것도 아니다. 즉, 팔불(八不)은 여덟 가지의 부정이지만 총괄적인 부정이라고 보아야 할 수 있으며, 모든 극단을 벗어난 중도(中道)를 말한다.

5 유식학파의 성립

유식(唯識)은 모든 것을 오직 의식의 흐름에 불과한 것으로 파악하는 대승 불교의 한 학파이다. 이 학파는 단지 마음에 비추어서 나타난 표상만이 있고 표상과 대응하는 외계의 존재물은 없다고 본다.

유식 사상은 『반야경』의 공(空)의 사상을 받아들

이면서도 적어도 우선 식(識)은 존재한다는 관점에서 이 사상을 내세운 학파를 유식유가행파 혹은 단순히 유가행파라 부른다.

유식이라는 것은 어의적으로는 자기와 자기를 둘러싸고 있는 자연계와의 모든 존재는 자신의 근저의 마음인 아뢰야식이 안 것, 즉 변화되어 나타난 것이라고 하는 의미이다. 이 설에 의하면 다만 마음만이 있고 외계에는 사물적 존재는 없다고 본다. 그러나 이것은 결코 서양 사상에서 말하는 유심론은 아니다. 왜냐하면 마음이라는 것도 또한 환상과 같고 꿈과 같은 존재이고 궁극적으로는 그 존재성도 부정되기 때문이다. 모든 것이 마음에서 나온 것이라면 그 마음을 올바로 닦아서 불교의 목적인 해탈에 이를 수 있다는 것이 이 학파의 실천적인 전략이

다. 유식학파는 미륵(彌勒)이 창시하고 무착(無著)과 세친(世親)의 형제에 의해 체계화되었다. 특히 세친이 『유식삼십송』을 저술함에 이르러 그때까지의 교의가 일단락되었다. 특히 세친 이후 그의 학설을 해석하는 데서 무상 유식(無相唯識)과 유상 유식(有相唯識)의 상이한 두 학파로 갈라져서 발전하게 된다.

인도의 유식은 중국에서도 지론종과 섭론종, 법상종의 세 학파로 갈라져서 전개된다. 이 중 앞의 두 학파는 비교적 일찍이 전개되었으므로 구유식이라 하고 현장(玄奘)에 의해 새롭게 번역된 유상 유식 계통의 경론들에 의하여 그의 제자 규기(窺基, 632~682)에 의해서 새로이 성립된 법상종을 신유식이라고 부른다.

더 알아보기

유식 사상은 어떤 특징이 있을까?

▲신라 고승 원측상

유식 사상은 마음의 존재 방식을 요가의 실천을 통해 변혁하는 것에 의해서 깨달음에 도달하려 하는 사상이라 할 수 있다. 이러한 유식 사상의 특징으로는 다음과 같은 것이 거론된다.

첫째, 마음의 종류로서 안식(눈으로 본 것), 이식(귀로 들은 것), 비식(냄새로 안 것), 설식(맛으로 안 것), 신식(몸으로 안 것), 의식(생각으로 안 것), 말나식(자아의식), 아뢰야식(근본이 되는 의식)의 여덟 가지가 있다. 그중 말나식과 아뢰야식은 이른바 사람의 내면에 잠재된 심층 의식에 속한다.

둘째, 삼성설(三性說)을 내세운다. 즉, 모든 존재를 마음으로 환원해서 존재 방식을 변계소집성(遍計所執性; 분별된 비존재)과 의타기성(依他起性; 인과 연에 의해 생기하는 임시적 존재)과 원성실성(圓成實性; 완성된 참된 존재)의 세 종류로 분류한다.

셋째, 요가를 실천하는 것에 의해 유식관이라고 하는 구체적인 관법을 교리적으로 조직 체계화하였다.

한국의 유식 사상가로는 신라의 승려로 당에서 유학을 한 원측이 유명하다. 신구 유식을 종합했다고 할 수 있는 원측의 유식 사상은 그의 제자 도증(道證)이 귀국하여 신라에 전하였다. 도증의 뒤를 이은 태현(太賢)은 『성유식론학기(成唯識論學記)』 등을 저술하였다.

11 교종과 선종

- 교종(敎宗)
  천태종, 화엄종과 같이 불교 경전의 이해와 계율을 중시하는 불교 종파를 말한다.

- 선종(禪宗)
  선정(참선)을 통해 사물의 본성을 직관하고 그 속에서 진리를 깨닫고자 하는 불교 종파를 말한다.

- 삼제원융(三諦圓融)
  - 공(空): 모든 존재는 실상이 없음.
  - 가(假): 모든 존재는 불변이 아니라 임시적인 것임.
  - 중(中): 극단을 벗어난 중도가 진리임.

- 원융무애(圓融無碍)
  편벽됨이 없이 가득하여 만족하고 서로 융합되어 아무런 장애가 없음을 뜻한다.

▶ **달마**(Bodhidharma, ?~528?)

인도에서 중국으로 귀화한 승려로서 중국 선종 불교의 제1대 조사이다. 보통 달마라고 줄여 부른다. 그는 참선 수련을 통해서 깨달음을 얻을 수 있다는 주장을 하면서 종래 경전 중심의 교종 불교에서 참선과 직관 수행을 중시하는 선종 불교를 창시하였다.

사상의 흐름

대승 불교의 성립
- 부파 불교의 학문적 경향 비판 → 대승 불교(불교 혁신) 운동
- 대승 불교: 깨달음과 자비의 실천 강조
- 보살: 이상적 인간상으로 제시

교종 불교
- 불교 경전의 이해 중시 → 이론 중심(불경, 설법)
- 천태종: 『법화경』 → 지의 창시
- 화엄종: 『화엄경』 → 법장이 체계 확립

선종 불교
- 경전 이해 중시의 교종 비판
- 자기 혁신 운동: 선정(참선)과 직관 중시 → 실천 강조
- 달마가 창시 → 제6조 혜능이 체계 확립

1 천태종

교종 중에서 가장 대표적인 것은 천태종과 화엄종이다. 그중 천태종은 중국 수나라 때 천태대사 지의(智顗)를 개조로 하는 종파이다. 지의는 혜사(慧思)에게 사사하여 선관(禪觀)을 닦고 『법화경』의 진수를 얻은 후 금릉에서 교화 활동을 하였으며, 575년 38세 때 천태산으로 은둔하여 사색하고 수행하였다. 이것이 천태종 성립의 단서가 되었다.

지의는 『법화경』에 의하여 전 불교를 체계화한 『법화현의』, 천태의 관법(觀法)인 지관(止觀)의 실제 수행을 정립한 『마하지관』과 『법화경』을 독자적인 사상으로 해석한 『법화문구』의 법화삼대부를 편찬하였다. 이것은 중국·한국·일본을 일관하는 천태교학의 지침이 되었을 뿐 아니라, 인도 전래의 불교를 중국 불교로 재편성하는 계기도 되었다. 그의 문하에는 관정을 필두로 지위, 혜위, 현랑을 거쳐 6조 담연에 이르러 천태교의가 크게 선양되었다. 담연은 초목성불(草木成佛)을 주장하였다. 당나라 말기에 쇠퇴했지만 북송 때에 부흥하여 12조 의적과 그의 동문인 지인의 양 계통에서 많은 학승이 배출되었다. 전자를 산가파(山家派), 후자를 산외파(山外派)라고 한다. 의적의 제자 의통과 의통의 문하 지례의 계통이 송대에 융성하여 천태종의 주류가 되었다.

2 한국 천태종의 성립

한국에서 천태종이 하나의 종파로서 성립된 것은 대각국사 의천에 이르러서였지만 그 교학이 전래된 것은 훨씬 이전이다. 신라의 현광은 지의에게 법을 전한 혜사(慧思)에게서 법화삼매를 배웠으며 신라의 연광, 고구려의 파약 등은 직접 지의의 문하에서 공부하였다.

특히 고려 시대 체관(諦觀)의 『천태사교의』는 천태학의 입문서로서 크게 성행하였다.

천태종에서는 『법화경』의 정신을 근거로 불교 경전에 대해 조직적인 체계를 세우기 위해 오시팔교를 교판하였다. 오시는 부처의 설법을 시간적으로 판단한 것인데 화엄시(깨달음 성취한 직후 『화엄경』을 설한 시기), 아함시(『아함경』을 설한 시기), 방등시(『유마경』, 『승만경』 등의 대승경전을 설한 시기), 반야시(여러 『반야경』을 설한 시기), 법화열반시(『법화경』과 『열반경』을 설한 시기)를 말한다. 팔교는 그 가르침을 형식에 따라 분류한 것으로 돈교(頓敎), 점교(漸敎), 비밀교(秘密敎), 부정교(不定敎)의 화의사교(化儀四敎)와 교리 내용에 따라 분류한 장교(藏敎), 통교(通敎), 별교(別敎), 원교(圓敎)의 화법사교(化法四敎)를 말한다. 여기서 돈교는 부처가 깨달음을 그대로 설한 가르침이며, 점교는 얕은 내용에서 점차적으로 깊은 내용으로 나아간 가르침이다. 또한 비밀교는 듣는 이들 서로 간에 알지 못하게 각자의 능력에 따라 다르게 설하여 각자 다른 이익을 얻게 하는 가르침이며, 부정교는 같은 내용을 설하지만 듣는 이들이 능력에 따라 다르게 이해하여 각자 다른 이익을 얻게 하는 가르침이라 한다. 그리고 장교는 『아함경』을 비롯한 초기의 가르침이고, 통교는 성문·연각·보살에게 공통되는 가르침이며, 별교는 보살만을 위한 가르침이고, 원교는 가장 완전한 가르침으로 『법화경』이 여기에 해당한다.

천태종에서는 공·가·중(空假中) 삼관(三觀)을 교의의 중심으로 하였다. 또한 일상심의 일념(一念) 가운데에 지옥으로부터 부처까지의 모든 경지가 내재한다고 하는 일념삼천(一念三千)의 사상과 일체가 원융한 실상을 주장하였다.

천태종과 함께 중국 불교 교종의 쌍벽을 이루는 화엄종은 중국 당나라 때 성립된 불교 종파로서, 『화엄경』을 기본 경전으로 한다.

동진 말 북인도 출신의 승려 불타발타라(佛馱跋陀羅)에 의하여 『화엄경』이 한역된 이래 『화엄경』에 대한 연구가 성하게 되었다. 특히 511년 인도의 사상가 세친의 저서 『십지경론』이 전역(全譯)된 것을 계기로 하여 지론종이 성립되었는데, 이는 화엄종 성립의 학문적 기초가 되었다.

한편 『화엄경』을 사경 독송하는 화엄경 신앙과 이 신앙에 근거하는 신앙 단체인 화엄재회(華嚴齋會)도 발생하여 화엄종 성립의 기반이 성숙되었다. 이러한 배경 아래 두순(杜順)은 종래의 화엄에 대한 교학적 연구보다 실천적·신앙적 입장을 선양하여 화엄종의 제1조가 되었다. 그리고 새로이 중국에 전해진 현장(玄奘)의 유식설을 채용하면서 종래의 지론종의 학설을 발전시킨 사람이 화엄종의 제2조인 지엄(智儼)이며, 이 지엄의 학문을 계승하여 화엄종의 철학을 대성시킨 사람이 현수대사 법장(法藏)이다. 그 후 징관(澄觀), 종밀(宗密)이 나와 화엄종을 계승하였으나, 선종의 발흥과 함께 일시 쇠퇴하였다. 그러나 송대의 자선(子璿), 정원(淨源) 등이 화엄의 맥을 이었으며, 그 후 많은 선사들의 사상에도 화엄 사상은 중요한 위치를 차지하였다.

한국의 화엄종은 의상이 창시자이다. 의상은 지엄에게서 화엄 교학을 배우고 귀국하여 부석사를 창건하여 화엄 종지를 널리 펴고 해동화엄종을 개창하였다. 그의 『화엄일승법계도』는 방대한 『화엄경』의 정수를 요약한 것으로 화엄학 연구에 큰 영향을 주었다. 신라 시대에는 화엄십찰(華嚴十刹)이라 하여 화엄학 연구의 중요한 사찰을 헤아리기도 하였다. 신라 말 화엄학은 부석사를 중심으로 하는 희랑(希朗)과 화엄사를 중심으로 하는 관혜(觀慧)의 북악과 남악의 두 파로 갈려 논쟁이 치열하였다.

고려 시대에 이르러 균여(均如)는 이를 종합하였다. 대각국사 의천은 고려 불교를 통합하려는 관점에서 화엄·선·천태를 융합하였다. 그 후 어느 종파에 속하더라도 화엄학의 연구는 필수적이 되었다.

화엄종 교리의 중심은 '하나가 곧 모든 것이고 모든 것이 곧 하나(一卽一切 一切卽一)'라고 하여 전 세계가 무한한 관계를 갖는 원융무애(圓融無礙)로 설명하는 법계연기(法界緣起) 사상이다. 법계연기는 무진연기(無盡緣起)라고도 하는데 우주 만유가 무한한 연관 관계에 있다는 것이다. 그 이유로서 육상(六相; 전체와 부분, 같음과 다름, 전체와 각각의 역할)과 원융(圓融)의 논리를 전개하였다. 요컨대 화엄종은 일체의 천지만물을 비로자나불의 현현으로 보며, 불타의 깨달음의 경지에서 전 우주를 절대적으로 긍정하는 통일적 입장에 있다.

선종은 달마 대사를 실제적인 초조로 삼는다는 점에서 달마종(達磨宗)이라 하고, 특정한 경전에 의지하지 않고 깨달은 마음을 근본으로 삼아 대대로 인가한다는 점에서는 불심종(佛心宗)이라고도 한다. 달마는 6세기 초에 인도에서 중국으로 와서 선종을 전했기 때문에 중국 선종의 초조라 한다.

이후 제5조인 홍인 문하에서 신수와 혜능이 나온

다. 신수는 북쪽에서 주로 활동하였으므로 북종이라 하고 혜능은 남쪽에서 활약하였으므로 남종이라고 한다. 혜능의 남종은 돈오(頓悟)를 강조하여 북종을 점수(漸修)라고 비판하였으므로 남돈북점이라고 한다.

후대에는 제6조 혜능 계통의 선종이 크게 성행하였다. 남종은 후대에 5가 7종(五家七宗)의 여러 종파로 발전한다. 5가는 조동종(曹洞宗), 운문종(雲門宗), 법안종(法眼宗), 임제종(臨濟宗), 위앙종(潙仰宗)을 말하며, 여기에 임제종으로부터 갈라져 나온 양기(楊岐), 황룡(黃龍)의 2종을 더하여 7종이라 한다.

6 한국의 선종

한국의 선종은 법랑에 의해 4조 도신의 선이 전해져 온 것이고 이어서 신수계의 북종선이 신행에 의해서 전해져 왔다. 그러나 신라에서 선이 크게 세력을 뻗치는 것은 신라 말에 도의와 홍척이 귀국한 이후의 일이다. 신라 하대에 중국에서 도입된 선종은 주로 남종선 계통으로 주로 지방 호족의 지원을 받으면서 교학적인 기존 불교를 비판하였고, 각처에 선종 사찰이 세워지고 특색 있는 여러 문파가 성립하였다. 이러한 선종은 고려 중기에 이른바 구산선문(九山禪門)으로 정리되어 불려졌다.

더 알아보기 | 교종과 구별되는 선종의 특징에는 어떤 것이 있을까?

교종은 일반적으로 경전을 중시하고 특정 경전을 토대로 하여 교리를 체계화시킨 종파라는 의미로 쓰는 말이다. 중국의 경우 천태종, 화엄종이 대표적인 교종이다. 우리나라의 경우 신라 하대에 선종이 수용되기 이전까지 화엄, 법상, 정토 등의 교종 계통의 교학 연구가 활발하게 이루어졌으며, 고려 시대에는 화엄 계통이 크게 세력을 떨쳤다.

선종은 선 체험을 근본으로 삼는 종파이다. 선은 모든 종파의 교설에 근본이 되지만 이것을 체득하는 방식이나 전달하는 방법을 특별히 고안하여 이것을 종지로 표방하면서 성립되었다. 후대에 선종이라는 이름 아래 자의식을 공유하고 종파라는 인식을 확고히 하던 무리들이 선대로 거슬러 올라가 자신들의 뿌리를 찾으면서 정통 법맥을 확정했다. 보리달마(菩提達磨)를 중국 선종의 초조(初祖)로 세우고, 그보다 이전 시대로 소급하여 불교사 전체에서 그 정체성을 확보하기 위하여 부처님의 직제자 마하가섭(摩訶迦葉)을 인도의 초조로 정립하게 되었다.

선종의 특징을 요약하여 정리하면 다음과 같은 네 구절로 설명할 수 있다.

- 불립문자(不立文字): 언어 문자를 세워 말하지 않는다.
- 교외별전(敎外別傳): 말이나 문자를 쓰지 않고, 따로 마음에서 마음으로 진리를 전한다.
- 직지인심(直旨人心): 사람의 마음을 곧바로 가리킨다.
- 견성성불(見性成佛): 자기 자신의 본성을 밝고 바르게 보아 앎으로써 깨침을 이루어 부처가 된다.

이것은 달마가 직접 전한 구절이 아니라 후대의 선종 사상가들이 당시에 지향하던 선종의 이념이나 교종과의 차별성 또는 달마나 그를 추종하던 선사들이 실행한 선법에서 단서를 찾아 일반화한 개념이라 할 수 있다.

12 원효의 화쟁 사상

+ 일심(一心)
모든 것은 마음이 지어낸 것으로, 마음이 모든 것의 근거이고 바탕이라는 사상이다.

+ 화쟁(和諍)
논쟁을 그치게 하여 화해하게 한다는 뜻으로 여러 불교 이론을 폭넓게 이해하려는 사상이다.

+ 원융회통(圓融會通)
두루 원만하고 막힘이 없어 모든 것이 하나로 통한다는 의미이다.

+ 정토(淨土) 신앙
정토는 부처가 사는 세계를 뜻하며, 아미타불에게 귀의한다는 의미의 '나무아미타불'을 외우면 누구나 아미타불이 사는 극락정토에서 살수 있다는 신앙이다.

▶ **원효**(元曉, 617~686)

신라의 고승이자 사상가, 정치가이다. 대표 저서로는 『대승기신론소』, 『십문화쟁론』 등이 있으며, 여러 불교 이론을 정리하여 한국 불교 이론의 체계를 세웠다. 그의 사상은 중국과 일본에도 많은 영향을 주었으며, 고려 시대 이후 본격적으로 재조명되었다.

사상의 흐름

불교의 수용	불교 이론 정립	선교 통합 노력
○ 삼국 시대 초기 수용 ○ 삼국의 국가 체제 정비 → 민간 신앙 수용, 정신적 통일 ○ 초기 왕실과 귀족 중심 → 점차 보편 종교로써 민간에 확산	○ 통일 신라 시대: 교종의 전성기 ○ 원효의 경전 연구 → 한국 불교의 이론 정립 ○ 원효의 포교 활동 → 한국 불교의 대중화	○ 신라 말기 선종의 등장 → 지방 호족 세력의 지원 ○ 고려 시대의 불교: 교종과 선종의 갈등 심화 ○ 의천과 지눌: 선교 통합 노력

1 원효의 '깨달음'

『송고승전』의 원효 전기에 의하면 원효가 현장 문하에서 공부하려고 중국 유학을 결심하고 의상과 함께 유학길을 나섰는데, 중간에 어떤 계기로 깨달음을 얻게 된다.

(의상이) 약관의 나이에 당나라의 교종이 성하다는 말을 듣고 원효 법사와 함께 서쪽으로 유학할 뜻을 품었다. 본국 당주의 경계에 이르러 큰 배를 구하여 바다를 건너려 하는데, 갑자기 중도에 궂은비를 만나 길가의 작은 토굴에 몸을 숨겨서 바람과 비를 피하였다. 다음날 아침에 보니 무덤 속 해골 옆이었다. 하늘에서는 아직도 계속 비가 오고 땅은 진창이어서 조금도 나아가기 어려워 무덤 속 통로의 연돌 위에 머무르게 되었다. 밤이 아직 깊지 않았는데 갑자기 귀신이 나타나 괴이한 짓을 한다. 원효가 탄식해 말하기를, "전에 잘 때는 작은 토굴이라 생각하여 편안하였는데 오늘밤에는 귀신들 때문에 많이 뒤숭숭하구나. 마음이 일어나면 갖가지 것이 생겨나고 마음이 사라지면 토굴과 무덤이 둘이 아닌 것을 알겠다. 또 삼계(전체 세계)는 오직 마음이요, 모든 것은 오로지 인식이다. 마음 밖에 다른 것이 없는데 어찌 따로 구하겠는가? 나는 당나라에 가지 않겠다."라고 하였다.

— 찬녕, 『송고승전』, 의상전

원효가 유학을 가는 도중에 비를 만나서 하룻밤 잠을 자는데, 작은 토굴인 줄 알고 잠을 잤을 때는 편안하였으나 알고 보니 무덤이었고, 무덤인 줄 알고 나니 잠을 제대로 잘 수 없었다는 사실에서 원효가 모든 것이 마음의 장난이라는 깨달음을 얻었다는 것이다. 이보다 극적인 사건을 계기로 원효가 깨달음을 얻었다고 하는 이야기가 『송고승전』 이전의 저작인 『종경록』과 후대에 널리 알려진 『임간록』에서 전하고 있다.

옛날 해동의 원효 법사와 의상 법사 두 분이 같이 당나라로 스승을 찾아가다가 밤이 되었는데 묵을 데가 없어 무덤 안에서 지내게 되었다. 원효 법사는 목이 말라 물이 먹고 싶던 차에 마침 자리 곁에서 하나의 괸 물을 발견하고 손으로 떠 마셨더니 아주 맛이 좋았다. 하지만 다음날 보니 이것은 원래 시체 썩은 물이었다. 당장 속이 메스꺼워 토하려다가 크게 깨치며 말하였다. "내가 듣건대 부처가 말하기를, '삼계가 오직 마음일 뿐이요, 모든 법이 의식일 뿐이다.'라고 하였다. 그러므로 맛좋고 메스꺼움은 나에게 있는 것이지 실로 물에 있지 않음을 알겠다."라고 말하고 마침내 옛 살던 동산으로 돌아가서 지극한 가르침을 널리 폈다.

— 연수, 『종경록』

원효 스님은 해동 사람이다. 처음 바다를 건너 중국에 와서 명산의 도인을 찾아 황량한 산길을 홀로 걷다가 밤이 깊어 무덤 사이에서 자게 되었다. 이때 몹시 목이 말라 굴속에서 손으로 물을 떠 마셨는데 매우 달고 시원하였다. 그러나 새벽녘에 일어나 보니 그것은 다름 아닌 해골 속에 고인 물이었다. 몹시 메스꺼워 토해 버리려고 하다가 문득 크게 깨닫고 탄식하며 말하였다. "마음이 나면 온갖 법이 생기고, 마음이 사라지면 해골이 여래와 둘이 아니다. 부처님께서 '삼계가 오직 마음이라' 하셨는데 어찌 나를 속이는 말이겠는가?" 스님은 바로 해동으로 돌아가 『화엄경소』를 써서 크게 밝혔다. — 혜홍, 『임간록』

일반적으로 널리 알려진 것은 『종경록』과 『임간록』의 기록처럼 원효가 해골 물을 마시고 모든 것이 마음이라는 깨달음을 얻었다는 것이다. 하지만 그것이 무덤 속에서의 귀신 체험에 연유했든 아니면 해골 물을 먹은 것에 연유했든 원효가 삼계유심(三界唯心)의 도리를 깨달아 중국 유학을 그만 둔 것으로 묘사하고 있다.

2 원효의 '일심(一心)'

일반적으로 한국 불교 사상가 중 최고의 인물로 평가되는 원효 사상의 핵심은 일심(一心)과 화쟁(和諍)이라고 할 수 있다. 먼저 일심(一心)이란 모든 것이 마음에서 나온다는 주장이다.

원효는 마음의 중요성을 깨달았고 바로 일심에 그의 모든 사상의 중심을 두었다. 같은 사물이지만 마음이 보는 데 따라 달라진다면 결국 모든 것의 근본은 마음이라고 할 수 있으니 마음을 고쳐먹음으로써 해탈을 얻을 수 있다는 것이다. 원효의 일심 사상을 사상사적 맥락에서 보자면 원시 불교 이래의 마음을 중시한 이론들이 모두 중요하겠지만 그 직접적인 연결 관계는 여래장 사상에서 찾을 수 있다. 여래장 사상은 모든 존재는 여래가 될 가능성을 그 안에 가지고 있다는, 다른 말로 하면 모든 중생의 본성이 여래라는 이론이다. 모든 것이 마음 탓인데, 그 마음의 근본은 순수하고 깨끗하므로 그 근본을 회복하면 인간은 누구나 부처가 될 수 있다는 매우 실천적인 이론이다.

원효가 일심을 강조하는 것도 실천을 중요하게 생각해서이다. 일심이 바로 우리가 돌아가야 할 자리, 곧 목표라고 말할 수 있기 때문에 일심을 강조하는 것이다. 불교에서 말하는 목적이 고(苦)로부터의 해방이라고 말할 수 있다면, 원효의 목적지도 바로 고가 없는 자유자재한 인간 본연의 자리인 일심인 것이다. 현실의 인간은 어리석음에 가로막혀 동요되고 그 본연의 자리에서 벗어나 있는데 그것을 일심의 원천으로 돌리는 것이 그의 목적이었다.

원효는 절대적으로 청정하고 고요한 것이 마음의 본래의 모습이라는 것을 강조하고 있다. 그리고 그것은 진실인가 세속인가, 또는 깨끗한가, 더러운가 하는 상대적 차별을 떠나 있다고 한다. 이와 같이 원효는 상대적인 차별을 떠난 곳에 일심이 있음을 주장한다. 상대적 차별을 떠난다는 말은 바로 차별적인 것에 집착하지 말라는 말로 이해할 수 있다.

다음으로 일심은 모든 법(法), 즉 모든 존재의 근거이다. 곧 현상 세계의 질서나 모든 것이 이 일심을 떠나서는 생각될 수 없다는 것이다. 모든 나타나는 것은 일심의 견지에서 포괄될 수 있고 설명될 수 있다고 한다.

원효는 "마치 세계가 끝없이 넓지만 허공 밖을 벗어나지 않는 것과 같아서 모든 경계가 한없이 많지만 다 한 마음(一心) 안에 들어간다."라고 말한다. 일심은 모든 것의 근거이며 평등무차별하다. 따라서 일심의 근거에서 보자면 모든 것은 근원적인 점에서 평등무차별하다. 현실의 모습은 실제적으로는 다양하게 전개된다고 하더라도 상충됨이 없이 각각이 그대로 살려진다. 이런 맥락에서 일심은 그의 사상의 방법적 특색이라고 할 화쟁(和諍)의 근거를 제시해 주고 있다.

3 원효의 '화쟁(和諍)'

화쟁(和諍)은 다툼을 그치고 화해한다는 뜻이다. 원효의 사상적 특색을 화쟁으로 규정하는 이유는 그가 한 종파에만 매달리지 않고, 일심에 근거하여 다양한 이론들 사이의 다툼을 해소하려 하였기 때문이다. 원효는 자기 이론에만 집착하는 분파주의는 부처의 진정한 가르침에 어긋난 것이며, 자신의 주장만을 고집하는 것은 부처의 본래 뜻을 잃어버리는 것으로 보았다. 원효는 부처가 있었을 때에는 부처의 가르침에 힘입어 서로 다툼이 없었는데 세월이 지남에 따라 여러 가지 쓸데없는 이론들이 나와서 서로 다투게 되었다고 한다.

이는 사람들은 자기만 옳다 하고 자기의 견해에

집착하기 때문에 서로 다투지만, 알고 보면 다툴 이유가 없다는 말이다. 얼음과 물이 같은 원천인 것처럼 차별이 없으니 다툴 이유가 없다는 것이 원효의 주장이다. 화쟁은 또 언어로 표현된 이론적인 다툼을 화해시키는 것이므로 언어에 대한 이해가 중요하다. 원효는 언어에 대한 잘못된 이해가 쟁론으로 이끈다고 본다.

원효에 의하면 언어의 본성은 다음과 같다. 첫째, 언어와 진리의 관계는 상호 의존적이다. 그리고 둘째, 우리는 언어로 진리를 표현할 수 있다. 그러나 언어는 한계를 갖는다. 우리는 언어로 진리를 표현할 수 있지만, 진리는 언어로 표현되지 않는 부분도 있다고 할 수 있다. 따라서 우리는 언어에 집착해서는 안 된다. 원효가 말하는 화쟁의 구체적인 방법은 다음과 같다.

우선 집착에서 벗어나기 위해서 모든 이론들을 부정하는 것이다. 그러나 부정만을 한다고 해서 집착이 없어지는 것이 아니므로 부정에도 집착하지 않아야 한다. 다음 방법은 긍정과 부정의 자재(自在)이다. 이를 다르게 표현하면 동의하지도 않고 이의도 제기하지 않으면서 말하는 것이다. 마지막 방법은 여러 경전들의 내용에 대해 폭넓게 이해하는 것이다.

원효는 화쟁으로 전체 불교 이론들을 바라보아 실천적 견지에서 각각의 가치를 인정하였다. 그렇지만 화쟁은 여러 불교 이론들을 이론적으로 체계화시키는 작업은 아니다. 엄밀한 논리로써 화쟁을 수행하기는 하지만 궁극적으로는 실천의 문제로 연결된다. 화쟁은 궁극적으로는 일심의 경지에 돌아가기 위한 것이며, 화쟁의 완성은 일심에 돌아감이라고 말할 수 있다.

더 알아보기 │ 원효의 사상은 한국 불교에 어떤 영향을 끼쳤을까?

원효가 한국 불교에 미친 또 다른 중요한 점은 불교를 대중화하는 데에 크게 공헌하였다는 것이다. 그는 왕실과 귀족들에게 치우쳐 있던 불교를 대중에게로 끌어내려 대중이 직접 주체가 되도록 하였다는 것이다. 그는 민중 속으로 파고들어 정토 신앙을 널리 전파하고 또 어려운 불교 이론들을 민중들이 쉽게 받아들일 수 있도록 노래를 지어 전파하는 등 여러 가지로 노력하였다.

원효에 의해서 한국 불교는 널리 대중화될 수 있는 기틀을 마련한다. 그는 대중적인 신앙을 널리 포용하고 직접 대중 속에 들어가 다양한 방법으로 불교를 전파하였다. 이는 여러 가지 거침없는 행적을 보인 것으로 기록되어 있는 그의 전기를 통해서도 확인할 수 있다. 『삼국유사』에서는 원효가 광대가 춤출 때 쓰는 커다란 박으로 도구를 만들고 '무애가(無碍歌)'라는 노래까지 만들어 세상에 유포시켰다고 기록하고 있다. 또한 원효는 일심에 근거하면서도 대중적인 정토 신앙을 널리 권장하였다.

원효는 본래 일심이고 모든 것이 마음에 의한 것이지만 불법(佛法)의 이치를 깨닫는 것이 쉬운 일은 아니어서 왕생극락을 바라는 정토 신앙이 있게 된다고 말한다. 그리고 이것이 비록 이해하기 쉽다고 하여 가치가 없는 것은 아니라 한다. 그는 "옷을 기울 때는 짧은 바늘이 필요하고, 긴 창이 있어도 그것은 소용없다. 비를 피할 때는 작은 우산이 필요하고, 온 하늘 덮는 것이 있어도 소용없다. 그러므로 작다고 가벼이 볼 것이 아니다. 그 근성을 따라서는 크고 작은 것이 다 보배다."라고 말한다. 이는 원효의 화쟁적 태도가 돋보이면서 또 한편으로 그가 대중적인 신앙을 인정하고 있음을 알 수 있다.

13 의천과 지눌의 사상

+ **내외겸전(內外兼全)**
안과 밖을 함께 추구하여 온전하게 한다는 뜻으로 여기서 안은 선종, 밖은 교종을 뜻한다.

+ **교관겸수(敎觀兼修)**
경전의 교리를 이해하는 교(敎)와 참선 수행하는 관(觀)을 함께 닦아 진리를 깨닫는 것을 말한다.

+ **돈오점수(頓悟漸修)**
돈오는 단번에 깨우침을 뜻하고, 점수는 깨우친 후에 점진적으로 수행한다는 뜻이다.

+ **정혜쌍수(定慧雙修)**
깨달음 후에 수행의 구체적인 방법으로 선정과 지혜를 함께 닦아야 한다는 뜻이다.

▶ **의천**(義天, 1055~1101)

고려 문종의 넷째 아들로 태어나 11세에 출가한 왕자 출신의 승려이다. 불교 관련 여러 문헌을 모아 분류 정리하고 속장경 편찬 사업 등을 펼쳤다. 저서로는 『신편제종교장총록』, 『원종문류』, 『석원사림』, 『천태사교의주』, 『간정성유식론단과』 등이 있다. 그의 사상은 화엄으로 다듬어졌으나 화엄 이외의 여러 이론도 널리 탐구하였다.

사상의 흐름

원효의 사상	의천의 교관겸수	지눌의 정혜쌍수
○ 원효: 한국 불교의 이론 정립 ○ 일심(一心): 마음이 모든 것의 근원이고 바탕임. ○ 화쟁(和諍): 여러 불교 이론을 폭넓게 수용하여 이해함.	○ 의천: 교종 중심의 선교 통합 ○ 내외겸전: 안(선종)과 밖(교종)을 함께 추구함. ○ 교관겸수: 교(경전 이해)와 관(참선 수행)을 함께 닦음.	○ 지눌: 선종 중심의 선교 일치 ○ 돈오점수: 단박에 깨달음을 얻어 점진적으로 수행함. ○ 정혜쌍수: 선정(참선 수행)과 지혜(경전 이해)를 함께 닦음.

1 의천과 지눌

의천(1055~1101)과 지눌(1158~1210)은 고려 전기와 후기의 불교 사상을 대표하는 인물이다.

대각국사 의천은 당시 선종과 교종의 다툼을 화해시키는 것을 자신의 가장 중요한 임무로 생각하였다. 그는 사상의 대립을 융화하려는 원효의 화쟁 사상을 높이 평가하여 원효를 효성(曉聖), 해동교주(海東教主), 원효 보살 등의 존칭으로 불렀다. 그는 원효의 거룩하고 높은 덕을 추모하면서 원효만이 성(性)과 상(相)을 융화하여 밝히고 백가의 여러 다툼을 화해시켜 지극히 높은 공을 이루었다고 칭송하였다. 이와 같이 의천은 원효 사상을 중심으로 한 신라 불교의 전통을 재확인하면서 교관겸수(教觀兼修)를 주장하며 선교 통합에 힘썼다.

한편, 고려 후기에 들어 보조국사 지눌은 정혜쌍수(定慧雙修)를 주장하며 선종과 교종의 합일을 추구하였다. 지눌은『대승기신론』,『육조단경』등을 동원해서 '중생이 본래 부처임'을 증명함으로써 선이 교와 일치함을 제시하려 하였다. 의천이 교관겸수를 주장하여 교의 입장에서 선을 포섭하려 했다면 지눌은 정혜쌍수의 주장을 하여 선의 입장에서 교를 융화하려 한 것이다. 의천의 천태종은 교와 선을 절충하는 절충적 성격이 강하였지만 지눌은 절충의 단계를 넘어서서 선에 철학적 기초를 제공하면서 선교 일치의 철학 체계를 구축하였다고 평가할 수 있다.

2 의천의 수행 방법

의천이 활동하던 고려 전기의 불교계는 선과 교의 대립이 컸다. 따라서 의천은 그러한 대립을 해결하는 것을 자신의 사명으로 삼아 선교합일(禪教合一)을 이상으로 삼았다. 그러나 선교의 대립을 해소하여 선교를 통합한다고 해도, 이는 교(教)를 주로 하고 선(禪)이 종이 되는 것이었다. 즉, 교종의 입장에서 선종을 포섭하려고 했던 것이다. 그는 선종의 관문(觀門; 직관 수행)을 무시하고 교종의 경전 공부만 하거나, 그와 반대로 선종의 관문만을 중시하고 교종의 경전 공부를 도외시하여도 모두가 불충분하다고 하였다. 또 경전 공부를 제 아무리 잘 하였다 하더라도 선종의 관문을 모르는 자라면 비록 경전을 강의한다 하더라도 믿을 수 없다고 하고, 그렇다고 어리석은 선만을 가지고 시비를 다투고 있음도 딱한 일이라 하며 선을 교외(教外)의 별전(別傳)이라고 하여 함부로 말하지 않도록 삼가야 한다고 하였다. 따라서 올바른 수행 방법으로 교(教)의 경전 공부와 선(禪)의 지관 수행을 함께 해야 한다는 교관겸수(教觀兼修)가 의천의 사상의 핵심이다.

의천은 당시 창건된 국청사(國清寺)에서 천태의 교리를 강하면서 천태종을 개창하였다. 의천이 화엄의 교(教)를 중심으로 그의 사상을 다듬으면서도 천태종이라는 종파를 새로 개창한 것은 선교 통합에서 좌선(坐禪)과 지관(止觀) 수행을 중시하는 천태교의 관(觀)이 보다 포괄적이며 선종과도 통할 수 있다고 생각한 것이다.

도움 글 / 교관겸수는 불교에서 교리 체계인 교(教)와 실천 수행법인 지관(止觀)을 함께 닦아야 한다는 주장으로 교관병수(教觀楹修)라고도 한다. 의천은 천태와 화엄의 양 종을 통합하여 교와 관을 함께 닦는 것이 불교 수행의 바른 길이라고 제시하였다. 즉, 교만 닦고 선을 무시하거나, 선만 주장하고 교를 버리는 것은 온전한 불교 수행 방법이 못 된다는 것이다. 이와 같이 선종과 교종이 자기 것만을 주장하는 폐단을 타파하고 모든 종파가 대동단결할 수 있는 이론적 체계를 담은 것이 교관겸수 사상이다. 그 뒤 교관겸수는 고려 천태종을 중심으로 실천되었다.

3 지눌의 수행 방법

불교 수행에서 지눌 사상의 핵심은 돈오점수(頓悟漸修)와 정혜쌍수(定慧雙修)이다. 돈오는 단번에 깨닫는 것이고 점수는 점차적인 수행이다. 즉, 나 자신과 부처가 동체임을 깨우침에 있어서 그것이 수행을 따라 점진적으로 되는 것이 아니고 대번에 이루어진다는 의미에서 돈오라 한 것이다. 그러나 본성이 부처와 다름이 없음을 깨달았다 하더라도 시작 없는 오랜 옛날부터의 습관과 버릇으로 더렵혀진 것을 한꺼번에 없앤다는 것은 힘든 일이므로 깨달은 뒤에 수행하여야 한다. 점차로 하여서 공(功)이 이루어지고 마침내 성(聖)이 되는 고로 점수라고 한다. 그리고 깨달음이 먼저이고 수행이 나중이라는 선오후수(先悟後修)의 사상이 돈오점수에 들어 있다. 먼저 '돈오'하고 나중에 '점수'하는 것이다.

지눌은 진정한 수행은 깨달음 이후에 시작된다고 하여 깨달음 이전의 수행은 수행이 아니라 하였다. 구체적인 수행에 있어서는 정혜쌍수(定慧雙修)를 주장하여 선이나 교 한 면에만 치우치는 것을 경계하였다. 교를 공부하는 사람은 문자만을 배워 이해하는 것을 업을 삼아 이것저것 가리는 분별지(分別知)에 사로잡혀 견성성불(見性成佛)하는 깨달음의 경지를 모르므로 오히려 스스로 굴하기 쉽다. 또 선가는 비밀한 뜻을 서로 전한다(密義相傳)고 하여 잘못하면 멍청하게 헛수고나 하고 앉아 졸기나 하여 마음을 잃고 어지럽히는 폐단이 있으며, 간혹 마음을 닦아서 약간 터득함이 있다 할지라도 그로써 만족하여 이해와 실천에 깊고 낮음의 차가 있음을 모른다고 하였다. 따라서 지눌은 정혜쌍수의 구체적인 방법으로 다음과 같은 세 가지를 제시하였다. 그 첫 번째는 지혜를 밝히고 마음을 고요히 하는 것이다. 두 번째는 화엄경의 교리를 이해하여 자신의 마음이 곧 부처라고 자각한 후에 보살행을 닦는 것이다. 세 번째는 참선으로 일체의 지적 작용을 떠나 정과 혜에도 구속되지 않는 단계에 이르는 것이다.

도움 글 / 정혜쌍수는 선정(禪定)과 교학(敎學)을 같이 닦을 것을 권하는 수행법이다. 당시 고려에서는 선정만을 중시하는 선종(禪宗)과 교학만을 중요시하는 교종(敎宗)이 서로 상대방의 수행법을 무시하며 대립하고 있었다. 이에 선종이었던 지눌은 선종을 수행하는 데에는 교학이 꼭 필요하다며 이 둘을 함께 닦아 나가야 할 것을 주장하였다.

4 지눌 사상의 철학적 근거

지눌은 어떤 방식으로 선(禪)과 교(敎)의 일치를 주장하면서 선에 철학적 기초를 마련하였는가? 돈오점수와 정혜쌍수를 통해 선교 일치를 주장하는 지눌의 사상은 그 철학적 기초를 『신화엄경론』에 나타나는 화엄의 이론과 선불교의 종교적 수행을 뒷받침하는 이론들이 근본적으로 동일하다는 데에서 한 근거를 얻는다.

지눌은 화엄 철학의 성기설(性起說)이 바로 선가에서 말하는 대전제인 '마음이 곧 부처(心卽是佛)'라는 것을 증명한 것이다. 이것을 좀 더 자세히 설명하면 다음과 같다.

화엄 철학의 기초는 무진연기(無盡緣起)의 사상이다. 곧 하나하나 모든 현상들은 각각 무수한 연관 관계 속에서 존재한다는 것이니 이 무진연기설은 궁극적인 제1원리와 같은 연기의 주체를 인정하지 않고 각각의 사물을 각기 연기의 주체로 한 것이다. 그리하여 화엄 철학의 "하나가 곧 일체(一卽一切)이고 일체가 곧 하나(一切卽一)이며 서로 걸림이 없이 융합한다(相卽相入)."라는 말이 가능하게 된다. 이것이 연기(緣起)라면 성기(性起)는 어떤 의미인가?

성기는 본성이 있는 그대로 드러난다는 의미이다. 즉, 이 세계의 현재 나타나는 모든 현상은 어떤 다른 인연을 빌림이 없이 있는 그대로 드러난다는 것이다. 다시 말하면 모든 현상을 그 현상 위에서 있는 그대로를 본다는 것이다. 따라서 개개의 현상이 수많은 인과관계 속에서 나타난다는 연기는 각각 그 하나하나의 독자적 가치가 인정되어야 하니 성기가 바로 연기의 근거가 된다. 다시 말해 화엄교가에서 말하는 성기가 선가에서 말하는 '심즉시불(心卽是佛)'의 주장과 연결된다는 것이다.

더 알아보기 **'중생이 곧 부처'라는 말은 어떤 의미일까?**

▲ 보조국사 지눌의 진영(대구 동화사)

지눌의 사상은 모든 중생은 불성(佛性; 부처의 성품)을 가지고 있다는, 즉 깨달음의 가능성을 본성으로 가지고 있다는 전제에서 출발한다. 그러므로 흔히 선가에서 '마음이 바로 부처(心卽是佛)'라고 말할 수 있는 것은 그 본성이 그대로 드러난다는 성기설로 설명할 수 있다고 본다. 즉, 성기는 본성인 불성이 바로 그대로 드러나는 것이므로 부처를 본성으로 하는 마음이 곧 부처인 것이다. 부처의 본성이 바로 그대로 드러나는 것이니, 깨달음이 따로 밖에서 오는 것이 아니라 그대로 드러나는 것이다. 따라서 불성이라는 것은 한낱 가능성이 아니며 현재의 우리가 바로 부처라고 할 수 있다.

현실적으로 미혹하고 괴로워하는 것은 더러움에 가려 있기 때문이지만 그 더러움은 본성이 아니고 외적인 것이라 한다. 따라서 본성이 현실로 나타난다고 할 수 있는 중생의 마음은 그 자체 부처라고도 할 수 있다. 그러므로 마음이 바로 부처라는 결론에 도달하게 된다. 본성이 그대로 드러난다는 성기가 '마음이 바로 부처'라는 선의 교의와 일치하게 되는 것이다. 또 다른 말로 하면 있는 그대로의 본성이 그대로 드러나는 것이 성기이므로 중생이라고는 하나 중생은 있는 그대로의 본성인 '불성'이 바로 그대로 드러나 있는 것이 된다. 바로 부처라고 할 수 있는 것이다. 결국 중생이 곧 부처라는 말도 가능하게 된다. 또 있는 그대로의 본성이 부처이므로 부처가 되고자 하는 의식적인 노력은 필요가 없게 된다. 아니 해서는 안 된다고까지 말할 수 있다. 그리고 우리의 번뇌가 바로 깨달음이라는 것을 강조하게 된다. 진정한 의미에서는 번뇌도 없다는 것이 지눌의 주장이다.

지눌의 사상은 당시 침체했던 고려 불교계에 활력을 불어넣어 주었고 후대에까지도 커다란 영향을 미쳤다. 선을 위주로 하면서도 교를 아우르는 현재의 한국 불교의 전통이 지눌에 의해서 수립되었다고 할 수 있을 것이다.

14 노자의 윤리 사상

KEY WORD

『도덕경(道德經)』
노자가 지은 것으로 알려진 도가의 경전으로, 도(道) 덕(德)을 중심으로 인간과 자연과의 관계를 설명한 책이다. 노자는 여기서 자연에 따르는 무위(無爲)의 삶을 강조하였다.

도(道)와 덕(德)
도(道)는 우주의 원리인 동시에 인간 삶의 원리이며, 도가 현실 속에 구체적으로 드러난 것이 덕(德)이라 할 수 있다.

무위(無爲)
노자가 말하는 최고의 덕으로, 노자는 자연을 본받은 도에 따르고 자연에 순응하는 삶을 강조하였다.

소국과민(小國寡民)
작은 나라 적은 백성을 뜻하는 말로 노자가 제시한 이상 세계이다.

▶ **노자**(老子, B.C. 579?~B.C. 499?)

춘추 전국 시대의 철학자, 사상가로 도가의 창시자이다. 노자는 그의 저서 『도덕경』에서 우주의 근본이며, 진리인 도에 도달하려면 자연에 따르는 무위자연의 삶을 강조하였다. 그의 사상은 '노장사상' 또는 '도가 사상'으로 발전하여 유교와 함께 중국 사상사에서 큰 영향을 끼쳤다.

사상의 흐름

도가의 성립	중국 도교의 성립	한국 도교의 성립과 발전
◦ 도가: 춘추 전국 시대 노자가 창시 ◦ 노자: 사회 혼란을 극복할 새로운 질서로 도(道)를 강조 ◦ 장자: 노자의 사상 계승 발전 → 노장사상	◦ 도교: 노장사상+민간 신앙+신선 사상 ◦ 후한 말: 태평도, 오두미도 → 도덕경 중시, 노자 신격화 ◦ 남북조 시대: 불교의 영향 → 교리와 교단 조직 정비	◦ 삼국 시대: 도교 전파(한국 고유 문화+중국 도교적 요소) ◦ 고려 시대: 복원궁(도관), 초제(도교 의식) ◦ 조선 시대 이후: 민간 신앙으로서의 성격

1 노자의 『도덕경』

노자는 제자백가 중의 유력한 두 학파 중의 하나인 도가(道家)의 창시자이다. 그의 전기는 확실하지 않은 것이 많다. 사마천의 사기에 의하면 노자는 성은 이 씨이고 이름은 이(耳)라 한다. 그리고 주나라에서 벼슬을 했는데 공자가 가서 만나 예에 관하여 묻고 가르침을 청하였다고 한다. 이 기록에 따르면 노자는 공자보다 선배이다. 그러나 노자의 『도덕경』을 보면 공자보다 후대의 것으로 생각되는 내용이 나오기 때문에 논란이 되고 있다.

전체적으로 볼 때 노자의 후학들이 노자의 사상을 전승하여 그의 언행을 기록하고 편집한 것이 『도덕경』이고, 이것이 현존의 형태로 편집된 것은 전국 시대라고 판단된다.

2 도(道)의 의미

노자와 장자의 사상을 도가(道家)라고 하는 것은 그들이 도(道)를 중심으로 하는 학설을 펼쳤기 때문이다. 도는 무엇인가? 도는 먼저 만물의 근원이라고 할 수 있다. 노자는 『도덕경』에서 "도는 하나를 낳고 하나는 둘을 낳고 둘은 셋을 낳고 셋은 만물을 낳는다."라고 말한다.

모든 것이 도에서 나온다. 그리고 도는 만물의 근본 법칙이기도 하다. 모든 것이 도에 따라 움직인다. 도는 만물의 근본이고 근본 법칙이기는 하지만 말로 할 수 없고 이름이 없다. 『도덕경』은 "말로 할 수 있는 도는 참된 도가 아니다."라는 말로 노자의 도덕경은 시작한다. 말로 할 수 없다는 것은 도는 대상화될 수 없기 때문이라고 설명이 가능할 것이다. 말로 할 수 없다는 것은 달리 말하면 이름이

없다고 할 수 있다. 그러므로 "도는 항상 이름이 없다."거나 "도는 숨어서 이름이 없다."라고 노자는 말한다. 도는 말로 할 수 없다고 하지만 만물의 근본 법칙이므로 또한 도에 대해서 언급한다. 그리하여 도의 움직임과 도의 쓰임새에 대해 노자는 "돌아오는 것이 도의 움직임이고 약한 것이 도의 쓰임새이다."라고 말한다. 순환하는 것이 우주의 법칙이고 약한 것이 도에 가깝다는 것을 말하고 있는 것이다. 도가 만물의 근본이라는 것을 신비한 암컷이라는 비유로 설명하기도 한다. 암컷은 새끼를 낳으므로 그처럼 도가 만물을 낳는다는 것을 강조한 것이다.

3 노자의 윤리 사상

도가 만물의 근본이고 근본 법칙이라면 만물에 포함되는 인간과 사회의 근본 법칙도 당연히 도에 포함된다고 할 수 있다. 그래서 도는 인간 생활의 윤리적 규범의 근본이기도 하다.

노자는 『도덕경』에서 "사람은 땅을 본받고 땅은 하늘을 본받고 하늘은 도를 본받고 도는 자연을 본받는다."라고 말한다. 사람은 바로 도, 즉 자연(스스로 그러함)을 본받아야 하는 것이다. 그런 면에서 보자면 인위적인 윤리 도덕은 버려야 할 것이 된다. 인위적인 것이 없는 무위(無爲)일 때 높은 덕이 실현된다. 노자는 다음과 같이 말한다.

훌륭한 덕의 사람은 자기의 덕을 의식하지 않는다. 그러기에 정말로 덕이 있다. 훌륭하지 못한 덕의 사람은 자기의 덕을 의식한다. 그러기에 정말로 덕이 없는 사람이다. 훌륭한 덕의 사람은 억지로 일을 하지 않는다. 그렇게 하여 무엇을 하려 하지 않는다. 훌륭하지 못한 덕의 사람은 억지로 일을 한다. 억지로 일을 할 까닭이 많

다. 훌륭한 인의 사람은 일을 하지만 그것으로 무엇을 하려고 하지 않는다.

하지만 훌륭한 의가 있는 사람은 행하면서 억지로 무언가 일을 하려 한다. 억지로 일을 하여야 할 까닭이 많다. 훌륭한 예의 사람은 억지로 일을 한다. 그러나 아무도 응하지 않기에 소매를 걷고 남에게 강요한다. 도가 없어지면 덕이 나타나고, 덕이 없어지면 인이 나타나고, 인이 없어지면 의가 나타나고, 의가 없어지면 예가 나타난다. 예는 충성과 신의의 얄팍한 껍질, 혼란의 시작이다. 앞을 내다보는 것은 도의 꽃, 어리석음의 시작이다. 그러므로 대장부는 두터운 데 머무르고 얄팍한 데 거주하지 않는다. 열매에 머무르고 꽃에 거주하지 않는다.　　－「도덕경」

한 마디로 상덕의 사람은 무위(無爲)의 사람이고 하덕의 사람은 유위(有爲)의 사람이다. 유위의 도덕은 버려야 한다는 것이 노자의 주장이다. 그리하여 무위가 가장 훌륭한 덕이다. 무위의 덕을 강조하므로 자연스럽게 무위를 따르지 않고 스스로의 인위적이고 개인적 욕망만을 추구하는 것은 잘못된 것이다. 따라서 노자는 무사(無私)와 무지무욕(無知無欲)을 강조한다. 무사는 사사로운 감정이 없는 것이고, 무지무욕은 이기적인 욕망과 교활한 지식을 버리라는 것이다. 이는 사람들의 자연스런 욕구까지 부정하는 것은 아니고 남들보다 잘 나고 똑똑해지려는 욕망을 버리라는 것이다.

노자는 그의 윤리 사상에서 중요한 세 가지를 다음과 같이 말한다. 즉, '자애로움', '검약', '천하에 앞서지 않음' 이 세 가지를 보배로 삼는다는 것이다. 이는 노자의 기본적 실천의 원칙이다. 먼저 자애로움은 사랑하는 마음이다. 사랑하는 마음이 있으면 용기가 생긴다. 다음은 검약이다. 이는 검약함으로써 널리 혜택을 베풀 수 있다는 말이다. 끝으로 남보다 앞서지 않음을 실천하는 것이 바람직한 삶이라는

것이다. 이 세 가지 보물 가운데 가장 중요한 것은 자애로움이다. 노자의 윤리는 또한 생명을 중시하는 사상이다. 즉, 생명을 기르고 온전히 보존하는 것이야말로 가장 중요하다는 것이 노자의 주장이다.

4 노자의 정치관

노자는 어떻게 살기 좋은 세상을 만들 수 있을까 하는 것이 근본적인 관심사였으므로 정치에 대한 관심이 많았다. 즉, 도에 대한 형이상학적 논의와 더불어 정치 철학이 도덕경의 핵심적인 내용이다.

노자의 정치도 역시 도를 근본으로 도에 따라 하는 정치가 가장 바람직한 정치인 것이다. 구체적으로는 무위라는 말로 표현된다. 인위적인 것을 버린 도에 따르는 무위의 정치가 바람직한 정치라는 것이다.

노자는 인위적 제도나 법률에 의한 정치를 비판하고 무위에 의해 통치할 것을 주장한다. 그리하여 『도덕경』에서 "무위로 하면 다스려지지 않음이 없다."라고 말한다. 무위로서 하는 정치는 인위적인 것을 버리는 정치이므로 백성들을 무지하게 하고 욕심이 없게 하는 정치이다. 백성들을 어린아이처럼 만들고 백성들을 똑똑하게 만드는 것이 아니라 소박한 어리석음에 머무르게 하는 정치를 주장한다.

옛날 도를 잘 실천하던 사람은 사람을 총명하게 하려 하지 않고, 오히려 어리석게 만들었다. 사람을 다스리기 어려운 것은 아는 것이 많기 때문이다. 그러므로 아는 것으로 나라를 다스리는 것은 나라에 해가 되고, 앎이 없이 다스리는 것이 나라에 복이 된다.　　－「도덕경」

노자는 또한 전쟁을 반대한다. 무기는 상서롭지 못

한 물건이라 말한다. 또한 전쟁에서 승리해도 미화하지 않는 것이 도를 지닌 사람의 태도라고 주장한다.

노자의 이상적인 사회는 나라는 작고 사람 수는 적은 일종의 원시적 촌락 공동체이다. 노자는 다음과 같이 말한다.

나라는 작고 백성은 적다. 열 가지 백 가지 기계가 있으나 쓰이지 않도록 한다. 백성들로 하여금 죽음을 무겁게 여겨 멀리 이사 가는 일이 없었다. 비록 배와 수레가 있어도 탈 일이 없으며 갑옷과 병기가 있어도 펼칠 일이 없다. 백성들이 다시 노끈을 매어 쓰도록 하고, 자기가 먹는 음식을 달게 여기며, 그 옷을 아름답게 여기고, 그 거처를 편안히 여기며, 그 풍속을 즐기게 한다. 또한 이웃 나라가 서로 바라보이고 닭이 울고 개가 짖는 소리가 서로 들려도 백성들이 늙어 죽을 때까지 서로 왕래할 일이 없다.

－「도덕경」

이와 같이 노자는 자연에 따라 자신의 삶에 만족하고 소박한 인간의 본성대로 사는 촌락 공동체를 이상적인 사회로 내세운다.

도연명이 그리는 동양의 이상향은 어떤 곳일까?

진시황이 세상을 어지럽히자 현자들이 세상에서 몸을 숨기네.
은자들은 상산으로 갔고 사람들이 전란을 피해 이곳으로 왔네.
발사국은 시워지고 도화원으로 오는 좁은 길은 황폐해졌네.
사람들은 서로 도와 농사에 힘쓰고 해가 지면 편안하게 쉬네.
뽕나무 대나무 무성하여 그늘이 짙고 콩과 기장을 때맞추어 심네.
봄에 누에 쳐 실을 뽑고 가을 되어 추수해도 세금 바칠 일 없네.
황폐한 길 점차 희미하게 트이고 닭과 개가 서로 울고 짖네.
제사는 옛 법대로 치르며 옷 모양은 요즘 시대의 것이 아니네.
어린아이 길에서 노래하고 백발노인 즐겁게 서로를 찾네.
풀 자라면 봄인 줄 알고 나무 시들면 바람 찬 겨울임을 아네.
비록 달력 없어도 사계절 변화로 세월 감을 아네.
기쁜 낮으로 언제나 즐겁게 살고 애써 잔꾀 부릴 필요 없네.
오는 길이 지워진 지 오백년 홀연히 그 신비한 세계가 드러나건만
순박함과 야박함 그 근원을 달리하니 다시 깊숙한 곳으로 모습을 감추네.
속세에서 사는 사람들에게 묻노니 먼지와 소음 없는 세상을 사는가?
바라건대 사뿐히 바람을 타고 높이 올라 나의 이상을 찾으리.

－ 도연명, 도화원 시

도움 글 / 노자가 추구한 소국과민의 이상 세계를 바탕으로 한 '도화원'은 전란의 시대를 살았던 도연명이 그린 동양의 이상향이라 할 수 있다.

▲도연명

> **"**
> 학의 다리가 길다고
> 그것을 짧게 하면
> 학이 슬퍼할 것이다.
> **"**

15 장자의 윤리 사상

KEY WORD

+ **심재(心齋)**
장자가 제시한 도의 체득 방법 중의 하나로 모든 감각과 지식을 버리고 마음을 비운 허(虛)한 상태에서 도를 체득할 수 있다는 뜻이다.

+ **좌망(坐忘)**
앉아서 모든 것을 잊는다는 뜻으로 자아와 대상을 모두 잊음으로써 도를 체득할 수 있다는 것이다.

+ **제물(齊物)**
모든 것이 도의 작용이거나 도 그 자체이므로 도의 경지에서 보면 모든 것이 평등하다는 의미이다.

+ **소요(逍遙)**
한가롭게 거닌다는 뜻으로 속세를 떠나 아무런 속박 없이 자연에 순응하며 사는 삶을 의미한다.

▶ **장자**(莊子, B.C. 365?~B.C. 270?)

춘추 전국 시대 도가(道家)의 대표적인 사상가로 노자(老子) 사상을 계승 발전시켰다. 그의 저서인 『장자』는 전부 33편인데 내편 7, 외편 15, 잡편 11로 되어 있으며, 장자와 그의 후계자들의 사상이 들어 있다. 일반적으로 내편은 장자의 사상을 전하지만 외편과 잡편은 그의 후계자들의 사상을 전하는 것으로 본다.

사상의 흐름

노자의 사상
- 노자: 도가 사상 창시
- 무위자연: 도에 따르고 자연에 순응하는 삶 강조
- 소국과민: 노자가 추구하는 이상 세계

장자의 사상
- 장자: 노자 사상 계승
- 심재와 좌망: 도의 체득 방법 → 물아일체(物我一體)의 경지
- 제물과 소요: 만물의 평등과 절대적 자유 추구

도가 사상의 영향
- 노장사상의 공통점: 도에 따르는 삶 강조
- 이상적 인간상: 진인, 지인, 신인, 천인
- 중국과 동아시아 문예와 사상에 큰 영향을 끼침.

1 장자의 도(道) 체득 방법

노자와 장자를 도가 학파라고 하는 것은 도를 중심으로 하기 때문이다. 도가 학파를 다른 이름으로는 노장 철학이라고도 부른다.

도가 내에서 장자의 위치가 중요함을 명칭을 보아서도 확인할 수 있다. 노자와 장자는 같은 도가 학파의 사람이지만 둘의 사상은 각기 다른 특징을 갖고 있다. 노자가 강한 현실적 관심을 갖고 있다면 장자는 현실을 넘어서는 초월적인 경향이 있다는 것이 가장 큰 차이점이라고 할 수 있을 것이다. 장자 사상에서 가장 중요한 것은 역시 도이다. 그렇다면 도는 무엇인가? 노자의 경우에서와 마찬가지로 만물의 근원이고 근본 법칙이다. 그리고 최고의 인식이기도 하다. 모든 것의 근원이어서 도에서 모든 것이 나오고 또 모든 것의 근본 법칙이 되기도 하다. 이 도는 어떤 조건도 필요로 하지 않고 홀로 존재하는 절대성을 갖고 영원하고 초월적이며 보편적이고 무차별적이다. 그리고 자연스럽고 무심하다. 이 도를 체득하면 최고의 경지에 이르러서 가장 높은 지혜를 갖게 된다. 도를 체득한 사람은 최고의 지혜를 가진 존재이고 이상적 존재가 된다. 도가의 목표는 도의 체득이다.

노자는 도의 체득 방법에 대해 구체적 논의가 없지만 장자는 도의 체득 방법에 대해서 구체적으로 논의하고 있다. 먼저 도를 아는 것은 일반적인 지식의 획득과는 다르다고 한다. 감각과 지성을 모두 떠나서 도를 체득한다고 주장한다. 장자가 말하는 도를 체득하는 방법에는 심재(心齋)와 좌망(坐忘)이 있다. 심재에 대해서 다음과 같이 설명한다.

사물의 소리를 귀로 듣지 말고 마음으로 들으며, 또 마음으로 듣지 말고 기(氣)로 들어야 한다. 귀는 감각적

인 소리를 듣는 데에 치치고 마음은 지각에서 멈추지만 기는 마음을 비워서 사물을 기다리는 것이다. 도는 오직 마음을 비우는 곳에 응집된다. 마음을 비우는 것이 마음을 재계하는 것이다. − 『장자』, 인간세

이는 감각을 떠나고 마음을 비우는 데서 도를 체득할 수가 있다는 주장이다. 장자는 좌망에 대해서는 다음과 같이 말한다.

손발이나 몸을 잊어버리고, 귀와 눈의 작용을 쉬게 한다. 몸을 떠나고 지각 작용을 없애서 대통(大通)의 세계와 같아졌을 때 이것을 좌망이라 한다. − 『장자』, 대종사

좌망도 역시 감각 작용과 이지 작용을 없애고 그것을 넘어서는 것이다. 장자가 생각하는 도의 체득이 일반적인 지식의 습득과는 다르다는 것을 알 수 있다. 아무튼 심재나 좌망을 통해서 도를 체득할 수 있고 그렇게 도를 체득했을 때 이상적인 인간이 될 수 있다. 그런 이상적 인간을 장자는 진인(眞人), 지인(至人), 신인(神人), 성인(聖人) 등으로 불렀다.

2 제물(齊物)

장자는 도를 바탕으로 제물(齊物)과 소요(逍遙)를 논한다. 제물은 만물이 평등하다는 것인데 이것을 증명하기 위해 다방면에서 논의한다. 그는 모든 것이 상대적이고 모든 것이 변화한다는 것을 말한다. 즉, 이것과 저것이라는 쌍방의 대립이 보편적으로 존재하면 모순되는 쌍방이 서로 의존하고 떨어지지 않음으로써 모순된 쌍방은 같이 생겨나 공존한다. 그리고 개념 자체에 모순이 있고 개념이 상대적임을 말한다. 그리고 만물은 변화 발전하니 모든 것은

변한다. 따라서 결정적으로 어떤 것을 고집할 수가 없다는 것이다.

그런 맥락에서 근본으로 올라가면 하나라고 할 수 있다는 것이다. 모순된 이것저것이 서로 원인이 되고 사물들 사이에는 공통점이 있다. 결국 사물은 총체적인 하나이고 사물의 궁극적인 결과가 서로 같다는 것을 강조한다. 근본의 입장에서 보면 만물은 모두 같다고 할 수 있다는 것이다. 일체 만물은 도의 입장에서 보면 같다. 도를 통하여 하나가 된다고 할 수 있으니 이것이 바로 제물이다. 제물론의 마지막에는 유명한 나비 꿈 우화가 실려 있다.

어느 날 장주가 나비가 된 꿈을 꾸었다. 훨훨 날아다니는 나비가 되어 유유자적 재미있게 지내면서도 자신이 장주임을 알지 못했다. 문득 깨어 보니 다시 장주가 되었다. 장주가 나비가 되는 꿈을 꾸었는지 나비가 장주가 되는 꿈을 꾸었는지 알 수가 없다. 장주와 나비 사이에 무슨 구별이 있기는 있을 것이다. 이것을 일러 사물의 변화(物化)라고 한다.

　　　　　　　　　　　　　　　　－「장자」, 제물

장주가 나비 꿈을 꾼 것인지 나비가 장주 꿈을 꾼 것인지 모르겠다는 말 속에 사물은 끊임없이 변화하니 고정된 무엇으로 보지 않고 전체로서 볼 수 있어야 한다는 것을 암시하고 있는 것이다.

3 소요(逍遙)

소요는 한가롭게 거닌다는 뜻인데 정신의 절대적 자유를 의미한다. 장자의 이상적 경지이다. 장자가 장자인 까닭은 소요론에 있다고 할 정도로 장자의 독특한 표현이다. 장자의 첫 편이 소요유(逍遙遊) 편인데 소요는 편안하고 한가롭다는 의미이고 정신적 자유의 의미이다. 유(遊)는 마음이 한가롭게

노니는 것이다. 소요유의 주체는 마음이고 노니는 곳은 환상 속의 무하유지향(無何有之鄕)이니 정신의 절대적 자유를 의미한다. 장자의 정신적인 자유에는 무하유지향에서의 소요유 체험뿐 아니라 도와 더불어 하나가 되고 천지만물과 더불어 하나가 되는 신비한 체험이 있다.

도를 체득한 심재(心齋), 좌망(坐忘)이 바로 소요유의 경지이기도 하다. 장자는 도를 체득하여 최고의 경지에 이른 사람인 지인(至人), 신인(神人), 성인(聖人)은 자신에 얽매이지 않고 공적에 얽매이지 않고 명예에 얽매이지 않는데 그런 사람의 경지가 바로 소요유의 경지이다.

아는 것이 벼슬자리 하나 채울 만한 사람, 그 행위가 마을 하나를 돌볼 만한 사람, 그 덕이 임금 하나를 섬길 만한 사람, 그 재능이 한 나라를 맡을 만한 사람들은 그 기량이 저 메추라기만한 사람이다. 그래서 송영자(宋榮子)는 온 세상이 자신을 칭찬해도 우쭐하지 않고, 비난해도 기죽지 않았다. 그는 내실(內實)과 외식(外飾)을 분명히 구별하고, 영광과 치욕의 경계를 확실히 알기 때문에 세상일을 서두르지 않았다. 그러나 그도 아직 이르지 못한 경지가 있었다. 열자(列子)는 바람을 타고 올라가 마음대로 노닐다가 열닷새가 지나서 돌아왔다. 그는 세상의 행복에 연연하지 않고 초연히 노닐었다. 그러나 아직 아무것도 의지하지 않을 만큼 초연하지는 못했다. 어떤 사람이 하늘땅의 바름〔正〕을 타고, 여섯 가지 기(氣)의 변화를 부려, 무한한 경지에서 노닐 수 있다고 생각해 보라. 그 사람이 무엇을 더 바라겠는가? 그러므로 지인(至人)은 자신에게 집착하지 않으며, 신인(神人)은 공적에 무관하고, 성인(聖人)은 명예를 탐내지 않는다.

　　　　　　　　　　　　　　　　－「장자」, 소요

도움 글 / 장자는 '절대 자유'의 경지를 네 단계로 설명하였다. 첫째는 지극히 평범한 사람이고, 두 번째는 남의 칭찬이나 모욕에 개의치 않고 초연한 사람이며, 세 번째는 바람을

타고 자유롭게 날아다니는 사람이고. 네 번째는 도와 함께 노니는 절대 자유이다.

것을 후회하지 않았을까?"

— 『장자』, 제물

4 장자의 사생관(死生觀)

장자의 사상에서 주목을 끄는 것은 삶과 죽음에 대한 그의 견해이다. 그의 죽음에 대한 견해를 보면 먼저 인간은 죽음에의 존재라는 것이 강조되고 있다. 장자는 삶과 죽음에 대해 다음과 같은 여희의 우화를 들어 설명한다.

삶을 즐거워하는 것이 미혹 아닐까? 죽음을 싫어하는 것은 어려서 집을 잃고 돌아갈 줄 모름과 같은 것 아닐까? 여희는 애라는 곳 변경지기 딸이었다. 진나라로 데려갈 때 여희는 너무 울어서 눈물에 옷깃이 흠뻑 젖었다. 그러나 왕의 처소에 이르러 왕과 아름다운 침대를 같이 쓰고 맛있는 고기를 먹게 되자, 울던 일을 후회하였다. 이처럼 죽은 사람들도 전에 자기들이 삶에 집착한

장자는 죽음에 대해 새로운 관점을 가질 것을 주장한다. 사람들은 일반적으로 삶은 좋고 죽음은 나쁜 것이고 생각하고 있는데, 삶을 좋아하고 죽음을 싫어할 이유가 없다는 것이 그의 주장이다.

사람들은 삶을 좋아하고 죽음을 싫어하지만 죽기 전에 그것은 알 수 없다는 것이다. 그러므로 장자는 죽음을 하나의 변화로 보고 그 변화에 순응할 것을 주장한다. 사물의 변화라는 관점에서 인간의 삶과 죽음을 볼 수 있다는 것이 장자의 주장이다. 그런 관점에서는 삶도 죽음도 같은 변화에 속하는 것이므로 어느 것을 더 좋아하고 어느 것을 더 싫어할 이유가 없다는 것이다. 여기에서 한 걸음 더 나아가면 결국 삶과 죽음은 하나라고 말할 수가 있게 된다. 죽음의 편에서 보면 죽음의 건너편이 삶인데, 그것은 또한 죽음의 세계에서 죽은 다음에 도달한 세계이기 때문이다.

더 알아보기 장자가 동이를 두드리며 노래를 부른 이유는 무엇일까?

장자의 아내가 죽어 혜자가 문상을 갔는데 그때 장자는 동이를 두드리며 노래를 부르고 있었다. 혜자가 나무라니 장자는 다음과 같이 대답했다 한다.

"아내가 죽었을 때 나라고 어찌 슬퍼하는 마음이 없었겠나? 그러나 그 시작을 곰곰이 생각해 보았지. 본래 삶이란 게 없었네. 본래 삶이 없었을 뿐만 아니라 본래 형체도 없었던 것이지. 본래 형체만 없었던 것이 아니라 본래 기(氣)가 없었던 것이지. 그저 흐릿하고 어두운 속에 섞여 있다가 그것이 변하여 기가 되고, 기가 변하여 형체가 되었고, 형체가 변하여 삶이 되었지. 이제 다시 변해 죽음이 된 것인데, 이것은 마치 봄 여름 가을 겨울 사철의 흐름과 맞먹는 일. 아내는 지금 '큰 방'에 편안히 누워 있지. 내가 시끄럽게 따라가며 울고불고한다는 것은 스스로 운명을 모르는 일이라. 그래서 울기를 그만둔 것이지."

— 『장자』, 지락

장자는 삶과 죽음에 대해 기(氣)의 모임과 흩어짐으로 설명한다. 삶은 기가 모인 것이고 죽음은 기가 흩어져서 본래의 상태로 돌아간 것이라는 것이다. 죽음은 만물의 변화 과정의 하나일 뿐이니 자연스럽게 받아들이면 된다는 것이다. 즉, 생사를 초월하고 생사를 잊고자 하는 것이 장자의 사생관이다.

16 근대의 한국 사상

"
바른 것을
지키고 사악한 것을
물리치자!
"

KEY WORD

+ 실학(實學)
양명학, 고증학, 서양의 학술 등을 폭넓게 수용하여 실용적인 학문 연구를 통해 사회 제도의 개혁을 추구하였다.

+ 강화학파
조선 후기 정제두의 양명학 사상을 계승하여 성리학을 비판하며 인간의 주체성과 지행일치를 주장하였다.

+ 개화사상
서양의 발달한 문물을 수용하여 근대 국민 국가로의 발전을 지향하는 사상이다.

+ 위정척사(衛正斥邪)
바른 것을 지키고 사악한 것을 배척한다는 뜻으로 유교의 도덕적 정통성을 강조하는 사상이다.

▶ **최익현**(崔益鉉, 1833~1906)

조선 말기의 정치인이며 독립 운동가이자, 1905년 을사늑약에 저항한 항일 의병장으로서, 호는 면암(勉庵)이다. 이항로의 문하에서 수학하였으며, 기정진 등과 함께 화서학파, 위정척사파의 핵심 인물이다. 개항과 개화 정책의 추진에 반대하였고, 항일 의병 활동을 하다 체포되어 순국하였다.

사상의 흐름

강화학파와 실학사상	개화 정책 추진	위정척사 운동
○ 조선 후기: 성리학의 한계 노출 → 공리공론의 폐단	○ 19세기 후반: 서양 문물의 수용 → 근대 국민 국가 지향	○ 화서학파: 이항로, 기정진, 최익현 등
○ 강화학파: 정제두의 양명학 수용 → 실학과 개화사상에 영향	○ 온건 개화파: 동도서기론 주장	○ 위정척사론: 개항과 개화 정책 추진 반대 → 왜양일체론
○ 실학: 실용적인 학문 연구 → 다양한 사회 개혁 방안 제시	○ 급진 개화파: 갑신정변의 실패	○ 영향: 열강의 침략에 저항 → 항일 의병 활동, 독립 운동
	○ 영향: 개화사상과 갑오개혁으로 계승 → 근대 사회의 기틀 마련	

1 강화학파 성립

조선 시대에는 유교가 주도적 역할을 하였지만 양명학도 일찍부터 조선에 전래되었다. 그러나 이황이 「전습록논변」을 지어 친민(親民), 심즉리(心卽理), 지행합일(知行合一)을 비판한 이후로 양명학을 공부하는 학자들은 유교의 가르침을 저버린 사문난적으로 지목되었다.

조선 후기에 주희의 성리학에 의문을 제기하면서 조선의 특색을 지닌 양명학의 체계를 전개한 대표적인 학자는 정제두였다. 그가 노년에 강화도로 이사하여 홀로 양명학 연구에 몰두하였던 까닭에 그 이후로 양명학적 사유를 계승한 학자들은 강화학파로 불렸다. 이 학파는 당시에는 표면화되지 못했지만 조선 후기 유교의 역사에서는 성리학 중심 도학의 학풍과 병립하는 위치를 차지하였다.

– 금장태, 『한국 유학의 탐구』

2 양명학의 비판적 수용

정제두는 왕수인의 심즉리(心卽理)를 수용하여 사물의 이치를 탐구하면서 이를 도덕 이론으로 연결시켜 주자학적 사고방식을 비판하였다. 그는 마음이 도덕 본성인 리(理)를 갖추고 있으므로, 배우지 않아도 사리를 판단할 수 있는 양지(良知)가 밝아지면 모든 이치를 저절로 밝힐 수 있다고 주장했다. 따라서 그는 사물의 이치를 탐구하여 이를 마음의 본성과 연관시키고자 하는 주자학의 격물론을 비판하였다. 그렇지만 그는 왕수인의 주장처럼 성과 정을 하나로 보게 되면 '감정에 맡겨서 욕망대로 행동할(任情從欲) 염려'가 있다고 지적하면서 양명학에 내재된 문제점을 비판한다. – 김교빈, 『양명학자 정제두의 철학 사상』

내가 왕양명의 문집을 보니, 그 도(道)에는 간결하고 또한 매우 정치한 점이 있어 마음으로 깊이 기뻐하여 좋아했다. …… 왕양명의 치양지의 학설이 몹시 정치하지만 정(情)에 맡겨서 욕망대로 행동할 염려가 있다는 것을 알게 되었다.

– 『하곡집』, 존언 하

정제두는 성리학의 이(理) 개념을 비판하면서 그는 '이'를 물리(物理), 생리(生理), 진리(眞理)로 구분하여 설명하고자 했다.

사람의 생리(生理)는 밝은 깨달음이 있으면 저절로 두루 통하여 애매한 것이 없게 될 수 있다. 측은한 마음을 가질 수 있고 부끄러워할 수 있고, 사양할 수 있고 시비를 가릴 줄 알며 못하는 일이 없다. 이것은 고유한 덕(德)이며 양지(良知)이고 인(仁)이고 허는 것이다. "가슴 속에 가득찬 것이 측은지심이다."라고 하는 정자(程子)의 말씀은 바로 그 본체를 가리킨다. 만약 양지가 없고 딱딱한 목석과 같아 아무런 지각도 없다면, 누가 측은해 할 수 있겠습니까? 이 대목이야말로 논할 만한 것입니다. 측은하게 여기는 마음을 따라서 찾아보고 고찰하는 하나의 단서에 지나지 않는다고 하는 것은 측은지심이 곧 양지요 마음의 본체가 생리라는 것을 살피지 못한 것이다.

– 『하곡집』, 민언휘와 변언과 정술을 논하는 편지

이(理)와 성(性)이 곧 생리이다. 생명의 신묘함이 곧 이가 되고 성이 되지만, 성의 근본에 참된 본체가 있다. 이것이 성이며 이이다. 그러므로 생명의 신묘함 가운데 참된 것과 거짓된 것을 분별하여 참된 본체를 주인으로 삼을 수 있다. 이것이 성을 높이는 학문이다. 그러므로 이(理) 가운데서 생리(生理)를 위주로 하고 생리 가운데서 진리를 택하면 이것이 이(理)라고 할 수 있다.

– 『하곡집』, 생리허세설

주자(朱子)는 조리 있게 통하는 것을 이(理)라고 하였다. 비록 사물에 두루 통하였다고 말할 수 있더라도, 이것은 곧 사물의 헛된 조리이며 텅 빈 도(道)에 지나지 않을 뿐이다. 불과한 것이니 넓고 아득하여 근본과 으뜸이 될 수 없다. 실제에 맞지 않으므로 본령과 근본이 될 수 없다. 성인은 기를 위주로 한 분명한 본체를 이(理)라고 하였다. 주자는 기가 움직이는 조리를 이(理)라고 하였다. 기가 움직여 가는 조리는 생리도 없고 실체도 없어서 죽은 물건과 모습이 같다. 그러한 이(理)가 사람의 신명한 마음에 존재하지 않고 단지 헛된 조리일 뿐이라면, 죽은 나무나 꺼진 재와 같은 것이 신명한 사람의 마음과 성과 도를 같이할 수 있고, 큰 근본이 되는 성체(性體)라고 할 수 있겠는가?

　　　　　　　　　　　　　－ 『하곡집』, 존언 하

3 위정척사 사상

조선의 근대는 서양 세계와 충돌하면서 시작되었다. 오랜 역사와 전통을 지닌 한국은 근대적 국민 국가를 형성하는 과정에서 다양한 모색이 전개되었다. 특히 유교 사상의 가치와 윤리는 어느 시대에나 적용될 수 있으며 서양의 가치는 필요하지 않다는 주장에서부터, 설령 새로운 시대라 할지라도 유교 사상은 여전히 유용하게 작용할 수 있다고 간주하는 온건적 입장, 그리고 그동안 한국의 문화를 지탱해 온 유교를 버리고 가자는 급진적인 입장까지 제기되었다. － 양일모 외, 『근대 계몽기의 윤리관과 정통적 지식인』

이러한 논의는 서양의 근대를 만들어 낸 서양적 가치와 유교의 가치를 어떤 관계로 설정할 것인가 하는 문제이지만, 현실적으로는 서양의 윤리와 사상을 수용하는 과정에서 제기되는 물음이기도 하다. 이항로, 기정진, 최익현 등 위정척사파로 불리는 사상가들은 유교 윤리를 시공을 초월한 올바른 가치[正]로 규정하고 한편으로는 강력한 무력을 바탕으로 아시아로 진출하는 서양을 잘못된 가르침[邪]으로 파악했다. 즉, 그들은 이와 기의 엄격한 구별을 전제로 옳음과 사악함, 유교와 서양, 윤리=도(道)와 기술=기(器)를 이분법적으로 파악하여 서양의 종교뿐만 아니라 서양의 과학과 기술, 문물 등을 모두 이단으로 규정하고 서양과 일본을 강력하게 배척하는 의리론을 제시하였다. 또한 그들은 유교적 가치를 국가보다도 더 소중히 여겼다. 이는 인륜의 실현을 목표로 하면서 조선이 중화 문명의 정통을 계승하고 있다는 정통 의식과 민족자존 의식에서 비롯된 것이었다. 그들의 목표는 근대라기보다는 도의 있는 국가를 건설해야 한다는 것이었다.

　　　　　　　　　　－ 이상익, 『서구의 충격과 근대 한국 사상』

서양이 도를 어지럽히는 것이 가장 걱정된다. 천지간의 한 줄기 양기가 우리 동방에 있다. 만일 이것마저 괴멸된다면 천심이 어찌 차마 이럴 수 있을까? 우리는 천지를 위해 뜻을 세워 유교의 도를 밝혀야 하는 일이 불을 끄는 것처럼 급하다. 나라의 존망은 오히려 그다음의 일이다. 이러한 이치는 지극히 당연한데 위기일발이다. 한 발을 잘못 디디면 구덩이에 빠지고 입 한마디 말을 잘못하면 천지가 뒤집어지는데 군자가 어찌 독실한 뜻을 가지지 않을 수 있겠는가? － 『화서 선생 문집』, 어록-유중교 기록

신이 살펴보건대 전하께서는 …… 한갓 오랑캐 풍속으로 중화의 문명을 바꾸고 사람을 금수로 만들면서 잘하는 일이라고 여기고 '개화'라고 합니다. 개화란 두 글자는 나라를 망하게 하고 집안을 뒤집기 쉽습니다. 혹은 '자주(自主)'라고 말하면서 나라를 일본에게 넘겨주고서 정사와 명령에 하나하나 자문을 구합니다. 때로는 나라 잃은 임금처럼 우리 군주를 대하며 거짓으로 존중하고 호칭만 크게 하며, 때로는 혹 복제를 바꾸어 오랑캐를 쫓아가면서 억지로 '문명'이라 칭합니다. 때로는 스스로는

부강을 말하면서 군대 제도를 없애고 방어를 폐지하여 나라의 형세를 날로 약구시키고 있습니다. 그 밖에도 온갖 조치가 대부분 아이들 장난에 지나지 않아 장구하고 원대한 규모가 하나도 없습니다. 지금 비록 하나하나 따질 수는 없지만 의복 제도의 변경은 더욱 의리를 심하게 해치고 있으니, 급히 먼저 복구하지 않을 수 없습니다.

– 『면암선생문집』, 역적을 치고 의복 제도의 복구를 청하는 상소문

위정척사론은 서양 문명에 대해 배타적인 자세를 취했지만, 문화적 자존감에 근거한 우국 정신과 민족주의적 성격은 최익현 등의 의병 운동과 항일의 독립운동으로 이어졌다.

4 개화사상

갑신정변(1884)은 비록 성공하지 못했지만, 개화파의 등장을 알리는 신호였다. 정변에 참여한 김옥균, 박영효 등은 일본의 개혁을 모델로 급격한 서양화를 꾀한 급진 개화파였다. 한편으로는 청의 양무운동을 모델로 하는 온건한, 서양의 과학 기술은 받아들이되 유교의 틀을 지키고자 하는, 이른바 동도서기론이라 불리는 온건 개화파가 있었다.

지금 내가 시세(時勢)로 말해 공리(功利)에 기끼운 것 같아 여러분은 "도(道)를 밝히고 그 공(功)을 생각하지 않으며, 의리를 바로 하고 이익을 꾀하지 않는다."라고 한 동중서의 말을 인용하여 서로 거부할 것이다. 이것은 매우 잘못된 생각이다. 도의(道義)는 공익(公益)을 가리키며 공리(功利)는 사사로운 꾀를 가리킨다. 그렇지만 천하에 도의의 이름을 빌어 사적인 일을 도모하기도 하고 공리(功利)의 의도를 이용하여 공익을 이루는 경우도 있는 것이니, 이 점을 잘 살펴보아야 한다. 여러분은 만일 국가

에 공을 달성하지 못하고 국민에게 이익을 주지도 못하면서 그것을 도의라고 여긴다면, 나는 이것이 무슨 학문인지 모르겠다. 지금 신학(新學) 교과서에 도의가 없는 것은 아니다. 다만 여러분이 익숙하게 보던 것이 아니기 때문에 비방을 더하고 있는 것이다. – 이기, 「일부벽파론」

개화라고 하는 것은 인간 세상의 천만 가지 사물이 지극히 선하고 가장 아름다운 경지에 이르는 것을 말한다. 그러므로 개화의 경지는 한정할 수 없다. 국민의 능력이 다르므로 개화의 등급에 고저가 있지만, 국민의 습속과 국가의 규모에 따라 차이가 또 발생한다. 이는 개화하는 과정이 한결같지 않은 까닭이지만, 가장 중요한 것은 사람들이 하느냐 하지 않느냐 하는 것에 있다. 오륜의 행실을 독실하게 지켜서 사람 된 도리를 아는 것은 행실의 개화이며, 국민이 학문을 연구하여 만물의 이치를 밝히는 것은 학술의 개화이다. 국가의 정치를 공정하게 하여 국민에게 태평 시대의 즐거움이 있는 것은 정치의 개화이며, 법률을 공평히 하여 국민에게 억울한 일이 없는 것은 법률의 개화이다. 기계의 제도를 편리하게 하여 사람들에게 이용할 수 있게 하는 것은 기계의 개화이며, 물품의 제조를 정밀하게 하여 사람들이 생활을 윤택하게 하여 황추한 일이 없게 하는 것은 물품의 개화이다. 이러한 여러 가지 개화를 합한 뒤에야 개화가 다 갖추어졌다고 말할 수 있다. 천하고금의 어떤 나라라도 개화가 최고의 단계에 이른 곳이 없지만, 대강 그 등급을 구별해 보면 세 가지에 지나지 않는다. 즉, 개화하는 나라, 반쯤 개화한 나라, 아직 개화하지 않은 나라이다. – 유길준, 「개화의 등급」

개화파는 개화를 문명의 실현으로 정의하면서 서양의 가치를 수용하여 근대적 국가를 구상하고자 노력했다. 미국과 일본에 유학한 경험을 지닌 유길준은 개화를 단계적으로 변화하는 역사 발전 과정으로 설명함으로써 사회 진화론, 진보적 역사관에 입각하고 있다.

– 김봉렬, 「유길준: 개화사상의 연구」

17 한국 전통 사상의 발전

+ 동학(東學)
1860년 최제우가 창시한 새로운 민족 종교이다. 서학(천주교)에 대비되는 뜻으로 동학이라 하였다.

+ 시천주(侍天主)
자신의 마음속에 있는 천주(한울님)를 모신다는 뜻으로 최제우가 창시한 동학의 기본 사상이다.

+ 사인여천(事人如天)
'사람 섬기기를 하늘 같이 하라.'라는 뜻으로 제2대 교조 최시형의 사상이다.

+ 인내천(人乃天)
'사람이 곧 하늘'이라는 뜻으로 제3대 교조 손병희가 동학을 천도교로 바꾸고 주장한 사상이다.

▶ 최제우(崔濟愚, 1824~1864)

동학의 창시자로서 호는 수운이다. 경주의 몰락한 양반 출신으로 전국을 유랑하며 유·불·선 삼교, 서학, 무속, 『정감록』과 같은 사상을 접하였다. 1860년 경주 용담에서 동학을 창시하고 포교 활동을 하다 세상을 어지럽히고 사람들을 속인다는 '혹세무민'의 죄로 체포되어 1864년 처형되었다. 저서로는 『동경대전』, 『용담유사』 등이 있다.

사상의 흐름

한국의 전통 사상
- 무속 신앙: 한국인 윤리적 사유의 바탕 형성
- 단군 신화: 홍익인간의 이념 → 인본주의, 평화주의
- 화랑도: 유·불·선 사상 융합 → 조화와 화해의 사상

동학의 등장
- 동학: 최제우가 유·불·선 사상을 융합한 민족 종교로 창시
- 천인합일의 사상: 인간과 하늘을 동등한 의미로 규정
- 시천주 → 사인여천 → 인내천 사상으로 발전

동학사상의 확산
- 동학사상: 인간 존중의 평등사상 제시 → 농민층에 확산
- 제2대 교조 최시형: 동학의 교리와 교단 조직 정비
- 제3대 교조 손병희: 동학을 천도교로 개칭

1 동학의 성립

19세기 중엽 이후 조선은 내우외환으로 인해 총체적 위기에 봉착하였다. 대외적으로는 제국주의 열강이 통상을 조건으로 위협을 가하고, 국내에서는 도탄에 빠진 민중의 반란이 끊이지 않았다. 사회적 혼란이 가중되고 윤리 사상이 붕괴되면서 사람들은 새로운 세상을 기원하였고, 이에 부응하여 다양한 신흥 종교 사상이 등장하였다. 동학은 이러한 시대적 조류를 대표하는 민간 종교이다. 최제우는 국가를 위기에서 구하고 눈앞의 이익에만 집착하는 개인의 도덕적 해이를 해결하기 위해 '한울님을 내 몸에 모신다.'라는 시천주(侍天主) 사상을 근간으로 하는 동학을 창시하였다.

동학은 당시에 수용된 서양의 기독교, 즉 서학을 극복한다는 의미를 담고 있다. 또한 최제우는 조선의 위기가 종래의 유불선의 가르침으로는 더 이상 해결될 수 없다고 파악하였다. 그렇지만 동학은 유불선 삼교의 영향을 받았으며, '천주' 개념에서 보이듯이 서학으로부터 받은 영향 또한 적지 않다고 할 수 있다. 동학은 시천주라고 하는 근본을 자각함으로써 유교, 불교, 선, 그리고 서학과도 통하는 전체의 진리를 확립하고자 한 것이다.

– 김용휘, 「우리 학문으로서의 동학」

문: 지금 한울님의 영(靈)이 선생님께 강림했다 하니 무슨 도입니까?

답: 천도(天道)입니다.

문: 그것이 서양의 도와 다른 점이 있습니까?

답: 서학은 우리 도와 같은 듯하지만 다르고, 한울님을 생각하는 것 같으나 실지가 없습니다. 도는 같지만, 이치는 다릅니다.

문: 어찌하여 그렇습니까?

답: 우리 도는 인위적으로 하지 않아도 저절로 이루어지는 것입니다(無爲而化). 마음을 지키고 기운을 바르게 하고 성품을 거느리고 가르침을 받으면, 자연히 이루어집니다. 그러나 서양 사람은 말에 차례가 없고 글에 순서가 없으며 도무지 한울님을 위하는 단서가 없고, 다만 제 몸만을 위해 빌 따름입니다. 몸에는 기화(氣化; 우주의 작용과 생명 활동)의 몸체가 없고, 학문에는 한울님의 가르침이 없으니, 형식은 있으나 자취가 없고 생각하는 것 같지만 주문이 없습니다. 도는 허무한데 가깝고 학문은 한울님을 위하는 것이 아니니 어찌 다르지 않다고 하겠습니까?

문: 도가 같다고 말하면 서학이라고 부릅니까?

답: 그렇지 아니합니다. 내가 또한 동에서 나서 동에서 받았으니 도는 비록 천도이나 학(學)은 동학입니다. 하물며 땅이 동서로 나뉘었으니 서를 어찌 동이라 부르고 동을 어찌 서라고 부르겠습니까? …… '시(侍)'는 안으로 신령이 있고 밖으로 기화(氣化)가 있어 온 세상 사람이 각각 이것으로부터 옮겨 가지 못할 것임을 안다는 것이다. '주(主)'자는 존칭으로 부모처럼 섬긴다는 것이다.

– 「동경대전」, 논학문

2 동학사상의 특징

동학은 우리의 고유 사상인 천인합일 사상을 끌어와 인간의 지위를 하늘과 동등하다고 규정하면서 인간의 존엄성을 드러냈으며, 주문을 외우면 누구든지 천주가 자신의 몸속에 강령할 것이라고 하면서 사람은 모두 동등하다는 평등사상을 제시했다.

우리 도는 유교, 불교, 선도와도 같으나 실제로는 유교도 불교도 선도도 아니다. 그러므로 만고에 없는 무극대도(無極大道)라 이른다. 옛 성인은 다만 지엽만 말하고 근본은 말하지 못했으나, 수운 최제우 선생은 천지·음양·일월·귀신·기운·조화의 근본을 처음으로 밝히셨다.

- 『해월신사법설』, 천도와 유불선

동학의 제2대 교주인 최시형은 최제우가 남긴 한문체의 『동경대전』과 한글 가사체의 『용담유사』를 간행하여 동학을 사상적으로 발전시켰으며, '사람은 하늘이니 사람 섬기기를 하늘처럼 하라.'라는 사인여천(事人如天)을 주장했다.

사람이 바로 한울이니 사람 섬기기를 한울같이 하라(事人如天). 내가 여러분들을 보니 스스로 잘난 체하는 자가 많으니 한심한 일이요. 도에서 이탈되는 사람도 이래서 생기니 슬픈 일이로다. 나도 또한 이런 마음이 생기면 생길 수 있느니라. 이런 마음이 생기면 생길 수 있으나, 이런 마음을 감히 내지 않는 것은 한울님을 내 마음에 봉양하지 못할까 두려워함이로다. …… 동학 교인의 부인은 경솔히 아이를 때리지 말라. 아이를 때리는 것은 곧 한울님을 때리는 것이니 한울님이 싫어하고 기운이 상하느니라. 동학 교인집의 부인이 한울님이 싫어하고 기운이 상함을 두려워하지 아니하고 경솔히 아이를 때리면, 그 아이가 반드시 죽으리니 일체 아이를 때리지 말라.

- 『해월신사법설』, 대인접물

제3대 교주 손병희는 동학을 천도교로 개칭하고, 양한묵, 이돈화 등의 이론적 연구를 토대로 '사람이 곧 한울이다.'라는 인내천(人乃天)을 천도교의 대표적인 종지로 내세웠다. 이 개념은 시천주(侍天主)-사인여천(事人如天)으로 이어지는 동학 교리의 핵심을 서구 철학의 영향을 받아 새로운 표현으로 제시한 것이다.

- 신일철, 『동학사상의 이해』

사람이 곧 하늘이라 평등이요 차별이 없나니 사람이 인위(인위)로서 귀천을 분별함은 곧 천의를 어기는 것이니 제군은 일체 귀천의 차별을 철폐하여 선사의 뜻을 이어 가기로 맹세하라.

- 「천도교서」 제2편

3 유교와 불교의 개혁

한편 유교, 불교 내부에서도 시대적 변화에 대응하고자 자체적인 개혁론을 제시했다. 박은식의 「유교구신론」과 한용운의 『조선불교유신론』은 동양의 전통적 가치의 변신을 통해 새로운 가치를 발굴하고자 한 노력이라고 할 수 있다.

동양에서 수천 년 동안 이어진 우리 교화계(敎化界)에 올바르고 순수하며 광대하고 정밀하여 여러 성인이 전해 주고 많은 현자가 밝혀 준 유교가 끝내 인도의 불교와 서양의 기독교와 같이 세계에서 크게 발전할 수 없었던 까닭은 무엇인가? 근세에 이르러 침체가 극도에 이르러 부흥의 가망이 거의 없게 된 것은 또 무엇 때문인가? 나는 대한 유교계의 한 사람이다. 우리 선조와 나의 한평생이 공자의 은혜를 막대하게 입었는데, 현재 공자의 가르침이 날로 어두워지고 날로 숨이 끊어지는 상황에 대하여 다만 떨면서 두려워할 뿐만 아니라 걱정 근심에 식은땀이 날 정도이다. 그래서 그 원인을 소급해서 폐단을 살펴보니 유교계에 3대 문제가 있다. 이 3대 문제에 대해 개선하고 일신하지 않으면 우리 유교는 결코 다시 흥할 수 없을 뿐만 아니라 마침내 절멸을 면치 못할 것이다. …… 소위 3대 문제는 무엇인가. 첫째, 유교파의 정신이 오로지 제왕 측에 있고 인민 사회에 보급할 정신이 부족한 것이다. 둘째, 열국을 돌아다니면서 천하를 바꾸려는 주의를 따르지 않고, "내가 학생을 구하는 것이 아니라, 학생이 나를 찾아야 한다."라는 생각을 고수하는 것이다. 셋째, 우리 대한 유교에서는 간단하고 절실한 가르침을 추구하지 않고 지리하고 산만한 공부만 숭상해 온 것이다.

– 박은식, 「유교구신론」

오늘날에 있어 불교의 유신을 논하려면 우선 불교의 성질이 어떤 것인지를 살피고, 현대의 상태와 미래의 정의를 그것과 비교한 후라야 가능할 것이다. 왜냐하면 앞날의 세계는 끊임없이 진화하여 문명의 피안에 도달하지 않고서

는 멈추지 않기 때문이다. 만일 불교가 미래의 문명에 적합하지 않다면 비록 죽은 사람을 다시 살아나게 하는 술법을 배우거나 청산 황토 속에 묻혀 있는 마틴 루터나 크롬웰을 불러 와서 불교를 유신한다 하여도 반드시 구할 수 없을 것이다. 그러므로 우열, 그리고 적합과 부적합한 것에 관해 깊이 생각하고 또 거듭 생각해야 할 것이다. 그렇게 하면 불교의 무명을 저버리지 아니할 뿐만 아니라 도리어 특색을 갖게 될 것이다.

– 한용운, 「불교유신론」

더 알아보기 한국의 무속 신앙은 어떻게 변화 발전해 왔을까?

무속은 한국의 전래 신앙을 총칭하는 말이라고 할 수 있다. 넓은 의미에서 무속은 민간 신앙, 민속 종교, 고유 신앙, 토속 종교, 향토 신앙, 민중 신앙 등으로 다양하게 불리며 무속으로 통칭한다. 좁은 의미에서의 무속은 민간 층에서 무(巫)를 중심으로 하는 전승적인 종교적 현상으로서 민간 신앙의 한 형태를 말한다. …… 무속의 제의(祭儀)를 흔히 '굿'이라고 한다. '굿'이란 무당이 인간의 길흉화복을 신에게 기원할 목적으로 제물을 바치고 가무와 의식 절차를 통해 행하는 제의를 말한다. 물론 무당이 하는 굿 이외에 영남·호남 지역의 동신제나 농악에서 징·꽹과리·장구 등의 풍물을 올리는 것을 '매굿'이라고 하여 굿에 포함하기도 하지만 보통 무속의 제의에 국한하여 사용한다.

굿의 유래는 기록이 거의 없어 정확히 파악하기는 어려우나 대략 고조선 시대까지 거슬러 올라간다. 오늘날의 무당굿과는 차이가 있는 것으로 여겨지지만 부여의 영고, 고구려의 동맹, 예(濊)의 무천 등과 같은 고대 부족 국가의 제천 의식으로부터 굿의 유래를 찾아볼 수 있다. 제천 의식을 행하였던 무속 신앙은 이후 삼국 시대까지 그대로 전승되어 여러 제의가 행해졌는데, 이들 제례 의식은 성격상 시조제·농신제로 분류된다. 무속 신앙은 삼국 시대 초기를 지나면서 유교·도교·불교 등 여러 새로운 종교의 도입으로 적잖은 영향을 받지만, 한국 무(巫)의 기본 구조를 바꾸어 놓을 만큼 그 영향이 강하지는 못했다. 오히려 새로운 종교와 혼합 형태를 띠면서 종교의 사상적 배경이 되어 민중들의 삶과 함께 면면히 자리 잡아 왔다. 오늘날 거의 모든 불교 사찰 속에서 볼 수 있는 산신각(山神閣), 삼성각(三聖閣) 등에서 무당 신을 불교 사원 속에 받아들였음을 알 수 있다. 무속 신앙은 사람들의 삶에 중요한 요소로서 역사적으로 공동체를 형성하고 유지하는 역할을 해 왔다.

– 최길성, 「한국 무속의 이해」

18 서양 윤리 사상의 연원

+ 자연 철학자
소크라테스 이전에 자연의 다양한 현상을 보편적인 원리나 근원적인 요소를 통해 설명하려 한 사상가들을 말한다.

+ 소피스트
고대 그리스에서 변론술을 가르치던 사람들로서 아테네 민주 정치가 발달하자 주로 정치 지망생들이 필요로 하는 토론의 기법을 가르쳤다.

+ 산파술
소크라테스는 묻고 답하는 대화 방식을 통해 상대방의 비판적 사고 과정을 이끌어 주는 역할을 한 것을 일컫는 용어이다.

+ 지덕복합일설
참된 앎을 바탕으로 덕을 쌓아 갈 때 행복에 이를 수 있다는 주장이다.

▶ **소크라테스** (Socrates, B.C. 470?~B.C. 399)

고대 그리스의 철학자이다. 아테네에서 태어나 일생을 철학 문제에 관한 토론으로 일관하였으며, 플라톤을 비롯한 많을 제자들을 길러 낸 스승이기도 하다. 그는 신성 모독과 청년들을 타락시킨 죄로 기소되어 사형을 선고받았다. 흔히 공자, 예수, 석가와 함께 세계 4대 성인으로 평가받고 있다.

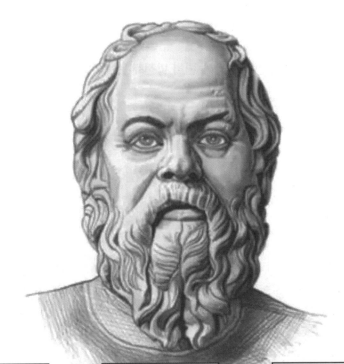

사상의 흐름

그리스의 자연 철학자	소피스트의 윤리 사상	소크라테스의 윤리 사상
• 자연 현상의 보편적 원리와 근원적 요소를 탐구 • 탈레스(물), 피타고라스(수), 엠페도클레스(4원소), 데모크리토스(원자론) 주장	• 보편적 윤리와 절대적 진리 부정 → 상대주의, 회의주의, 허무주의 • 현실의 삶에서 성공 중시 • 경험과 관찰 중시 → 경험주의, 쾌락주의, 실용주의에 영향	• 보편적 윤리와 절대적 진리 인정 • 무지에 대한 자각 강조 → 지덕복합일설 • 인간 정신(영혼)의 탁월함 추구 → 이성주의, 칸트주의 등에 영향

1 소크라테스 이전의 자연 철학자들

고대 그리스 사상은 자연에 대한 관심에서 출발하였다. 고대 그리스에서 소크라테스나 플라톤과 같은 철학자들의 관심은 인간의 사회나 윤리 문제에 집중되어 있었다. 그런데 이들 이전에 자연을 이루고 있는 근본 물질이 무엇이며, 이 물질들이 어떤 성질을 지니고 있어 특정한 자연 현상을 일으키게 되는가 하는 문제들에 관심을 보였던 학자들이 있었다. 소크라테스 이전 대부분의 사상가들은 자연 안에서 자연 현상의 원인 또는 기원을 찾았으며, 자연의 다양한 현상을 보편적인 원리나 근원적인 요소를 통해 설명하고자 했다. 이런 의미에서 아리스토텔레스는 이들을 자연 철학자라 불렀으며, 따라서 자연 철학 또는 과학이 고대 그리스에서 시작되었다고 간주된다.

자연 철학자들은 우리가 경험하는 다양한 현상의 가장 밑바탕에 놓인 근원(arche)을 밝히고자 하였다. 이러한 전통 속에서 여러 주장이 등장하였다. 최초의 자연 철학자로 불리는 밀레투스 지역 출신의 탈레스는 만물의 근원이 '물'이라는 의견을 제시하면서, 지진이 일어나는 원인을 물 위에 떠 있는 땅의 흔들림으로 설명하려 하였다. 이와 달리 피타고라스는 만물의 근원은 '수'와 관련이 있다고 주장하였다. 이어서 아낙시만드로스는 만물의 근원으로 구체적인 물질이 아닌 추상적 개념으로 이해하고 가장 근원적인 것은 아페이론(Apeiron), 즉 규정하는 것 자체가 불가능하다는 주장을 펼쳤다. 아낙시메네스는 만물의 근원이 '공기'이며 만물은 이 공기가 희박해지거나 밀집되면서 생겨난다고 주장하였다. 헤라클레이토스는 "모든 것은 흐른다."라고 하면서 만물은 불과 같이 끊임없이 변화한다고 주장하였다. 엠페도클레스는 만물을 이루는 근원으로 흙, 물, 불, 공기의 4원소를 제시하였다. 이 4원소가 서로 결합하여 만물을 이루고, 이들이 분해되면 다시 4원소로 되돌아간다는 것이다. 이를 바탕으로 플라톤과 아리스토텔레스가 받아들인 '4원소설'은 근대 화학이 탄생하기까지 약 2천 년 간 서양인들의 물질관을 지배해 왔다. 또한 데모크리토스는 더 이상 나눌 수 없다는 의미에서 '원자' 개념을 제시한 후 세계가 무수한 원자와 텅 빈 공간으로 구성되어 있으며 여러 원자가 서로 뭉치거나 떨어지면서 변화가 나타난다고 주장하였다. 여기서 탈레스에 대한 한 가지 흥미로운 이야기를 살펴보자. 일식을 예측할 정도로 천문에 대한 해박한 지식을 가졌던 탈레스는 하늘을 관찰하다가 그만 우물에 빠져 하녀로부터 "하늘의 이치를 알려고 하면서 바로 앞의 우물은 보시지 못하는군요!"라는 비웃음을 샀다. 이 이야기는 높은 이상을 추구하는 철학자들이 바로 눈앞에 놓인 현실 문제를 알지 못하는 사례로 간주되곤 한다. 하지만 자연에 대한 이들의 탐구는 경험적 다양성을 넘어서 합리적 보편성을 추구하며 서양 사상의 풍부한 원천이 되었다.

2 헬레니즘과 헤브라이즘

서양 윤리 사상의 문화적 배경은 아테네와 예루살렘에 의해 상징적으로 표현된다. 그리스 아테네와 이를 계승한 알렉산드로스 제국과 로마 제국을 통해 발전한 문화를 헬레니즘이라고 한다. 한편 예루살렘을 통해 상징적으로 표현되는 문화는 유대교와 그리스도교 사상에 관련된 문화로 헤브라이즘이라 한다. 즉, 헬레니즘을 인간 중심적인 문화라고 한다면 헤브라이즘은 신 중심의 문화라고 할 수 있다.

헤브라이즘이란 유대교와 그리스도교의 전통을 일컫는다. 서구 사회에서 그리스도교는 로마에서 국교가 된 이후 단순히 하나의 종교를 넘어서 고대 그리스 사상과 더불어 서구인의 정신세계와 가치관을 형성한 또 하나의 근원이다. 그리스도교의 뿌리인 유대교는 선민사상과 메시아사상 그리고 율법주의에 근거한다. 이러한 유대교의 엄격한 율법주의를 비판하면서 등장한 것이 바로 예수이다. 그는 단순히 율법의 전통적 가르침을 따르는 것을 넘어서 이웃에 대한 참된 사랑과 신에 대한 순수한 믿음을 통해 누구나 구원을 받을 수 있다고 가르쳤다.

그리스도교 윤리가 서구 사회에서 보편 윤리의 기초가 될 수 있었던 과정에서 로마 가톨릭 교회라는 제도 역시 큰 역할을 한다. 4세기 로마의 국교가 된 이래 적어도 종교 개혁 이전까지 로마 가톨릭 교회는 다양한 이단을 배격하면서 가톨릭 교회의 가르침을 보편적인 신앙이자 윤리로 일상의 삶 구석구석까지 파급시켰기 때문이다. 특히 '남에게 대접받고 싶은 대로 너희도 남을 대접하라.'라는 예수의 가르침은 황금률로 일컬어지면서 오늘날까지 많은 사람들의 윤리적 사유의 바탕이 되고 있다.

도움 글 / 그리스도교와 기독교란 같은 말이다. 기독이라는 말은 그리스도의 한자 음역인 기리사독(基利斯督: Jīlìsīdū)에서 유래하였다. 개화기 문헌에는 예수 그리스도를 '야소기독'이라고 부르기도 하였다.

3 소피스트의 윤리적 상대주의

기원전 5세기경 고대 그리스의 아테네는 문명이 크게 발달한 곳 중의 하나였다. 이곳을 중심으로 철학적 관심이 자연에서 인간으로 옮겨 가기 시작하였다. 소피스트의 등장 이전 자연 철학자들은 우주의 궁극 원리와 만물의 근원에 대해 탐구하였지만, 일치된 견해에 도달하지 못하자 절대적 진리란 불가능하다는 회의주의적 태도를 품기 시작하였다. 소피스트는 이러한 분위기를 배경으로 등장하였다.

당시 아테네는 페르시아 전쟁에서 승리하고 페리클레스의 민주 정치가 꽃피면서 번영을 누렸다. 아테네는 민주 정치가 구현되어 시민들의 정치적 참여가 늘어나면서 시민들은 대중 집회에서 사람들을 설득하는 기술이 필요하게 되었는데, 이를 만족시킬 수 있었던 사람들이 바로 소피스트였다. 그들은 시민들에게 성공과 출세에 유용한 변론술을 가르쳤을 뿐만 아니라, 아테네 시민들의 커져 가는 문화적 관심을 충족시키고 정치적 문제에 대한 이론적 근거를 제공하기도 하였다.

소피스트들은 '자연은 어디에서나 다 같지만, 규범은 지역마다 다르다.' 따라서 모든 인간에게 보편적으로 바람직한 삶의 방식은 존재하지 않으며, 윤리 역시 시대와 장소에 따라 달라지는 상대적인 것일 뿐이라고 주장하였다. "인간은 만물의 척도이다."라는 프로타고라스의 주장은 이러한 상대주의적 관점을 대표한다. 나아가 고르기아스는 "아무것도 존재하지 않는다. 존재한다 해도 인식할 수 없다. 인식할 수 있다고 해도 전달할 수 없다."라고 하면서 객관적 진리와 보편적 윤리 자체를 부정하였다. 이러한 윤리적 상대주의는 결국 윤리적 회의주의와 허무주의로 나아가면서 윤리가 존재할 수 있는 기반 자체를 허물게 되었다.

도움 글 / 소피스트란 고대 그리스에서 아는 것이 많고 이것저것 가르치는 사람을 말한다. 이들은 다른 도시 국가에서 아테네로 와서 머물며 정치를 지망하는 청년들이 당장 필요로 하는 토론 기교들을 교육하였다. 소피스트라는 말은 플라톤과 아리스토텔레스를 거치며 궤변가라는 부정적 의미로 사용되었다.

4 소크라테스의 보편 윤리

소피스트들의 상대주의 윤리에 맞서 보편 윤리를 주장한 소크라테스의 사상은 '영혼 불멸설'과 '이데아' 사상을 바탕으로 한다.

영혼 불멸설이란 육체와 영혼의 결합물인 사람이 죽고 난 후 그 육체는 사라지지만 그 사람의 영혼은 사라지지 않는다는 주장이다. 소크라테스는 인간의 본질이 정신, 즉 영혼에 있다고 생각하였다. 언젠가는 사라지고 마는 육체는 영원히 불멸하는 영혼의 자유를 구속하는 감옥이라는 것이다. 따라서 육체, 즉 경험과 관찰을 통해 얻은 불완전한 지식을 철저히 검토하여야 한다고 주장한다. 소크라테스가 말하는 훌륭한 인간이란 육체의 제약을 넘어서 정신이 그 본성을 잘 발휘할 수 있는 인간이다. 또한 그가 말하는 윤리적 삶이란 정신이 제 역할을 탁월하게 잘 수행하는 것이다. 이 탁월함이 곧 덕이다.

소크라테스는 정신의 구체적인 덕으로 지혜, 용기, 절제, 정의, 경건 등을 제시한다. 사람들이 덕을 갖추기 위해서는 당연히 각각의 덕이 무엇인지 제대로 알아야 한다. 그는 사람들이 덕이 무엇인지 정확히 알게 된다면 당연히 그 덕에 따라 행동할 것이라고 생각한다. 즉, 덕에 대한 정확한 지식이 곧 덕을 실천하는 삶으로 이어진다는 것이 그의 주장이다.

도움 글 / 소크라테스의 사상은 앎과 실천을 일치시키려 한다는 점에서 주지주의라 할 수 있으며, 덕에 대한 정확한 지식을 바탕으로 덕을 실천하면 행복으로 나아갈 수 있다고 주장하는 점에서 지덕복합일설이라고 할 수 있다.

더 알아보기 | 소크라테스가 말하는 '산파술'은 무엇일까?

서양 철학사에서 소크라테스는 이전의 철학과 이후의 철학을 구분하는 분기점으로서 중요하게 다루어진다. 그만큼 이전의 철학과 구분되는 새로운 철학적 지평을 열었다는 의미일 것이다. 그는 평생을 거쳐 오직 대화를 통해 그리스 시민들에게 진리를 일깨우고자 했다.

자신이 모르면서도 알고 있다고 믿는 것이 인간이 가진 무지 중에서 가장 큰 무지입니다. …… 여러분은 지혜와 힘에서 최고의 평판을 듣고 있는 아테네의 시민입니다. 그런 여러분이 자신의 영혼을 돌보는 일을 게을리 하면서 더 많은 부와 명성을 쌓는 일에 몰두한다면 그것이야말로 부끄러워해야 할 일이 아니겠습니까? …… 나는 아테네의 시민들을 찾아다니면서 신체나 재산이 아니라 자신의 영혼을 최상의 상태로 가꾸는 일을 하라고 설득할 것입니다.　－ 플라톤, 「소크라테스의 변명」

소피스트가 그리스 시민과 만나는 방식이 교육을 위한 직접적인 가르침이었다면 소크라테스는 대화를 통해 상대방이 스스로 깨닫게 하는 것이었다. 또한 소피스트는 대화의 기술을 가르치는 수사학적인 요소가 강했다면 소크라테스는 대화를 통해 상대방이 자신의 진정한 영혼을 발견토록 하는 것이었다. 소크라테스는 자기가 먼저 길에 보이는 사람에게 묻는 것으로 대화를 시작했다. 대화의 방식은 대화를 통해서 본인이 스스로 깨닫도록 만드는 것이다. 소크라테스는 이런 자신의 철학 방법을 산파술이라고 불렀다. 산모의 출산을 돕듯이 본인이 스스로 깨닫도록 만들어 주는 것이다.

19 플라톤의 윤리 사상

＋ 이데아
영원불변하는 사물의 본질적
원형을 뜻하는 용어로서, 플
라톤은 현실 세계는 이것의
모방에 지나지 않는다고 주장
하였다.

＋ 상기설
망각 상태에서 벗어나 우리의
기억 속에서 원래 알고 있었던
것을 찾아내는 일을 말한다.

＋ 4주덕
이상적인 인간이 갖추어야 하
는 네 가지 덕목으로 플라톤
은 지혜, 용기, 절제, 정의를
제시하였다.

＋ 철인 왕
플라톤이 생각하는 이상 국가
를 다스리는 철학자 겸 통치
자를 일컫는 말이다.

▶ **플라톤**(Platon, B.C. 428?~B.C. 347?)

그리스의 철학자이자 사상가로서 소크라테스의 제자이며, 아리스토텔레스의 스승이다.
플라톤은 그가 아테네에 세운 아카데메이아에서 폭넓은 주제를 강의하였으며, 특히 정
치학, 윤리학, 형이상학, 인식론 등 많은 철학적 논점들에 대해 저술하였는데, 가장 대표
적인 것은 『대화편』이다.

사상의 흐름

소크라테스의 윤리 사상	플라톤의 윤리 사상	아리스토텔레스의 윤리 사상
◦ 소피스트의 윤리적 상대주의 비판 → 보편주의 윤리관	◦ 소크라테스의 윤리 사상 계승 → 보편주의 윤리관	◦ 플라톤의 윤리 사상 비판적 계승 → 보편주의 윤리관
◦ 무지의 자각과 참된 앎 강조 → 주지주의	◦ 이데아의 진리 추구 → 주지주의, 이상주의적 윤리 사상	◦ 목적론: 행복이 인간의 최고의 목적이자 선 → 자아실현
◦ 지덕복합일설 주장	◦ 영혼의 정의 강조 → 이성 중심주의 윤리학	◦ 이성과 실천 의지 강조 → 주의주의, 현실주의적 윤리 사상

1 영혼 불멸설과 이데아론

플라톤의 윤리 사상의 핵심은 소크라테스와 마찬가지로 주지주의이다. 또한 플라톤의 윤리 사상 역시 영혼 불멸설과 이데아론을 바탕으로 하고 있다. 플라톤 역시 소크라테스와 마찬가지로 윤리적으로 살고자 한다면 먼저 진리를 제대로 알아야 한다고 주장한다.

플라톤에 따르면, 진리란 이데아에 대한 앎이다. 이데아란 다양한 현상을 넘어서 현상을 가능하도록 하는 보편적인 본질을 의미한다. 따라서 진리란 이성을 통해 이데아에 대해 알게 된 보편적인 것이다. 현실에서 경험을 통해 알게 되는 것은 개별적인 것들에 대한 단순한 추측이거나 편협한 의견일 뿐 진리 자체라고 할 수는 없다. 가령 삼각형을 생각해 보자. 우리는 직각 삼각형, 예각 삼각형, 둔각 삼각형 등 다양한 종류의 삼각형들을 볼 수 있다. 그러나 이런 삼각형들은 삼각형의 한 종류일 뿐 삼각형 그 자체라고 할 수는 없다. 이런 저런 종류의 삼각형들에 대해 안다고 해서 삼각형 그 자체를 안다고 할 수는 없다. 또한 아무리 능숙한 솜씨를 가진 사람이라 할지라도 내각이 합이 정확히 180도가 되는 완벽한 삼각형을 그릴 수는 없다. 현실 세계에서 보는 현상들은 마치 동굴 속에 갇힌 죄수들이 보는 그림자처럼 불완전한 모방들일 뿐이다. 몇몇 개의 불완전한 것들을 보고 전체에 대한 완전한 진리를 얻을 수는 없다.

땅속 동굴에 있는 죄수들은 어릴 때부터 동굴 벽 쪽만 바라보도록 손과 발 그리고 목이 묶여 있다. 그들 등 뒤에 있는 불빛 덕분에 동굴 벽에는 그림자들이 어른거린다. 그런데 불과 죄수들 사이에는 담장이 있고, 담장 위로 돌이나 나무로 만든 사람이나 동물이 자동인형처럼 지나가고 있다. …… 뒤를 돌아볼 수 없도록 묶인 사람들은 자신들이 평생 본 것들이 사실은 동물 벽면에 비친 그림자에 불과하다는 사실을 알지 못한다. …… 하지만 누군가가 묶여 있던 줄에서 풀려나 불빛 쪽을 본다면 처음에는 눈이 아파서 힘들어 할 것이다. 차차 불빛에 익숙해지고, 더 나아가 동굴을 벗어나면 동굴 밖에 밝은 세상을 보게 될 것이다.　　　－플라톤, 「국가」

보편적인 참된 진리는 동굴 밖으로 나왔을 때, 즉 이데아의 세계에서 비로소 얻게 된다. 이러한 이데아들 중 최고의 이데아는 바로 선(善)의 이데아이다. 따라서 선의 이데아에 대한 참된 앎이 최고의 보편적인 진리인 것이다.

그렇다면 지상의 인간들이 선의 이데아를 어떻게 알 수 있는가? 여기서 플라톤은 영혼이 불멸한다는 가설을 요청한다. 영혼이 불멸한다는 가설과 이데아 세계에 대한 지식이 가능하다는 주장은 서로 서로 필요로 한다. 이데아 세계에 대한 지식이 가능하기 위해서는 이데아 세계에서 참된 지식을 소유한 영혼과 현실 세계에 존재하는 영혼이 연결되어 있어야 한다. 즉, 영혼은 현상 세계에서 육체와 결합되어 있다가 죽음을 통해 육체와 분리되면 이데아의 세계로 간다. 그리고 이데아 세계에 있던 영혼은 다시 현상 세계로 와서 육체와 결합한다. 이때 현상 세계와 이데아 세계 사이에는 망각의 강이 놓여 있다. 바로 이 점에서 플라톤은 상기설을 통해 이데아 세계에 대한 참된 지식을 얻을 수 있는 길을 설명하고자 한다.

플라톤에 따르면 이데아의 세계에 있던 인간의 영혼이 망각의 강을 건너 이 세상으로 오면서 이데아의 세계에 대한 지식을 모두 잊어버리고 말았다. 이데아의 세계에 대한 보편적 진리를 깨닫도록 하는 것은 불멸하는 영혼을 통해 잃어버린 기억을 되찾도록 하는 것이다.

2 선(善)의 이데아

플라톤은 선의 이데아와 다른 이데아의 관계를 태양과 만물의 관계로 설명한다. 플라톤에 따르면, 태양과 가시적 영역의 관계는 선(善)과 가지적 영역의 관계와 세 가지 측면에서 같다. 첫째, 태양은 빛의 근원으로 가시성의 근원이다. 마찬가지로 선은 형상들에 대한 지식을 가질 수 있게 하는 가지성의 근원이다. 둘째, 태양은 우리에게 시각을 주는 근원이다. 마찬가지로 선은 우리에게 지식을 소유할 역량을 부여한다. 셋째, 태양은 가시적 영역에서 만물이 존재하게 만든다. 마찬가지로 선은 형상들이 존재하게 만든다. 선의 형상은 존재를 초월하는 것으로, 모든 존재의 원인이다. 즉, 플라톤은 선의 이데아가 모든 지식과 진리의 원인이자 인식하는 사람에게 그 힘을 주고, 가지적 영역에서 형상들이 존재하게 되는 원인이며, 가시적 영역에서 존재하는 선하고 아름다운 모든 것의 근원이라고 본 것이다.

3 영혼의 정의

플라톤은 이데아론을 바탕으로 '어떻게 살아야 하는가?'에 대해 제시하고자 하였다. 플라톤에 따르면 인간의 영혼은 이성, 기개, 욕구라는 세 부분으로 구성되어 있다.

> 이성적인 부분은 그것을 통해 계산하는 부분이고, 욕구의 부분은 그것을 통해서 사랑하고 배고파하고 목말라하고 그 밖의 욕구들과 관련해서 흥분해 있는 부분이라고 규정하며, 기개의 부분은 '그것을 통해서 화내는 부분'이라고 규정한다.
> — 플라톤, 「국가」

영혼의 이 세 부분이 그 역할을 잘 수행할 때 정의로운 인간이 된다. 이성의 부분에서는 지혜의 덕이, 기개의 부분에서는 용기의 덕이, 욕구의 부분에서는 절제의 덕이 잘 발휘될 때 정의의 덕을 갖춘 인간이 되는 것이다. 지혜의 덕이란 이데아 세계에 대한 앎을 통해 인생의 궁극적 목적을 세우는 덕이다. 용기의 덕은 육체의 욕구에 빠지지 않고 이성을 따를 때 얻는 덕이다. 절제의 덕은 욕구의 노예로 전락하지 않도록 하는 덕이다.

기개와 욕구가 이성의 다스림을 통해 영혼 전체가 조화를 이룰 때, 즉 비이성적인 부분이 이성적인 부분의 다스림을 적절히 받게 될 때 인간의 영혼은 비로소 정의의 덕을 갖게 된다. 플라톤은 이를 마차에 비유하여 다음과 같이 설명한다.

> 마차를 끄는 두 마리의 말이 있다. 한 마리는 말을 잘 듣는 좋은 말이지만, 다른 말은 채찍을 들어야만 겨우 말을 듣는 고약한 말이다. 마차가 힘차게 잘 달리기 위해서는 마부가 가야 할 방향을 잘 정해 두 마리 말 모두를 잘 다루어야 한다. 인간의 영혼 역시 이처럼 이성(마부)이 기개와 욕망(두 마리 말)을 잘 다스릴 때 이상적 상황이 된다.
> — 플라톤, 「국가」

나아가 정의의 덕에 따라 사는 사람만이 행복한 사람이며, 정의의 덕을 갖지 못할 경우 불행한 사람이 되고 만다고 주장한다. 플라톤의 입장에서 볼 때 행복한 삶이란 결국 이성을 통해 얻게 된 이데아에 대한 보편적 진리에 따라 살아가는 삶이다.

도움 글 / 플라톤은 인간의 영혼이 이성, 기개, 욕구의 세 부분으로 이루어졌다는 '영혼 삼분설'을 주장한다. 하지만 기개나 욕구에 비해 이성을 우위에 둔다는 점에서 그의 윤리 사상은 이성 우위의 윤리학이라 할 수 있다.

4 철인 왕

플라톤은 인간의 영혼과 마찬가지로, 인간의 공동체인 국가 역시 세 부분, 즉 통치 계급, 군인 계급, 생산 계급이라는 세 계급으로 구성된다고 주장한다. 이 세 계급에게는 각자가 목표하는 여러 덕이 있어야 하는데, 지혜·용기·절제가 그것이다. 즉, 통치 계급에게는 지혜의 덕, 군인 계급에게는 용기의 덕, 그리고 생산 계급에게는 절제의 덕이 그 목표에 해당한다.

플라톤은 이 세 계급이 각기 자기의 덕을 보존하여 이를 실천할 때 국가의 정의가 실현될 수 있다고 보았다. 특히 국가를 다스리는 통치 계급은 '선의 이데아'를 인식하는 지혜로운 사람이어야 한다.

플라톤은 정의로운 국가를 이루기 위해서는 최고의 지혜를 갖춘 철인이 나스리는 이상 국가를 모범으로 삼아 따라야 한다고 주장한다. 최고의 지혜란 바로 이데아에 대한 보편적인 진리를 인식하는 것이다. 이런 지혜를 갖춘 사람이 바로 철인이다. 따라서 지혜라는 이성의 덕을 갖춘 철인이 왕이 되어 국가를 다스릴 때 그 국가는 비로소 정의로운 국가가 될 수 있다는 것이다.

마찬가지로 인간 역시 이상적인 인간이 되기 위해서는 지혜, 용기, 절제, 정의의 4주덕을 갖춘 이상적 철학자를 모범으로 본받아야 한다고 주장한다.

4주덕	인간의 영혼	국가의 계급
지혜	이성	통치 계급(철학자)
용기	기개	군인 계급(군인)
절제	욕구	생산 계급(시민)
정의	지혜, 용기, 절제의 덕이 조화를 이룬 상태	

더 알아보기 플라톤이 말하는 '철인 왕'은 어떤 사람일까?

플라톤은 한 사회에서 정의를 실천할 사람으로 철학자 겸 통치자인 철인 왕을 상정한다. 철인 왕은 지혜를 사랑하고 지적이며 믿을 만하고 삶의 의지가 있는 인간이다. 플라톤은 이런 지도자가 다스리는 이상 국가를 '칼리폴리스(kallipolis)'라고 불렀다. 철인 왕은 만물의 형상에 숨겨진 원형, 즉 이데아를 볼 수 있는 능력을 가진 자다. 그는 지식을 추구하는 자가 아니다. 지식 자체, 진리를 추구하는 자가 아니라 진리 자체가 된 자다.

플라톤은 철인 왕을 항해를 떠난 배의 선장으로 비유한다. 그는 이 이야기를 하면서 당시 유행하던 아테네의 민주 정치를 우민 정치라고 비판한다. 당시 아테네의 민주 정치는 오늘날 공화주의와 민주주의가 융합한 민주 정치와는 다른 선동주의 또는 다수주의에 가깝다. 다수의 투표로 뽑은 선장이 해로에 대한 지식이 없다면 그 배는 좌초하고 만다. 플라톤은 민중들을 항해 지식이 없는 선원들과 비교한다. 불평이 많은 선원들은 선동가들이거나 정치인들이다. 그러나 배를 운항하는 항해사는 철학자다. 선원들은 스스로의 경험을 통해 배를 안전하게 운전할 수 있다고 주장하지만, 해로를 읽을 수 있는 능력이 없다. 플라톤은 "진정한 선장이라면 배를 다스리기 위해서 항해에 필요한 계절, 하늘, 별, 바람, 그리고 모든 기술에 주의를 기울여야 한다."라고 말한다.

— 배철현, 「플라톤이 말하는 철인 왕은 도대체 누구인가?」

20 아리스토텔레스의 윤리 사상

▶ **아리스토텔레스**(Aristoteles, B.C. 384~B.C. 322)

고대 그리스의 철학자로, 플라톤의 제자이며, 알렉산더 대왕의 스승이다. 물리학, 형이상학, 논리학, 수사학, 정치학, 윤리학 등 다양한 주제로 책을 저술하였다. 소크라테스, 플라톤과 함께 현재의 서양 철학의 근본을 이루는 데에 이바지하였다.

사상의 흐름

플라톤의 윤리 사상	아리스토텔레스의 윤리 사상	현대적 의의
◦ 경험보다 이성을 강조 → 주지주의 ◦ 현실적 욕구보다 정신적 이상 추구 → 이상주의 윤리관 ◦ 교부 철학에 영향	◦ 품성의 덕과 실천 의지 강조 → 주의주의 ◦ 구체적 현실에서의 중용 추구 → 현실주의적 윤리관 ◦ 스콜라 철학에 영향	◦ 소크라테스의 보편 윤리 사상 계승 ◦ 플라톤과 아리스토텔레스의 윤리 사상 → 그리스도교 윤리 정립에 기여 ◦ 인격 중심의 덕 윤리 이론의 학문적 바탕 제공

1 목적론과 4원인설

아리스토텔레스의 윤리 사상의 핵심은 '모든 것에는 목적(telos)이 있다.'라는 목적론이다. 악기의 목적은 아름다운 음악 소리를 내는 것이며, 목수의 목적은 좋은 집을 짓는 것이며, 말의 목적은 잘 달리는 것이다. 우리가 하는 행동 역시 모두 나름의 고유한 목적이 있다. 밥을 먹는 것은 건강하기 위한 것이고 건강을 유지하는 것은 좋은 삶을 살기 위한 것이다. 이처럼 어떤 행동은 그보다 상위의 목적을 추구하고 있다. 그 고유한 목적이나 기능을 훌륭하게 수행하는 것이 바로 덕(ἀρετή, arete)이다.

아리스토텔레스가 말하는 덕은 단순히 도덕적 미덕이 아니라 곧 탁월함이다. 덕을 탁월함으로 간주한다는 점에서는 아리스토텔레스와 플라톤은 서로 다르지 않다. 이를 설명하기 위해 아리스토텔레스는 다음과 같은 4원인설을 제시한다.

① 질료인(質料因, causa materialis): 모든 존재는 그것을 구성하는 질료를 바탕으로 한다. 가령 인간의 경우 우리 몸을 구성하는 피와 살 그리고 뼈 등이 질료인에 해당한다.

② 형상인(形象因, causa formalisn): 모든 존재는 그것의 모양을 나타내는 형상을 지니고 있다. 가령 인간의 경우 인간의 모습이 여기에 해당한다.

③ 작용인(作用因, causa efficiens): 모든 존재는 그 존재가 가능하도록 하는 원인이 있다. 가령 인간의 경우 우리가 생명을 유지하며 성장하는 힘이 여기에 해당한다.

④ 목적인(目的因: causa finalis): 모든 존재는 그 나름의 최종적이며 궁극적 목적이 있다.

2 행복과 자아실현

그렇다면 인간 행위의 최고 목적은 무엇일까? 아리스토텔레스는 행복이 바로 인간의 궁극적인 목적이라고 말한다.

인간의 삶은 다음 세 가지로 나눌 수 있다. 첫째는 향락적인 것으로 쾌락을 행복이라고 여기는 삶이다. 둘째는 정치적인 것으로 명예로운 삶을 행복이라고 여기는 삶이다. 이 생활은 교양 있고 활동적인 사람들이 추구하는 삶이다. 셋째는 관조적인 것으로 명상하고 깊이 생각하는 삶이다. 이것이 신의 활동과 가장 많이 닮은 이성적인 것으로 진리를 탐구하는 삶이다. 이것들 가운데 어느 것이 최고의 선인 행복과 관련 있을까? 대답은 매우 분명하다. …… 삶의 목적은 여러 가지가 있다. 이 목적들 가운데 어떤 것은 다른 목적을 이루기 위한 것이기 때문에, 모든 목적이 똑같이 궁극적인 것은 아니다. 그런데 최고의 선은 확실히 궁극적인 목적이다. 따라서 오직 하나의 궁극적인 목적이 있다면, 이것이야말로 우리가 찾는 바로 그것이다. 왜냐하면 다른 것을 위해서 추구되는 것보다 그 자체가 목적으로 추구되는 것이 더 궁극적이기 때문이다. 그리고 여기에 해당하는 것이 바로 행복이다. 우리는 언제나 행복을 목적 그 자체로서 추구할 뿐, 다른 어떤 것 때문에 추구하지는 않는다. 이것은 자족(自足), 즉 스스로 만족한다는 관점에서 보더라도 같은 결론이 나온다. 궁극적인 선은 자족적이다. 여기서 자족적이란 어떤 한 개인, 즉 고립된 생활을 하는 한 사람만을 만족시키는 것이 아니라, 부모, 자녀, 아내, 친구, 나아가 동포들까지도 만족시켜야 한다는 것을 의미한다. 왜냐하면 인간은 본래 사회적 존재로 태어나기 때문이다. 또한, 자족이란 아무런 부족함 없이 그것만으로도 생활을 바람직하게 할 수 있는 것을 말한다. 그렇다면 행복이야말로 바로 이런 것이다. 행복은 모든 것 가운데 가장 바람직한 것이요, 다른 여러 가지 선들의 한가운데에 있는 것이다. 따라서 행복은 궁극적이고 자족적이며, 다른 모든 행위의 목적이라 할 수 있다.　　　－ 아리스토텔레스, 『니코마코스 윤리학』

아리스토텔레스가 말하는 행복이란 좋은 것 중에서도 최고로 좋은 것이라는 점에서 최고선이다. 또한 인간이 최고선인 행복하게 사는 것은 곧 자아를 실현하는 것이다. 그래서 아리스토텔레스의 윤리학은 '자아실현설(혹은 완전설, perfectionism)'로 일컬어지기도 한다. 이처럼 현실주의적인 아리스토텔레스의 윤리 사상은 플라톤의 이상주의적 윤리 사상과 좋은 대조가 된다.

3 아리스토텔레스의 덕

사람만이 지닌 특별한 기능은 정신의 이성적 활동이다. 그러므로 인간의 기능을 훌륭하게 수행한다는 것은 바로 이 이성적 활동을 잘 수행하는 것이다. 그런데 사람의 이성적 활동은 그 활동에 맞는 규범, 즉 덕을 가지고 수행할 때 잘 할 수 있다. 따라서 좋음이란 덕과 일치하는 정신의 활동이라고 하겠다.

－ 아리스토텔레스, 『니코마코스 윤리학』

아리스토텔레스는 '인간은 이성적 동물'이라고 하면서 플라톤과 마찬가지로 이성을 인간이 지닌 고유한 기능으로 간주한다. 그런데 아리스토텔레스는 인간의 영혼에는 이성적인 부분과 함께 감정이나 의지와 관련된 품성적인 부분이 존재한다고 주장한다. 이점 역시 플라톤과 크게 다르지 아니하다.

두 철학자의 차이점은 아리스토텔레스가 품성적 부분의 상대적 독자성을 존중한다는 것, 즉 품성적 부분이 이성적 부분에 완전히 종속되지 않고 독립적으로 활동할 수 있다는 점을 인정한다는 점이다.

4 아리스토텔레스의 중용

그렇다면 이러한 덕들은 어떻게 얻을 수 있을까? 아리스토텔레스에 의하면, 유덕한 인간이란 이성을 통해서 자신의 감정과 행위를 이끌어 나가는 사람이며, 인간이라는 고유한 이성적 존재의 기능을 잘 발휘하는 사람이다.

이성의 덕은 교육을 통해 배우지만, 품성의 덕은 그 덕을 겸비한 사람의 행동을 따라 하며 익힌다. 가령 용기의 덕은 용기 있는 사람의 행동을 본받아 거듭 따라하면서 습관처럼 익히는 것이지, 어쩌다 한두 번 용기 있는 행동을 했다고 해서 바로 용기 있는 사람이 되는 것은 아니다. '한 마리 제비가 왔다고 바로 여름이 되는 것은 아니기 때문이다.' 즉, 용기 있는 행동이 필요한 상황을 만났을 때 무모함이나 비겁함 없이 적절히 행동하는 사람이 바로 용기 있는 사람인 것이다.

집을 지어 봐야 목수가 될 수 있고, 악기를 연주해 보아야 연주가가 될 수 있듯이, 옳은 행위를 해 봐야 올바르게 되고, 절제 있는 행위를 해 봐야 절제 있게 되며, 용감한 행위를 해 봐야 용감하게 되는 것이다.

－ 아리스토텔레스, 『니코마코스 윤리학』

이처럼 품성의 덕은 지나침도 모자람도 없이 구체적 상황에 딱 맞는 중용을 추구한다. 아리스토텔레스가 말하는 중용은 덕의 필수 조건으로, 산술적인 중간점이 아니며, 각각의 구체적인 상황에서 가장 적절한 최선을 의미한다.

5 이론 및 실천의 탁월성

아리스토텔레스는 인간의 최고 목적이 행복이라

는 점을 분명히 하면서도 중용과 실천적 지혜를 강조함으로써 구체적인 현실에서 우리가 어떻게 살아가야 하는지에 대한 방법을 설명한다.

아리스토텔레스에 의하면, 덕 있는 사람이란 이성의 덕을 탁월하게 발휘하는 이론적 지혜(sophia)뿐만 아니라 품성의 덕을 적절하게 발휘하는 실천적 지혜(phronesis)를 겸비한 사람이다.

우리가 품성의 덕을 쌓아 가는 과정에서 실천적 지혜가 중요한 역할을 하지만, 무엇이 중용인지를 정확히 알기 위해서는 이론적 지혜의 도움을 받지 않을 수 없다. 하지만 옳은 것을 알게 되었다고 해서 언제나 옳은 일을 하는 것은 아니다. 왜냐하면 옳은 일을 정확히 안다고 하더라도 그 일을 실천하고자 하는 의지가 약하거나 자제력이 부족한 경우 그 일을 하지 못하는 경우가 많기 때문이다. 따라서 아리스토텔레스가 말하는 덕 있는 사람이란 덕에 대한 정확히 아는 이론적 지혜뿐만 아니라 이러한 지혜에 따라 실천할 수 있는 충분한 의지를 가지고 지속적으로 실천하는 사람을 의미한다.

그는 우리의 삶에서 최고의 선이 무엇인가에 대한 정확한 앎, 하고자 하는 의지, 그리고 지속적인 실천이라는 이 세 가지 요소가 유기적으로 조화를 이루었을 때 비로소 덕 있는 사람이 될 수 있으며, 이러한 사람이 행복에 이를 수 있다고 본 것이다.

이처럼 아리스토텔레스 윤리 사상은 이성뿐만 아니라 의지 역시 중요하게 간주한다는 점에서 주의주의 윤리 사상으로 일컬어지기도 한다.

더 알아보기 | 아리스토텔레스가 말하는 '폴리스적 동물'의 의미는 무엇일까?

아리스토텔레스의 사상에서 또 하나 주목할 점은 인간을 단순히 개인으로서가 아니라 공동체적 존재, 즉 '폴리스적 동물'로 이해한다는 점이다. 폴리스적 동물을 흔히 정치적 동물이라고 옮기는데 이것은 약간의 오해가 있을 수 있는 번역어이다.

고대 그리스에서 폴리스는 자유로운 시민 국가에 해당한다. 따라서 폴리스적 동물이란 단순히 한 개인이 아니라 자유로운 국가의 일원으로서 그 본연의 사업들에 참여할 때 비로소 인간이 인간다워진다는 의미이다. 이를 흔히 시민적 덕이라고 말하는데 이것은 더욱 정확히 말하면 폴리스라는 국가 공동체의 일원으로서 정치 과정에 자발적으로 참여할 때 비로소 실현될 수 있는 인간 본연의 모습이다.

"평범한 사람보다 잘생긴 사람이 우월한 것과 실재 대상보다 화가의 예술이 우월한 것 …… 흩어져 있는 수많은 장점들이 하나로 모아졌다는 것이다."
– 아리스토텔레스, 『정치학』

"우리의 선배들은 음악을 필요에 의해서가 아니라 유용한 것으로서 교육에 포함하였다. …… 이는 음악이 여가 선용으로 유용하다는 것인데, 이것이야말로 사람들이 말하는 음악의 목적이다. 왜냐하면 사람들은 자신이 생각하기에 음악을 자유 시민에게 적합한 여가 선용의 한 형식으로 평가하기 때문이다."
– 아리스토텔레스, 『정치학』

이와 같이 인간을 정치 공동체의 일원으로 이해하고자 하는 아리스토텔레스의 사상은 로마의 키케로를 거치며 공화주의로 발전된다.

21 에피쿠로스학파의 윤리 사상

+ **헬레니즘**
알렉산드로스의 등장부터 로마 제국까지의 그리스 로마 문화를 일컫는 말이다.

+ **정원 학파**
에피쿠로스학파를 일컫는 말이다. 에피쿠로스는 정원이 딸린 집에서 제자들과 공동체 생활을 하면서 제자들을 가르쳤다.

+ **아타락시아**
마음속에 혼란이나 육체적 고통이 없는 평정심의 상태를 말한다.

+ **쾌락주의**
욕망을 지니고 있는 인간은 본성상 쾌락을 추구하며, 이러한 욕망이 충족될 때 쾌락을 얻을 수 있다는 주장이다.

▶ **에피쿠로스**(Epicouros, B.C. 341~B.C. 270)

고대 그리스의 철학자이자 에피쿠로스학파의 창시자이다. 에피쿠로스 철학의 목적은 행복하고 평온한 삶을 얻는 데 있다. 그는 쾌락과 고통은 무엇이 좋고 악한지에 대한 척도가 되고, 죽음은 몸과 영혼의 종말이기 때문에 두려워하지 말아야 하며, 신은 인간을 벌주거나 보상하지 않고, 우주는 무한하고 영원하다고 가르쳤다.

사상의 흐름

소피스트의 윤리 사상
- 이성적 사유보다 감각적 경험 중시
- 경험적 사실과 관찰을 통한 지식 강조
- 소피스트 윤리 → 쾌락주의, 경험주의, 공리주의 등에 영향

쾌락주의 윤리 사상
- 인간은 쾌락과 고통을 느끼는 존재 → 쾌락 추구, 고통 회피
- 쾌락은 행복한 삶의 근원이자 목표 → 쾌락은 선, 고통은 악
- 참된 쾌락과 행복은 영혼의 고요한 평정에 있음. → 아타락시아 강조

공리주의 윤리 사상
- 도덕의 목적은 행복 증진 → 최대 다수의 최대 행복 강조
- 양적 쾌락주의(벤담: 쾌락의 양) → 질적 쾌락주의(밀: 쾌락의 질 고려)
- 문제 해결의 효용성을 강조하는 실용주의에 영향

1 세계 시민주의

▲ 알렉산드로스의 동방 원정

헬레니즘 시대 아테네 시민들은 아리스토텔레스의 제자였던 알렉산드로스 대왕이 아테네를 멸망시킨 후 대제국인 알렉산드리아를 건설하면서 폴리스라는 소규모 정치 공동체를 벗어나 대제국의 일원으로 변환된다.

'인간은 폴리스적 동물'이라는 아리스토텔레스의 말에서 보듯 고대 그리스에서 시민들은 폴리스 안에서 각자의 고유한 역할을 통해 서로 유기적으로 협력하는 가운데 맺어진 끈끈한 결속을 바탕으로 비로소 온전한 시민이 될 수 있었다. 이때까지 폴리스는 시민으로서 자아 정체성을 형성하는 출발점이자 인생의 궁극적인 목적인 행복을 추구하는 사회적 바탕이었다. 뿐만 아니라 다양한 폴리스들은 나름대로 고유한 풍습과 규범을 지닌 독립된 정치 공동체였다. 그러나 대제국이 등장하면서 이제 사람들은 특정 공동체의 동료 시민보다는 원자적 개인으로 서로를 대하게 되었다. 알렉산드리아 제국에서 등장한 세계 시민주의는 공동체적 연대성을 상실한 개인주의의 출발점이다. 이 시기 사회적 상황역시 격동의 연속이었다. 정치적 혼란이 반복되는 가운데 제국의 지배력이 취약한 지역에서는 노예무역이 발달하기도 하였다. 이러한 혼란의 시대를 배경으로 등장한 것이 바로 스토아학파와 에피쿠로스학파이다. 그 결과 두 학파는 공동체에 대한 공적인 관심보다는 개인의 내면적 안녕에 주목하였다.

2 에피쿠로스학파의 성립

에피쿠로스학파를 대표하는 에피쿠로스가 아테네에 '정원 학교'를 세워 학술 연구와 교육을 하였기 때문에 에피쿠로스학파는 '정원 학파'로 불리기도 한다.

기원전 341년 터키 동쪽 사모스 섬에서 태어난 에피쿠로스는 당대 최고의 인기를 누리던 철학자였다. 그를 유명하게 만든 것은 '행복(Happiness)'에 관한 끊임없는 탐구였다. 에피쿠로스학파에서는 일반적으로 '쾌락'으로 번역되나, 이것은 육체적 쾌락에만 초점을 맞춘 것이 아니라 정신적 쾌락도 같이 연구하는 것이기에 이것을 행복으로도 이해할 수 있다.

개인의 행복을 위해 에피쿠로스가 주목한 것은 개인의 내면적 영역이었다. 왜냐하면 정치나 사회와 같은 우리 외부의 세계의 경우 우리가 마음대로 다스릴 수가 없기 때문인 것이다. 이전의 철학자들이 '어떻게 옳은 삶을 살 것인가?'에 관심을 가졌다면 에피쿠로스는 개인의 입장에서 '어떻게 행복해질 것인가?'를 생각했다.

3 쾌락주의 윤리 사상

에피쿠로스학파의 사상은 아테네에서 발생하여 주로 동방으로 보급되었는데, 그것이 소아시아를 거쳐서 로마에 당도한 것이다. 로마에서 최초로 에피쿠로스학파의 사상을 대변한 인물은 기원전 75년경 로마에 끌려온 필로데모스로서 기원전 43년경에는 베르길리우스와 그 우인들에게도 상당한 영향을 끼친 것으로 추정된다. 키케로 시대에는 이미 아마피니우스라는 사람이 에피쿠로스 저서를 라틴어로 번역한 바 있었다.

로마인에게 '철학은 삶의 예술(ars est enim

philosophia vitae)'이다. 로마인들은 삶의 기술로서 철학을 찾는 사람들이므로 에피쿠로스 같은 철학자에게서도 사변적 논리보다는 도덕적 실천을 배웠다. 에피쿠로스는 욕정과 탐욕으로 어두워진 인간에게 자연이 내리는 타이름, 즉, '적은 것으로 살아갈 수 있어야 한다(tois oligois archometha).'라는 가르침을 내렸다. 에피쿠로스가 말하는 전형적인 쾌락, 그것은 가난한 인생의 가난한 행복이다.

쾌락은 우리에게 최우선적으로 주어진 자연적인 재화이다. 그렇다고 해서 우리는 모든 쾌락을 추구하지는 않는다. 쾌락 때문에 보다 큰 불쾌가 초래될 위험이 있을 경우, 우리는 많은 쾌락을 지나쳐 버린다. 그렇다. 보다 오랜 고통의 시간 뒤에 보다 큰 쾌락이 뒤따라올 경우에 우리는 많은 고통을 쾌락보다 높이 평가한다. 쾌락이 그 자체로서 유쾌한 것이기 때문에 모든 쾌락이 우리에게 좋은 것을 의미하기는 하지만 모든 쾌락이 추구할 만한 가치를 가진 것은 아니다. 반대로 모든 고통이 나쁜 것이지만 그렇다고 해서 반드시 회피되어야만 하는 것은 아니다. 우리의 과제는 참을 것과 못 참을 것을 재고 구분하여 항상 모든 것을 올바르게 평가하는 것이다. 왜냐하면 때때로 우리는 나쁜 것을 좋은 것으로 또는 좋은 것을 나쁜 것으로 이용하기 때문이다. …… 우리에게 쾌락이란 신체 영역에 어떤 고통도 느끼지 않는 동시에 정신적 영역에서 어떤 불안도 느끼지 않는 것을 의미한다. 왜냐하면 넘칠 만큼의 음식이나 아름다운 남녀와의 즐김, 또는 맛있는 생선 요리와 같이 풍성하게 차려진 식탁 위에 있는 것들이 쾌락적인 삶을 만들어 주는 것은 아니기 때문이다. 오히려 모든 욕구와 회피의 근거를 파악하고 영혼을 회오리바람처럼 뒤흔드는 광기를 몰아내는 명료한 사고만이 쾌락적인 삶을 만들어 주기 때문이다.　– 에피쿠로스, 「쾌락」

에피쿠로스는 필수적이지 않은 욕망은 헛된 욕망이기 때문에, 자연적이고 필수적인 욕망이 충족될 때 참된 쾌락을 얻을 수 있다고 주장한다. 또한 순수하고 지속적인 쾌락을 얻기 위해서는 때로는 욕망을 참고 절제해야 하며 때로는 쾌락 대신 고통을 선택해야 한다고 보았다.

욕망들 중 어떤 것은 자연적인 동시에 필연적이며(고통을 제거하려는 욕망. 가령 목이 마를 경우, 물을 마시려는 욕망), 다른 것은 자연적이기는 하지만 필연적이지는 않고(쾌락의 형태만을 바꿀 뿐 고통을 없애 주지는 못하는 욕망. 가령 사치스러운 음식에 대한 욕망), 또 다른 것은 자연적이지도 않고 필연적이지도 않으며, 다만 헛된 생각에 의해 생겨난다(가령 동상을 세우려는 욕망). 자연적이기는 하지만, 그것이 충족되지 않더라도 고통을 가져오지 않는 욕망을 충족하기 위해 애를 쓰는 경우를 생각해 보자. 이런 쾌락은 헛된 생각으로부터 생겨나며, 이런 쾌락을 몰아낼 수 없는 까닭은 그 쾌락의 본성 때문이 아니라, 사람들의 헛된 생각 때문이다.　– 에피쿠로스, 「쾌락」

4 에피쿠로스학파의 죽음관

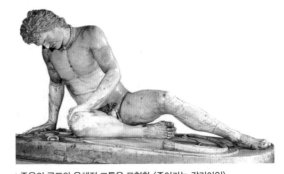

▲죽음의 공포와 육체적 고통을 표현한 〈죽어가는 갈리아인〉

에피쿠로스는 인간 불행의 가장 큰 원인 중 하나가 죽음에 대한 공포라고 보았다.

에피쿠로스는 죽음에 대한 공포는 아무런 근거가 없는 것이며 두려워할 필요가 없다고 주장한다. 그는 사람들이 죽음에 대해 두려워하는 이유가 죽음이 찾아올 때 고통스럽기 때문이 아니라, 죽음을 예상하는 것이 고통스럽기 때문에 죽음이 두렵다고 느끼는 데 있다고 보았다. 그는 삶의 유일한 악(惡)인 고통을 느끼기 위해서는 감각이 있어야 하는데, 인간은 죽음으로써 모든 감각 능력이 끝나게 되므로 죽은 후에는 어떤 고통도 느낄 수 없다. 따라서 그는 죽음을 두려워할 아무런 이유가 없다고 보았다.

5 에피쿠로스학파의 행복관

에피쿠로스는 인간의 행복에 우애가 절대 필요하다고 역설한다. "지혜가 인생의 온전한 행복을 위해서 얻어내는 것들 가운데 가장 위대한 것은 우애의 소유이다." 그리고 우애는 쾌락에 안전감과 항속적인 성격을 부여한다. "우애는 자체로 보아서 하나의 가치인가, 아니면 그 가치를 얻는 하나의 수단인가?" 에피쿠로스는 "우애는 그 자체가 하나의 덕성이다!"라고 단정한다. 이런 점에서 에피쿠로스 사상의 핵심은 '사랑(philia)'인데 (당시 amor라는 단어는 너무 관능적인 어감을 간직하고 있었기 때문인지) 라틴어로는 그것이 '우애(amicitia)'로 번역되었다. 로마 에피쿠로스 사상에서는 결국 우정의 나눔(cultura amicitiae)으로 발전한다. 모든 우애는 쾌락과 불가분한데 그 까닭은 행복해지려면 이웃을 사랑해야 하고 또 자기처럼 사랑해야만 하기 때문이다. 따라서 쾌락에의 수단만은 아니며 그 자체가 쾌락을 주는 가치이다. 그리고 그러한 우애를 기준으로 만들어진 공동체가 곧 에피쿠로스 정원(Kepos)이다. 정의와 우애가 군림하는 미래 세계에 미리 참여하는 경지로 간주되었다.

더 알아 보기 · 헬레니즘 시대의 철학적 특성은 무엇일까?

일반적으로 역사가들은 기원전 336년 알렉산드로스의 등장으로부터 로마가 공화국에서 제국으로 바뀐 아우구스투스 황제의 등장까지 300여 년을 가리켜 헬레니즘 시대라고 한다. 고대 그리스 시대는 개인의 삶이 도시 국가라는 공동체에의 참여를 통해 실현되었다. 하지만 헬레니즘 시대 이후에는 개인과 국가 사이의 조화로운 균형이 존속할 수 없었다. 로마라는 거대한 국가 체제 속에서 개인은 공동체에 대하여 아무런 결정권도 가지지 못한 신민(臣民)으로 전락하였고, 개인은 공동체로부터 점차 소외되었다.

소크라테스와 플라톤, 아리스토텔레스가 활동한 고대 그리스 시대는 개인의 삶이 도시 국가라는 공동체에의 참여를 통해 실현되었다. 하지만 헬레니즘 시대 이후에는 개인과 국가 사이의 조화로운 균형이 존속할 수 없었다. 로마라는 거대한 국가 체제 속에서 개인은 공동체에 대하여 아무런 결정권도 가지지 못한 신민(臣民)으로 전락하였고, 개인은 공동체로부터 소외되었다.

헬레니즘 시대를 살아가는 개인들은 소외감과 무기력감을 느꼈다. 개인의 의미와 가치는 이전 시대보다 훨씬 더 작아졌고, 개인은 불확실한 세계 속에 불안하게 내던져졌다. 이러한 시대적 상황 속에서 스토아학파는 개인을 부정하고 개인을 전체에 동화시킴으로써 전체와 개인의 대립을 해소하려고 하였다. 반면에 에피쿠로스학파는 전체를 위한다는 명분 아래 개인의 삶을 희생하는 것을 거부하고, 자기 자신의 행복을 추구할 것을 주장하였다.

22 스토아학파의 윤리 사상

+ 스토아학파
  창시자인 제논이 아테네의 한
  스토아에서 강의를 한데서 나
  온 말로 제논과 그의 제자들을
  일컫는 명칭으로 사용되었다.

+ 아파테이아
  영혼의 비이성적인 것들인 쾌
  락, 고통, 두려움, 욕망 등과
  같은 외부의 그 어떤 것에도
  흔들리지 않는 마음(부동심)의
  상태를 말한다.

+ 금욕주의
  인간의 이성을 바탕으로 정념
  에 휘둘리지 않는 부동심(아파
  테이아)의 경지를 추구하는 윤
  리 사상이다.

+ 자연법
  당연하고 보편적인 불변의 법
  칙을 말한다. 현대에는 당연한
  정의 또는 자연적 권리로도 해
  석한다.

▶ 제논(Zenon, B.C. 335?~B.C. 263?)

고대 그리스의 철학자이며 스토아학파의 창시자이다. 그의 철학은 '자연과 일치된 삶'을
목표로 하였으며, 삶의 목표인 행복을 위해서는 이성(logos)을 따라야 한다고 주장하였
다. 이를 위해서는 부동심(아파테이아)의 경지에 이르러야 한다고 보았다.

사상의
흐름

소크라테스의 윤리 사상	금욕주의 윤리 사상	칸트의 윤리 사상
○ 인간의 감정이나 욕구보다는 이성적 사유 중시	○ 이성을 바탕으로 정념에 휘둘리지 않는 부동심(아파테이아) 추구	○ 선의지 강조 → 행위의 동기 중시
○ 보편적 윤리 강조 → 플라톤과 아리스토텔레스의 계승	○ 윤리적인 삶: 이성과 자연의 질서에 따르는 삶 강조	○ 의무론적 윤리: 도덕 법칙을 따르는 것이 의무
○ 이성주의, 금욕주의, 칸트의 윤리 사상에 영향	○ 자연법 사상과 그리스도교 윤리 사상에 영향	○ 도덕은 수단이 아니라 목적 그 자체
		○ 보편주의, 인격주의 정신 → 자유 민주주의, 인권 사상에 영향

1 스토아학파의 의미

스토아학파는 헬레니즘 시대 새로운 철학 운동을 일컫는다. 헬레니즘 시대란 기원전 323년에서 146년 사이(혹은 기원전 30년까지) 고대 세계에서 그리스의 영향력이 절정에 달한 시대를 일컫는다. 그래서 이 시기는 그리스 정신(Grecism)의 시대라고도 일컬어진다.

▲기둥과 벽으로 둘러싸인 스토아

스토아학파라는 명칭은 제논이 스토아에서 강의를 한 사실에서 비롯되었다. 스토아란 아고라 주변에 있던 주랑(柱廊) 형태의 독특한 건축물이다. 아테네 시민들은 아고라에 모여 주요한 국사를 논의하였는데, 이때 아고라 주변에 있던 스토아는 뜨거운 햇살을 피해 토론하기에 좋은 장소였다.

2 스토아학파의 사상 체계

스토아학파는 하나의 핵심 사상을 중심으로 형성된 사상 체계라기보다는 시대에 따라 매우 다양하게 전개되었다.

스토아학파 사람들은 아리스토텔레스의 전통을 수용하여 학문을 크게 세 가지, 즉 '자연학', '논리학' 그리고 '윤리학'으로 분류하였다. 이러한 구분은 중세를 거쳐 칸트의 『윤리 형이상학 정초』에 이르기까

지 그대로 이어진다. 자연학(physics)은 자연의 필연적인 법칙을 발견하는 것을 목표로 한다. 논리학은 사고의 필연적인 법칙을 발견하는 것을 목표로 한다. 그러나 의지를 다루는 윤리학의 경우 윤리 법칙의 성격과 관련하여 많은 논쟁이 등장하였다.

이러한 논쟁은 대체로 세 가지 입장으로 구분된다. 첫 번째 입장은 윤리학에서도 십계명과 같은 법칙이 존재한다는 주장이다. 두 번째 입장은 윤리학에서는 보편적 법칙이 있을 수 없으며, '좋다'나 '옳다'와 같은 표현은 말하는 사람의 주관적 감정을 표현하는 것에 불과하다는 주장이다. 세 번째 입장은 윤리학에서 법칙은 발견하는 것이 아니라 함께 만들어 가는 것, 즉 구성하는 것이라는 주장이다. 이러한 세 가지 입장은 현대 윤리학 연구에서도 여전히 서로 경쟁하고 있다.

3 스토아학파의 성립과 발전

스토아 사상은 크게 3단계를 거치며 변화를 겪는다. 스토아 사상의 창시자로 일컬어지는 제논의 경우 '자연과 일치된 삶'을 목표로 하면서, 이성(logos)을 따라 부동심의 경지에 이를 때 비로소 행복해질 수 있다고 주장하였다.

스토아 철학의 주요한 정통적 원리들의 체계가 이미 초기에 특히 크리시포스에 의해서 완성되었다. 고대에는 크리시포스가 스토아 철학의 두 번째 창시자로 알려질 만큼 유명했다. 뿐만 아니라 그는 '크리시포스만이 지혜로운 자이다. 다른 사람들은 그저 그런 척 행동하는 그림자들에 불과할 뿐이다', '크리시포스가 없었더라면 스토아주의도 없었을 것'이라는 말이 있을 정도로 상당한 명성을 얻었다. 중기가 되면서 스토아 사상은 로마의 귀족 사회에 금

방 확산되어 보편적 교양으로 간주되었다. 스토아 후기 사상은 정치가이자 시인인 세네카, 노예 출신인 에픽테토스, 황제였던 아우렐리우스 등이 활약했다.

이때에는 이론적, 논리적 관심보다는 실천 철학에 대한 관심이 더 부각되었다. 왜냐하면 급격한 사회적 붕괴와 정치적 불안정 속에서 이들의 관심은 '어떻게 사는 것이 잘 사는 것인가?'로 귀결되었기 때문이다.

인간사에서 중요한 것은 무엇인가? 권력과 이익을 추구하는 것이 아니다. 다른 사람들을 다스리는 자는 많으나 자기 자신을 다스리는 자는 매우 드물다. 중요한 것은 운명의 위협을 극복하는 정신이며, 우리의 욕구를 충족시키는 것은 아무 가치도 없다는 것을 깨닫는 것이다. 만일 네가 신의 결정에 따라 모든 것이 이루어진다는 것을 안다면 진정으로 자유로운 사람인 것이다.
                                    — 세네카, 「자연의 의문들」

존재하는 것들 가운데 어떤 것들은 우리에게 달려 있는 것들이고, 다른 어떤 것들은 우리에게 달려 있는 것들이 아니다. 우리에게 달려 있는 것들은 믿음, 충동, 욕구, 혐오 등 한 마디로 말해서 우리 자신이 행하는 그러한 모든 일이다. 반면에 우리에게 달려 있지 않은 것들은 육체, 소유물, 평판, 지위 등 한 마디로 말해서 우리 자신이 행하지 않는 그러한 모든 일이다.
                                    — 에픽테토스, 「엥케이리디온」

다른 사람들에 대해 이런저런 생각을 하는데 너의 남은 생애를 허비하지 말라, 사람들이 어떤 목적으로 무슨 일을 하든지, 그리고 무엇을 말하고 생각하고 계획하는지를 상상하는 것 같은 일들은 너의 주의를 분산시켜 네 자신을 다스리는 이성에 제대로 집중하지 못하게 하고, 네게 진정으로 유익이 될 다른 일들을 할 기회를 뺏을 뿐이기 때문이다.
                                    — 아우렐리우스, 「명상록」

4 금욕주의 윤리 사상

스토아 윤리 사상은 매우 실천적인 가르침들을 담고 있다.

설령 네가 삼천 년, 아니 삼만 년을 살 수 있다고 할지라도, 지나가는 것은 오직 지금 살고 있는 삶이고, 너는 지나가는 삶 외에 어떤 다른 삶을 사는 것이 아님을 명심해야 한다. 너의 인생이 아무리 짧거나 아무리 길어도 이것은 변함이 없다. 현재라는 시간은 누구에게나 같고, 지나간다는 것도 누구에게나 같다. 지나가는 것은 언제나 순간이다. 과거나 미래가 지금 네게서 지나갈 수는 없기 때문이다. 소유하고 있지도 않은 것을 어떻게 빼앗을 수 있겠는가? 그러므로 두 가지를 늘 명심하라. 첫 번째는, 우주는 영원 전부터 동일하고 계속해서 주기적으로 순환하기 때문에, 백년을 보든 이백년을 보든 영원히 보든 아무런 차이가 없다는 것이다. 두 번째는, 가장 오래 산 사람이나 가장 짧게 산 사람이나 잃는 것은 똑같다는 것이다.
                                    — 아우렐리우스, 「명상록」

인간뿐만 아니라 이 세상에 존재하는 모든 것은 그 고유한 본성에 따라 이성의 지배를 받는다. 이러한 이성의 법칙은 그 무엇도 거스를 수 없다. 따라서 인간 역시 그 내면에 존재하는 고유한 본성의 법칙에 따라 움직인다. 이러한 고유한 본성의 법칙은 자연법이라고 일컬어진다. 따라서 스토아학파가 생각하는 윤리적 삶이란 바로 인간 본성의 법칙에 맞게 사는 삶인 것이다.

우리는 자연으로부터 무엇을 부여받았는가? 자유롭게 고귀하게 공경스럽게 행위하라는 것이다. 다른 동물이 부끄러워하거나 부끄러움의 인상을 가지는 것은 왜인가? 우리의 이익을 가져오고 자연에 따라 행위하도록 우리를 유지하기 위해서 그들의 종으로서 그들의 신하로서 이 의무에 기꺼이 복종하는 것이 우리의 본성 자연이기 때문이다.
                                    — 에픽테토스, 「담화록」

인간을 자연의 일부라고 간주한 스토아 사상가들에게 잘 사는 것이란 바로 자연의 질서에 따라 살아가는 것이었다.

> [세상에서] 일어나는 일들이 네가 바라는 대로 일어나기를 추구하지 말고, 오히려 일어나는 일들이 실제로 일어나는 대로 일어나기를 바라라. 그러면 모든 것이 잘 되어 갈 것이다.
>
> – 에픽테토스, 『엥케이리디온』

이러한 자연법사상은 장차 등장할 그리스도교 윤리의 바탕이 된다.

> 오 제우스신이여 운명의 신이시여 당신이 나를 이끄소서. 당신이 나에게 정해 주신 그 어느 곳이라도 가도록 나는 주저 없이 따를 테니까요. 하지만 내가 나쁘기 때문에 원하지 않는다고 해도 나는 다름없이 따르겠습니다.
>
> – 에픽테토스, 『엥케이리디온』

스토아 철학에서 '자연에 따라서'라는 말은 '이성에 따라서'라는 말과 같다. 자연에 따라서 혹은 일치해서 사는 것은 덕에 따라 사는 것이기도 하다.

더 알아보기 | 에픽테토스가 말하는 '자유'와 '노예'의 의미는 무엇일까?

에픽테토스는 한때 노예 출신의 절름발이 철학자로서 재산이나 성공에는 무관심한 채 교육에 심혈을 기울이며 살았다. 그는 '노예'와 '자유'에 대한 성찰을 통해 '지혜로운 자만이 자유롭다.'라는 스토아의 핵심 사상을 잘 표현하고 있다.

> 자신이 원하는 대로 사는 사람, 어떤 것에도 얽매이지 않고 방해받지 않고 강요받지 않고 사는 사람은 자유롭다. 그의 충동은 제약받지 않는다. 그의 욕구는 그 목적에 도달한다. 그의 혐오는 회피하고자 하는 것에 떨어지지 않는다.
>
> – 에픽테토스, 『담화록』

> 플라톤이 아름답고 힘세다고 해서 이것이 철학을 위해서 꼭 필요한 것인 양, 어떤 철학자가 동시에 아름답고 힘이 세기 때문에 나도 아름답게 되고 힘세게 되기 위하여 주저앉고 애써야만 하는 것일까? 너는 어떤 것에 의해서 사람들이 철학자가 되는 것과 그들에 부수적으로 있는 어떤 다른 것을 보고 또 식별하려 하지 않는가? 만일 내가 철학자라면 너는 나와 같이 다리를 절어야만 하는 것인가?
>
> – 에픽테토스, 『담화록』

> 병은 육체에 방해가 되는 것이지만 만일, [합리적] 선택 자체가 그렇게 되기를 원하지 않는다면 [합리적] 선택에 대해서는 방해가 되지 않는다. 절름발이는 다리에 대해서 방해가 되는 것이지만 합리적 선택에 대해서는 방해가 되지 못한다. 그리고 너에게 일어나는 각각의 것[사태]에 대해서 이것을 너 자신에게 말하라. 왜냐하면 너는 어떤 다른 것에 대해서 방해가 되는 것을 발견할 것이지만 그러나 너, [자신]에게는 방해가 되지 못 할 것이기 때문이다. – 에픽테토스, 『엥케이리디온』

이처럼 에픽테토스가 말하는 자유란 인간이라면 누구나 누릴 수 있는 '정신적 자유'인 반면, 노예란 자기 자신이 스스로에게 부여해서 만든 '정신적 부자유'인 것이다.

23 그리스도교 윤리 사상

+ 교부 철학
사도 바울 이후 그리스도교 신학의 기초를 마련한 사람들을 말하며, 이와 관련된 학문을 교부학 또는 교부 철학이라 한다.

+ 스콜라 철학
스콜라는 중세의 성당이나 학교에 딸린 학교를 의미한다. 그리스도교 교의에 아리스토텔레스 철학을 결합하여 학문의 체계를 세웠다.

+ 성서 중심주의
구원은 오로지 성서와 믿음을 통해 신의 말씀을 따를 때 얻을 수 있다는 주장이다.

+ 프로테스탄티즘
'항의한다, 저항한다'는 의미의 'protest'에서 유래한 개념으로서, '신 앞에 바로 선다.'라는 뜻, 즉 초기 교회의 순수한 믿음으로 돌아가 그리스도의 정신을 따르자는 뜻이 내포된 용어이다.

▶ 아퀴나스(Aquinas, T., 1225?~1274)

그리스도교 신학자이자 스콜라 철학자, 로마 가톨릭 교회의 주요 철학적 전통으로 자리 잡고 있는 토마스 학파의 창시자이다. 로마 가톨릭 교회는 그를 천사장 신학자로 존경하고 있으며, 이에 따라 그의 이름을 딴 학교나 연구소 등이 있다.

사상의 흐름

초기 교회의 성립	중세의 신학	근대의 종교 개혁
○ 사도 바울의 포교 활동과 밀라노 칙령 → 세계 종교로 성장 ○ 고대 그리스 사상과 헤브라이즘 융합 → 그리스도교 윤리	○ 교부 철학: 아우구스티누스 → 철학은 신학의 시녀(신앙 우위) ○ 스콜라 철학: 아퀴나스 → 철학과 신학은 보완 관계	○ 루터: 95개조 반박문 발표 → 만인 사제주의, 성서 중심주의 주장 ○ 칼뱅: 예정설과 직업 소명설 주장 → 프로테스탄티즘

1 최고선

아우구스티누스는 그의 저서에서 최고선에 관해 다음과 같이 말한다.

최고선이란 더 이상 높은 선이 없는 선, 즉 신이다. 따라서 신은 변함없는 선이며 진정으로 영원한 불멸의 선이다. 그리고 모든 삼라만상은 그로부터 유래하는 것이다. — 아우구스티누스, 「선의 본질에 관하여」

최고선은 신의 진리, 즉 인간에게 축복을 주는 신의 은총에 의해 달성된다. 인간의 의지는 행복을 달성하기 위해 끊임없이 신을 추구하며 마침내 축복받은 관조(contemplation)의 상태인 진리 안에서 만족을 찾는다. 이러한 관조의 상태는 플라톤과 아리스토텔레스가 말한 최고선이나 행복의 상태와 비슷한 것이다.

하느님은 우리로 하여금 당신을 향하여 살도록 창조하셨으므로 우리 마음이 당신의 품속에서 쉴 수 있을 때까지는 편안하지 않습니다. — 아우구스티누스, 「고백록」

이처럼 아우구스티누스에게 있어 우리의 최고선이며 완전한 선인 신은 모든 선한 사물의 완성이다.

— 사하키안, 「윤리학의 이론과 역사」

2 네 가지 덕

아우구스티누스에 따르면 '덕'이란 곧 '신에 대한 완전한 사랑'이다. 개별적이고 특수한 덕은 단지 이 '사랑'이라는 덕의 다른 측면에 불과하며 플라톤의 네 가지 덕과 같은 것이다.

'절제'란 자신을 완전히 신에게 바치는 사랑이고, '용기'란 신 그 자체를 위하여 기꺼이 모든 것을 감당하는 사랑이며, '정의'란 신에게만 헌신하는 사랑이요, '지혜'란 신을 지향하는 데 필요한 것이 무엇인가를 분별할 줄 아는 사랑을 말한다. — 「가톨릭교회의 도덕에 관하여」

이 네 가지의 덕, 즉 사랑을 통하여 우리들은 신에게로 인도되며, 결과적으로 신의 은총인 영원한 생명과 최고선인 진리에 도달할 수 있다. 따라서 행복하게 산다는 것은 신을 사랑하는 것이다.

자신을 사랑하고 이웃을 사랑하는 것이 곧 신을 사랑하는 것이다. 왜냐하면 그것이 신의 사랑에 이르는 최선의 방법이기 때문이다. '사랑(love)'에서 '믿음(faith)'이 솟아나고 믿음을 통해 사랑은 그 극치에 이른다. 그리고 사랑과 믿음이 일치하는 곳에서 사랑을 그리워하는 '소망(hope)'이 솟아난다.

— 사하키안, 「윤리학의 이론과 역사」

3 의지의 자유와 예정 조화

아우구스티누스에 따르면 인간의 모든 악은 선과 악을 선택할 수 있는 자유인 인간 자신의 의지에서 비롯하는 것이다. 그것은 결코 신에게서 비롯한 것이 아니다. 신은 인간에게 자유 의지를 부여했으나, 인간이 이 자유 의지를 남용하여 자연이나 인간의 본성을 왜곡할 때 악이 생겨나는 것이다. 신은 자유가 없는 단순한 허수아비들을 창조하기보다는 선을 행할 수 있는 자유를 인간에게 주고 싶어 했던 것이다.

이러한 자유 의지론과 더불어 아우구스티누스는 또한 다음과 같은 예정 조화설을 주장한다. 이 세상의 첫 번째 인간인 아담은 자유 의지를 지니고 있었으나 그가 죄를 범하고 말았기 때문에 그 이후에 태어난 모든 인간은 그의 '원죄'로 인하여 타락한 본성을 지니게 되었다. 따라서 인간의 '구원'은 더 이상 자유 의지의 선택에 의해서가 아니라 신의 은총에 의해 이루어질 수밖에 없게 되었다. 이제 신의 은총은 불가사의한 섭리를 통하여 구원받을 사람을 선택하며, 선택에서 제외된 사람은 선의 정의에 의해 벌을 받게 된다는 것이다. ─ 사하키안, 『윤리학의 이론과 역사』

4 진정한 행복

아퀴나스에 따르면 인간의 영혼과 같은 모든 지적인 존재의 목적은 궁극적으로 신을 아는 데 있다. 진정한 행복은 감각적 선, 예술, 도덕적 덕에 의해 달성되는 것이 아니라, 신에 대한 관조를 통해 성취된다. 지성은 진리를 추구하려 한다. 따라서 지성은 궁극적인 선, 즉 신의 본질에 도달할 때 비로소 만족을 얻는다.

그러나 인간의 궁극적인 행복은 세속적인 생활에서 얻어질 수 있는 것이 아니다. 세상의 모든 피조물은 신과의 직접적인 만남을 통해 신을 아는 것이 아니라, 신을 이성적으로 추론하여 인식하는 데 불과하기 때문에 신의 본질에는 이를 수가 없다. 신의 은총을 통해 신과 일체가 됨으로써 누릴 수 있는 진정한 행복은 내세에서나 가능한 것이다. 인간이 이 지구상에 있는 동안은 오직 부분적인 행복, 잠정적인 선, 그리고 불완전한 미로 만족할 수밖에 없다.

─ 사하키안, 『윤리학의 이론과 역사』

5 아퀴나스의 덕론

아퀴나스에 따르면 "덕은 마음의 좋은 습관이며, 우리가 그것에 의해 바르게 살며 아무도 그것을 악용할 수 없는 것"(『신학대전』)이다. 말하자면 덕은 좋은 일을 할 수 있게 하는 활동적인 습관으로서, 우리를 올바르게 살 수 있도록 완성시키며 궁극 목표인 행복에 이를 수 있도록 지도한다.

덕은 크게 자연적 덕과 종교적 덕으로 나눌 수 있는데, 자연적 덕은 다시 지적인 덕과 윤리적인 덕으로 나눌 수 있다. 지적인 덕은 지성과 과학적 사고, 지혜 등으로 구성되며, 선과 진리를 추구할 수 있도록 이론적인 지성을 완성시키는 능력이다. '지성'은 원리를 분별하는 습관이고, '과학적 사고'는 지성으로 하여금 결론을 연역할 수 있도록 숙달시키며, '지혜'는 가장 순수한 지식인 궁극 원인을 생각하며 모든 진리를 판단하고 정리한다. 지적인 덕이 이성을 지도한다면, 윤리적인 덕은 욕망을 통제하고 지도함으로써 올바른 생활을 하고 선에 이를 수 있도록 한다. 윤리적인 덕으로는 플라톤의 네 가지 기본 덕목을 들 수 있다. '용기'와 '절제'는 이성이 감성을 통제함으로써 이루어지는 덕이고, '정의'는 감정을 뛰어넘는 행위를 통하여 이루어지는 덕이며, '지혜'는 이성이 스스로를 통제함으로써 이루어지는 덕이다.

'종교적 덕'은 신의 도움을 받아 우리를 초자연적인 행복으로 인도하는 덕으로서, 믿음, 소망, 사랑이 여기에 해당한다. '믿음'은 신의 진리에 따른 규칙으로서 신에게로 향하는 길을 인도하고, '소망'은 신의 전능한 힘에 따른 규칙으로서 우리의 의지가 신을 지향하도록 인도하며, '사랑'은 신의 선에 따른 규칙으로서 우리의 의지가 신과 영적인 통일을 이루도록 이끌어 준다. 지적인 덕 중에는 '지혜'가 최상의 덕이며, 윤리적인 덕 중에는 '정의'가 최상의 덕이다. 지적인 덕은 이성을 완성시키기 때문에 욕구를 완성시키는 윤리적인 덕보다 우월하다. 그러나 무엇보다도 중요한 것은 종교적 덕이며, 그중에서도 '사랑'이 최상의 덕이다.

─ 사하키안, 『윤리학의 이론과 역사』

6 영원법, 자연법, 인간법, 신법

아퀴나스는 여러 가지 형태의 법을 영원법, 자연법, 인간법, 신법의 네 가지로 구분한다. 영원법(eternal law)이란 시간을 초월한 항구적인 법이라는 의미로서, 신의 본성의 한 부분이자 신적인 지혜의 전형이며, 자연법을 비롯한 모든 법의 근원이 되는 법이다. 자연법(natural law)은 인간의 본성에 근거한 법으로서, 인간 안에 내재한 신의 빛(logos)을 통하여 선·악을 구별할 수 있는 능력을 포함한다. 자연법은 인간의 본성에서 유래하는 법이기 때문에 가변적인 것이 아니다. 인간법(human law)은 시민법(civil law)과 같이 인간에 의해 만들어진 법으로서 자연법에서 파생된 법이다. 신법(divine law)은 신의 계시를 통하여 부여받은 법을 말한다. 신법은 인간의 판단 능력을 넘어서는 법칙을 제공함으로써 자연법을 보완한다.

자연법의 명령은 인간의 자연적 성향에 따른 질서로 설정된다. 제1의 자연 성향은 인간이 다른 모든 존재와 공유하고 있는 자기 보존 본능이고, 제2의 자연 성향은 동물과 공유하고 있는 성욕과 종족 보존 본능이며, 제3의 자연 성향은 인간의 이성적 본성과 관련된 것으로서 신적 진리를 알려 하고 다른 인간과 더불어 사회적인 삶을 영위하려는 성향이다. 인간의 본성이 변하지 않기 때문에 자연법도 변하지 않으며 동시에 도덕법(moral law)도 변하지 않는다.
— 사하키안, 『윤리학의 이론과 역사』

더 알아보기 │ 루터의 종교 개혁의 의의는 무엇일까?

▲비텐베르크 성당 문에 95개 조의 반박문을 게시하는 루터

서양의 종교 개혁은 루터가 1517년 10월 30일 대학 게시판으로 사용되던 비텐베르크(Wittenberg) 성당 문에 당시 교회의 면죄부 판매를 비판하는 '95개조 반박문'을 붙인 데에서 비롯하였다. 루터는 회개란 일시적 행동이 아니라 신자의 일생을 통한 회개하는 마음의 자세라고 지적하면서 "진정으로 회개하는 모든 그리스도인은 문서로 된 면죄부가 없어도 고통과 죄를 모두 면제받을 권리를 갖는다."라고 주장하였다
— 윌리스턴 워커, 『세계기독교회사』

루터의 종교 개혁의 의의는 다음과 같이 요약될 수 있다. 첫째, 신앙에 의한 구원을 주장한 점이다. 구원은 의식(儀式)이나 율법에 의해 가능한 것이 아니고 오직 신앙에 의해서만 가능하다는 것이다. 둘째, 성서 중심주의이다. 신앙의 근거는 하느님의 말씀인 성서에 있지, 교황이나 교회에 의해 결정되는 것이 아니라는 것이다. 셋째, 만인 사제주의이다. 성직자인 신부들만 하느님과 교통할 수 있고 일반 신자들은 성직자를 통해서만 하느님과 교통할 수 있다는 생각 대신에, 일반 신자들도 하느님과 직접 교통할 수 있다는 것이다. 한 마디로 루터의 종교 개혁은 초기 그리스도교의 교의로 복귀하자는 정신을 담고 있다.

> 66
> 진정한 덕은
> 이성의 인도에 따라
> 살아가는 삶이다.
> 99

24 스피노자의 윤리 사상

➕ 범신론
세계 밖에 별개로 인격신이 존재하는 것이 아니라 우주, 세계, 자연의 모든 것과 그 법칙을 신으로 보는 종교관 또는 세계관으로 신과 세계 또는 자연이 일치한다고 보는 주장이다.

➕ 정념
마음의 움직임과 생각 또는 강하게 집착하여 떨어지지 않는 사랑과 미움의 감정 등을 의미한다.

➕ 합리론
이성을 지식의 근원으로 보는 견해를 말한다. 합리론에서 진리의 기준은 감각적이고 경험적인 것이 아니라 이성적이고 연역적인 방법론이나 이론으로 정의된다.

▶ **스피노자**(Spinoza, B.,1632~1677)

네덜란드 암스테르담에서 태어난 유대계 철학자이며, 무신론적 성향이 강한 일원론적 범신론자이다. 대표적인 저서로는 『에티카』가 있으며, 데카르트와 라이프니츠와 함께 17세기 유럽의 대표적인 합리주의 철학자로 평가받고 있다. 그의 사상은 칸트와 18세기의 계몽주의, 그리고 사회주의자들에게도 큰 영향을 주었다

사상의 흐름

이성주의(합리론)
- 모든 지식의 근원은 '이성'
- 플라톤과 아리스토텔레스 윤리 사상에 바탕을 둠.
- 도덕과 행복의 근거를 인간의 이성적 능력에서 찾음.

스피노자의 윤리 사상
- 근대 자연 과학의 영향을 받음.
- 합리주의적 사고: 수학적, 이성적 추리 강조(연역적 방법)
- 진리와 도덕의 보편성 중시

칸트의 윤리 사상
- 경험론과 합리론을 종합
- 보편적인 도덕 법칙 강조
- 의무론적 윤리 사상 발전
- 선의지가 도덕 행위의 유일한 근거

1 자기 보존의 원리

스피노자의 윤리 사상의 근본 원리는 자기 보존의 원리이다. 스피노자에 따르면 "모든 존재는 힘이 닿는 한 자신의 존재를 보존하려고 노력한다." 그리고 이러한 자기 보존의 의지는 인간 존재의 근본이며 윤리적 덕의 기초가 된다.

이성은 자연에 반대되는 것을 아무것도 요구하지 않으므로 이성은 모든 사람이 자기 자신을 사랑하고, 자신의 이익을 추구하고, 자신에게 진정으로 유용한 것들을 추구하고, 자신을 더 큰 완전성으로 이끌어 주는 것을 원할 것을, 일반적으로 말해서 각자가 가능한 한 자기의 존재를 유지하도록 노력할 것을 요구한다. 이는 전체가 부분보다 더 크다는 사실만큼이나 필연적으로 참이다. 다음으로 덕은 고유한 본성의 법칙에 따른 작용에 불과하며 누구든지 고유한 본성의 법칙에 따라서 자신의 존재를 유지하려고 하므로 이로부터 다음과 같은 결론이 나온다. 첫째로 덕의 기초는 고유한 존재를 유지하려는 노력 자체이며, 행복은 인간이 자신의 존재를 유지할 수 있는 것 안에서 성립한다.
― 스피노자, 「에티카」

그런데 위의 인용문처럼 덕과 행복이란 인간이 자신의 존재를 유지하는 데 있으며, "자기 자신을 사랑하고, 자신의 이익을 추구하고, 자신에게 진정으로 유용한 것들을 추구"하는 데 있다면, 이는 곧 이기주의 윤리를 의미하는 것 아닌가? 하지만 스피노자의 윤리를 이런 방식으로만 해석할 수는 없다.

스피노자는 이성이 각자가 자신의 이익을 추구할 것을 명령한다고 주장하지만 이는 모든 사람이 '나 자신만의' 이익을 추구해야 한다는 주장과는 전혀 다른 것이다. 오히려 그는 이성이 사람들 간의 협력과 상호 보완을 명령한다고 주장한다.

이성의 지배를 받는 사람들, 즉 이성의 인도에 따라 자기의 이익을 추구하는 사람들은 자신이 다른 사람들을 위하여 바라지 않는 어떤 것도 자신을 위하여 욕구하지 않으며, 따라서 그들은 공정하고 성실하며 또한 정직하다.
― 스피노자, 「에티카」

도움 글 / 스피노자는 도덕의 원리를 존재의 원리와 동일시하였다. 즉, 윤리적 덕이라는 것도 존재 그 자체의 본성을 충실히 따르는 것일 뿐이라는 것이다. 그러므로 자기 보존의 원리는 존재의 원리인 동시에 도덕의 원리가 되며, 자기 보존을 위해 노력하는 사람이야말로 덕 있는 사람이라 할 수 있다.

2 정념

스피노자에 따르면 모든 사물은 인과적 연쇄 속에서 다른 사물들과 연결되어 있기 때문에, 우리도 타자와의 관계에 의해 영향을 받을 수밖에 없다. 이렇게 외부 대상의 자극에 의하여 우리의 마음속에 수동적으로 생겨나는 모든 종류의 느낌을 '정념'이라 부른다.

정념이 '수동적' 느낌이라는 것은 인간이 자족적인 존재라기보다 본질적으로 불완전하고 유한한 존재임을 말해 준다. 인간은 자연의 일부분에 지나지 않고, 나 또한 늘 타인과의 관계 속에서 살 수밖에 없으므로, 이러한 외적 관계 속에서 내가 수동적으로 영향을 받는 것은 어쩔 수 없는 일이다.

인간은 항상 정념에 필연적으로 예속되며, 또한 자연의 공통된 질서를 따르고 그것에 복종하며 사물의 본성이 요구하는 대로 그것에 적응할 수밖에 없다.
― 스피노자, 「에티카」

그런데 정념에는 두 가지 종류가 있다. 하나는 다른 존재와의 관계에서 나의 존재의 힘이 억압당한다고 느낄 때 생기는 슬픔의 정념이고, 다른 하나는 나의 존재의 힘이 증대된다고 느낄 때 생기는 기쁨의 정념이다. 선이나 악의 관념은 이러한 두 가지 정념에 근거한다. 즉, 우리에게 기쁨을 주기 때문에 우리가 얻고자 하는 것이 선이라면, 우리에게 슬픔을 주기 때문에 우리가 피하려 하는 것이 악이다. 이로써 우리는 스피노자에게 선·악이란 객관적인 것이 아니라 주체와의 관계에 따라 좌우되는 주관적인 관념임을 알 수 있다.

2 참된 인식

우리가 다른 존재의 영향으로 인한 정념의 지배에서 벗어나 참으로 자유롭고 자족적인 존재가 되는 길은 무엇일까? 스피노자에 따르면 그것은 우리가 이성적 사고를 통해 정념에 대해 객관적인 인식을 가질 때, 즉 정념의 참된 원인을 알 때 가능하다. 예컨대 우리가 삶에서 불행과 고통을 만날 때 그것을 객관적인 인과 관계 속에서 인식할 수 있다면, 우리는 비록 주어진 사실 그 자체를 바꿀 수는 없다 하더라도, 적어도 마음의 동요와 번뇌에 일방적으로 사로잡히지는 않을 것이다. 똑같은 불행이 내게 닥쳤다 하더라도 그것이 왜 그럴 수밖에 없었는지, 왜 그것이 필연적인 일인지를 인식할 수 있다면, 우리는 맹목적인 비탄의 감정에서 벗어나 마음의 평정을 되찾을 수 있을 것이다.

– 김상봉, 「호모 에티쿠스」

스피노자가 보기에 참된 인식이란 대자연의 필연적인 인과 관계를 꿰뚫어 보는 것이다. 물론 우리는 유한한 존재이기 때문에 모든 사물의 인과 관계를 다 알 수는 없고, 늘 부분적이고 불충분한 지식밖에 가지고 있지 못하다. 그래서 정념의 지배를 받으면서 자기 삶의 완전한 주인공이 될 수 없다.

이것을 극복하는 길은 하나밖에 없다. 그것은 우리가 좀 더 이성적이 되어 사태의 연관에 대한 적합한 관념을 획득함으로써 스스로 자기 행위의 원인이 되는 것이다. 그러면 우리는 정신을 흐트러뜨리는 주위의 영향에서 벗어나 자기의 본래 힘을 발휘할 수 있게 된다.

이처럼 참된 인식에 이른 사람에게는 자연이 주는 모든 영향은 수동이 아니라 능동이 된다. 이제 그것은 불안의 원인이 아니라, 오히려 우리의 마음을 열어 세계와 조화를 이룰 수 있게 해 준다. 이리하여 참된 인식은 우리에게 참된 자유를 가져다준다.

3 노예와 자유인

스피노자는 인간 유형을 두 가지로 구분하는데 그것은 곧 노예와 자유인이다.

우리는 오직 정서나 속견에 의해 인도되는 인간과 이성에 의해 인도되는 인간 사이에 어떤 차이가 있는지 쉽게 알 수 있다. 왜냐하면 전자는 자신이 원하든 원하지 않든 간에 자신이 전혀 모르는 것을 행하지만, 후자는 자기 이외의 어떤 사람도 따르지 않고 그가 인생에서 가장 중요하다고 알고 있는 것, 따라서 자기가 가장 강하게 욕구하는 것만을 행하기 때문이다. 그러므로 나는 전자를 노예라 부르고 후자를 자유인이라 부른다.

– 스피노자, 「에티카」

자유인은 인식이나 이성에 따라서 행위하며 일반적 상식이나 감각적 경험에서 생겨난 속견 등에 따라서 행위하지 않는다.

그는 누구도 미워하지 않고 누구에게도 화내지 않으며 질투하지 않고 격분하지 않으며, 누구도 경멸하지 않고 결코 오만하지 않다. …… 그는 무엇보다도 먼저 사물을 있는 그대로 파악하려고 노력하며, 참된 인식에 장애가 되는 것들, 즉 미움, 분노, 질투, 조롱, 오만 등을 제거하려고 노력한다. ― 스피노자, 『에티카』

다시 말해 자유인은 자신의 본성, 즉 이성에 기초하여 자신의 삶을 이끌어 간다. 그는 외부의 원인들에 의해 조종되는 인형이 아니며, 자신의 맹목적이고 서로 상충하는 정념들에 의해 흔들리지도 않는다.

더 알아 보기 **스피노자의 윤리 사상, 무엇이 우리를 행복하게 하는가?**

▲ 스피노자의 대표 저서 『에티카』

"우리들이 사물을 현실적인 것으로 파악하는 데는 두 가지 방식이 있다. 즉, 사물을 특정한 시간과 장소에 연관시켜 존재하는 것으로 파악하든가 아니면 사물이 신 안에 포함되어 있으며 신적 본성의 필연성에서 생기는 것으로 파악하는 방식이다. 여기서 이 두 번째 방식에 따라서 참되거나 현실적이라고 파악되는 것을 우리는 영원한 상 아래에서 파악하며, 그것의 관념에는 신의 영원하고도 무한한 본질이 포함되어 있다. (이러한) 인식에서 신에 대한 지적인 사랑이 필연적으로 생긴다. 이러한 종류의 인식에서 원인으로서의 신의 관념을 동반하는 기쁨, 즉 현존하는 것으로 표상되는 한에서의 신에 대한 사랑이 아니라, 신을 영원하다고 인식하는 한에서의 신에 대한 사랑이 생긴다. 나는 이것을 신에 대한 지적인 사랑이라고 부른다." ― 스피노자, 『에티카』

스피노자에 따르면 우리가 가진 지성의 힘은 우리가 '신에 대한 지적인 사랑'을 품을 때 절정에 달한다. 신에 대한 지적인 사랑이란, 신 안에서 실체, 즉 자연이 스스로를 사랑하고 긍정하는 그런 사랑이다. 신에 대한 지적인 사랑 안에서 우리는 인색함과 비열함, 마음의 동요와 질투, 육체적 욕망 등의 정념으로부터 해방될 수 있다. 그리고 그 안에서 우리는 마음의 안정과 평온함, 이웃에 대한 사랑, 우주와의 참된 조화를 달성할 수 있다.

신에 대한 사랑은 참으로 가치 있는 삶의 본질을 나타내는 네 가지 요소인 '능동, 힘, 덕, 자유'를 위한 관건이다. 그리하여 스피노자는 그의 철학이 목적으로 삼았던 것, 즉 무엇이 인간을 행복하게 하는가, 무엇이 최고의 선인가를 우리에게 보여 준다. 그것은 바로 우리 정신이 전체적인 자연과 합일되는 것이다. 그리고 이렇게 모든 것을 영원한 상 아래에서 이성적으로 관조하는 데서 오는 평온한 행복이야말로 유한한 존재인 인간에게 가능한 유일하고도 최선의 것이다.

25 흄의 윤리 사상

+ **계몽주의**
18세기 유럽에서 널리 유행한 진보적 사회사상으로 계몽사상이라고도 한다. 계몽은 인간의 어리석음을 깨우친다는 뜻이다.

+ **공감**
타인의 행복이나 불행을 자신의 마음속으로 함께 느끼는 것으로, 하나의 덕목이라기보다는 사람들에게 도덕적 선을 시인하도록 해 주는 마음 안의 능력이다.

+ **경험론**
인간의 감각적 경험을 중시하는 이론으로, 관찰과 실험을 통해 검증된 증거들을 바탕으로 일반적 법칙을 찾아내는 귀납적 방법을 사용한다.

▶ **흄**(Hume, D., 1711~1776)

스코틀랜드 출신의 철학자, 경제학자, 역사가이다. 그는 도덕을 감정의 문제라고 생각하고 공감(Sympathy)을 도덕의 심리적 기초로 보았다. 본래 주관적인 도덕 감정은 다른 사람의 공감에 의해서 객관적 타당성을 얻는다는 것인데, 이러한 주장은 공리주의 윤리 사상의 선구가 되었다. 저서로는 『인간 본성론』 등이 있다

사상의 흐름

경험주의(경험론)
- 모든 지식의 근원은 '경험'
- 소피스트와 에피쿠로스학파의 윤리 사상
- 인간의 생존과 이익에 도움이 되는 행위를 선으로 봄.

흄의 윤리 사상
- 도덕 문제에서 감정의 역할 중시
- 경험과 관찰을 통한 귀납적 탐구 자세 강조
- 이성주의 독단 비판, 절대 권력의 전횡을 견제하는 역할

공리주의 윤리 사상
- 감정 중심 윤리
- 개인주의, 평등주의 윤리
- 개인의 자유 최대 보장
- 도덕적 관심 확대 – 공적 도덕 기준
- 벤담, 밀, 싱어 등

1 근대적 사고와 자아의 발견

과거의 철학자들에게 '존재란 무엇인가?', '신이란 무엇인가?' 하는 것이 가장 근본적인 물음이었다면, 근대인들에게는 '나는 누구인가?'가 가장 중요한 물음이 되었다. 이 물음이 중요해진 까닭은 한편으로 근대인들이 '나'를 새롭게 발견하고 의식하게 된 때문이기도 하지만, 다른 한편으로 우리가 무엇을 보고 무엇을 생각하든 그 모든 것은 나에게 주어진 것이므로, 우선 내가 누구인지 알아야 나에게 주어진 세계의 본질도 알 수 있을 것이라 여겨졌기 때문이다. 이제 세계는 그 자체로서 존재하는 것이 아니라 나에 의해 감각되고 사유되는 대상으로 이해되었다. …… 그러므로 우리가 보는 세계의 참모습을 파악하기 위해서는 세계를 보는 우리 자신을 먼저 이해해야 하는 것이다. 이렇게 '나'에 대한 물음이 철학의 근본 물음이 된 시대, 그것이 바로 근대이다.

– 김상봉, 「호모 에티쿠스」

2 흄의 '도덕감'

흔히 도덕감 학파(moral sense school)로 분류되는 흄의 윤리 이론은 그의 『인간 본성론(*A Treatise of Human Nature*)』 제3권과 『도덕의 원리에 관한 탐구(*An Enquiry concerning the Principles of Morals*)』에서 찾아볼 수 있다. 여기서 그는 다른 도덕감 이론가들이 사용하였던 'moral sense'란 표현 대신 'moral sentiment'란 표현을 주로 사용한다.

그 이유는 흄이 도덕의식을 '감각적 경험(experience of sensation)'으로 이해하기보다 '감정적 경험(experience of sentiment)'에 가까운 것으로 여겼기 때문이다. 이는 그가 다른 동료 학자들이 'moral sense'라 표현하였던 부분에서 'moral feeling or sentiment'라는 표현을 자주 사용한 데서도 짐작할 수 있다.

흄의 인식론에 의하면, 우리의 '인상'은 '감각 인상(impressions of sensation)'과 '반영 인상(impressions of reflexion)'으로 나누어진다.

전자가 1차적 인상이라면, 후자는 2차적 인상으로서 정념, 욕구, 정서(passions, desires, and emotions) 등이 여기에 속한다. 반영 인상은 다시 좀 더 '온화한(calm)' 것과 좀 더 '격렬한(violent)' 것의 두 가지로 나누어진다. 도덕 감정은 바로 전자에 속하며, 사랑이나 증오, 기쁨이나 슬픔 등은 후자에 속한다.

이러한 분류를 통해 우리는, 흄의 도덕감은 어떤 객관적 대상의 성질에 대한 직접적 경험이라기보다 주관 안에서 2차적으로 일어나는 감정의 일종이며, 그것도 격렬한 감정이 아니라 시인 혹은 부인의 형태로 나타나는 '온화한 감정(calm passion)'임을 알 수 있다. '우리의 도덕 판단이 공감(sympathy)에 힘입어 경험을 거듭할수록 보편적이고 객관적인 관점에 다가갈 수 있다.'라는 흄의 주장도 이러한 맥락에서 이해된다.

– 박찬구, 「흄과 칸트에 있어서의 도덕감」, 「철학」 제44집

3 감정의 윤리학

'우리의 의지가 어떻게, 무엇에 의해 결정되는가?'라는 윤리학에서 핵심적인 물음이다. 이에 대해 합리론자들은 의지가 이성에 의해 결정될 수 있다고 보는 반면, 경험론자들은 시인 혹은 부인의 감정이 수반되지 않는 한, 이성 자체만으로는 결코 의지를 움직일 수 없다고 본다. 다음 글은 이러한 흄의 생각을 잘 말해 준다.

이성은 전적으로 무기력하며 어떤 행위나 감정도 억제하거나 산출할 수 없다.　　　　－흄, 「인간 본성론」

이로부터 이성은 결코 우리를 행위하도록 만드는 도덕적 신념의 근원이 될 수 없다는 사실이 도출된다.

이성은 완전히 무기력하며 결코 양심이나 도덕감과 같은, 행위에 영향을 미치는 원리의 근원이 될 수 없다.　　　　－흄, 「인간 본성론」

반면에 정념은 행위에 직접적인 영향을 미친다. 우리는 우리가 욕구하거나 좋아하는 것을 추구하며 또 혐오하거나 싫어하는 것을 피하려 한다. 따라서 오직 도덕적 신념을 정념의 표현으로 간주할 경우에만 우리는 왜 도덕성이 우리를 행위하게 만드는가를 이해할 수 있다. …… 우리의 정념, 즉 우리의 감정과 욕구들은 행위에 직접적인 영향을 미친다. 따라서 도덕적 신념은 이성이 단언한 것이 아니라 우리의 감정과 욕구들의 결과이다.

　　　　－애링턴, 「서양윤리학사」

4 사회적 유용성

도덕 판단은 시인(쾌) 혹은 부인(불쾌)의 감정에 따라 내려진다고, 다시 말해서 우리의 도덕 감정이 시인하는 것이 선이고 부인하는 것이 악이라고 말함으로써 흄은 도덕 판단의 기준을 밝혀 준 셈이다. 그러나 이것만으로는 구체적으로 어떤 행동이 선한 것인지, 말하자면 어떤 행동이 우리로 하여금 시인의 감정을 느끼도록 하는지에 대해서는 아직 분명치 않다. 과연 우리에게 시인의 감정을 불러일으키는 것은 어떤 행동일까? 그것은 바로 '유용한(useful)' 행동이다.

유용성은 우리의 동의, 시인을 불러일으킨다. 이는 일상의 관찰에서 확인되는 하나의 사실이다. 그러나 무엇을 위한 유용일까? 물론 누군가의 이익을 위함일 것이다. 도대체 누구의 이익일까? 우리 자신의 것만은 아닐 것이다. 왜냐하면 우리의 시인은 종종 멀리에까지 미치기 때문이다. 그것은 시인되는 인격이나 행위가 지향하는 어떤 것의 이익임에 틀림없다. 우리는 이것이 비록 멀리 있는 것처럼 보일지라도 우리와 결코 무관하지 않다는 것을 안다. 이 원리와 함께 우리는 이제 도덕성의 한 커다란 근원을 발견하게 된다. …… 만약 유용성이 도덕감의 근원이라면, 그리고 이 유용성이 항상 자기 자신만을 위하는 어떤 것이 아니라면, 우리는 결론적으로 사회의 행복에 기여하는 모든 것은 곧바로 우리의 시인을 불러일으키고 또 호감을 산다고 말할 수 있지 않을까. 여기에 도덕성의 기원을 상당 부분 설명해 주는 원리가 놓여 있다.　　－Hume, D., Enquries concerning Human Understanding and concerning the Principles of Morals

5 인류애

흄은 어떤 믿음이나 판단을 '도덕적'이라 부를 수 있는 조건을 제시하는데, 첫째는 '모든 인류에게 공통적인 어떤 감정', 즉 거의 모든 사람이 함께 공유할 수 있는 정서를 표현해야 한다는 것이고, 둘째는 '모든 인류에게까지 확장될 수 있어야' 한다는 것이다.

도덕은 모든 인류에게 공통적인 어떤 감정을 함축하는데, 이는 동일한 대상을 우리 모두가 일반적으로 시인하도록 만들며, 모든 사람이, 아니 대부분의 사람이 대상과 관련된 의견과 판단의 일치를 보이도록 만든다. 도덕은 또한 매우 보편적이고 포괄적이어서 모든 인류에게까지 확장될 수 있는 감정들을 함축하며, 우리로부터 가장 멀리 떨어져 있는 사람들의 행위나 행동조차도 이미 형성되어 있는 옳음의 규칙과 일치하는가, 그렇지 않

은가에 따라서 우리의 시인이나 부인의 대상이 되도록 만든다.

– 애링턴, 「서양윤리학사」

더 알아보기

흄의 윤리 사상이 가지는 한계는 무엇인가?

▲스코틀랜드 에든버러에 있는 흄 동상

"우리의 가정은 단순한 것이니, 즉 도덕성은 감정(sentiment)에 의해 결정된다는 것이다. 따라서 어떤 행위나 성질이든 그것이 관찰자에게 시인의 즐거운 감정을 가져다준다면 덕이요, 그 반대라면 악덕으로 규정된다. 그러므로 우리는 하나의 단순한 사실, 즉 어떤 행위가 이러한 영향을 미치는지를 검사해 보기만 하면 된다." – Hume, D., Enquries concerning Human Understanding and concerning the Principles of Morals

흄의 윤리 사상에 대한 비판 중 하나는 '도덕의 문제에서 이성은 완전히 무력하다.'라는 그의 주장과 관련된다. 흄에 따르면, 감정은 쾌 혹은 불쾌의 예견을 통해 행위를 이끌어 낼 수 있는 반면, 이성은 어떤 명제의 참과 거짓을 판단하는 역할만 하기 때문에 결코 도덕의 동기가 될 수 없다. 이성은 오직 감정이 지향하는 목적을 실현하기 위한 수단적 기능만을 수행할 뿐이다.

여기에 대한 한 반론은, 우리는 수단의 합리성에 대한 인식뿐만 아니라 목적의 합리성에 대한 (이성적) 인식도 가능하다는 것이다. 달리 말하면, 오히려 이성이 감정적 욕구가 지향하는 최종 목적을 설정할 수도 있다는 것이다.

또 다른 비판은 도덕 판단의 보편성과 관련된 것이다. 물론 흄도 도덕 판단이 자신의 이해관계를 떠난 어떤 공정하고도 보편적인 관점에서 내려져야 한다는 데 동의한다. 그러나 감정이란 때와 장소에 따라서, 그리고 가깝거나 먼 관계에 따라 달라지기 쉬운데, 이러한 감정에 근거한 윤리 이론이 과연 보편성을 보증할 수 있을까? 흄이 제시한 공감의 원리도, 그것 역시 인간의 자연적 성향인 한, 이 문제 해결의 충분한 논거가 될 수는 없어 보인다.

끝으로 도덕적 의무 의식의 정당화 문제와 관련한 비판이다. 일반적으로 도덕 감정론과 같은 경험론 윤리는 의무의 개념을 제대로 다룰 수 없다고 비판된다. 흄의 윤리 이론 역시 도덕적 판단이 '어떻게' 일어나는지를 심리적으로 설명해 주긴 하지만, 우리가 '왜' 도덕적으로 판단하고 행위해야 하는지, 왜 다른 원리(예컨대 '자기애')에 따르면 안 되는지를 분명히 밝혀주지 못한다. 흄은 단지 우리는 자기 자신이나 이웃 및 사회에 유익한 것을 자연적으로 선호하게 되어 있다고 전제하는 것 같다.

26 칸트의 윤리 사상

▶ **칸트**(Kant, I., 1724~1804)

18세기 독일의 철학자로 서양 근대 철학사에서 데카르트로부터 이어지는 합리주의와 로크로부터 이어지는 경험주의를 종합하였으며, 인식론, 형이상학, 윤리학, 미학 등 분야를 막론하고 서양 철학의 전 분야에 큰 족적을 남긴 근대 철학의 완성자로 불린다. 대표적인 저작으로는 『순수 이성 비판』, 『실천 이성 비판』, 『도덕 형이상학 정초』 등이 있다.

사상의 흐름

경험론
○ 지식의 원천이 감각적 경험
○ 경험적 관찰이나 실험 중시

합리론
○ 지식의 원천이 이성
○ 수학적 논리와 논리적 추론 중시

칸트의 사상
○ 경험론과 합리론을 종합
○ 보편적인 도덕 법칙 강조
○ 의무론적 윤리 사상 발전
○ 선의지만이 도덕 행위의 유일한 근거

독일 관념론
○ 칸트 철학 계승
○ 이론과 실천을 통일적으로 설명
○ 피히테, 셸링, 헤겔 등에 의해 발전

1 선의지

칸트는 도덕적 선이란 '좋은 결과'에서가 아니라 오직 '선한 의지'에서만 찾아볼 수 있다고 주장한다. 선의지를 강조하는 『도덕 형이상학 정초』 제1장의 첫 구절은 다음과 같다.

이 세상 안에서뿐만 아니라 이 세상 밖에서도 무제한적으로 선하다고 할 수 있는 것은 오직 선의지뿐이다. 지성, 재치, 판단력, 그밖에 정신의 재능이라 불릴 수 있는 것들, 또 용기, 결단력, 끈기 같은 기질상의 속성들도 틀림없이 여러 가지 점에서 선하고 바람직하다고 할 수 있다. 그러나 이러한 천부적 재능이나 기질도 그것을 사용하는 의지가 선하지 못하다면 지극히 악하고 또 해로운 것이 될 수도 있다. ─ 칸트, 『도덕 형이상학 정초』

칸트의 이러한 설명은 상식적으로 쉽게 이해할 수 있다. 재능이 많은 사람이 그 재능을 나쁜 방향으로 사용한다면 재능이 적은 사람이 그렇게 하는 경우보다 더 큰 피해를 끼치게 될 것이 분명하다. 그러한 사람은 자신의 재능을 이용해 나쁜 짓을 더 효과적으로 할 수 있을 것이며, 나쁜 짓을 저지르고도 들키지 않고 교묘하게 빠져나갈 수 있을 것이다. 돈이나 권력도 마찬가지이다. 그것을 자신의 사리사욕을 위해서만 쓴다면 나쁜 일이겠지만, 타인을 돕는 데 쓴다면 좋은 일일 것이다. 돈이나 권력 그 자체에는 절대적인 가치가 있는 것이 아니다. 그래서 칸트는 다음과 같이 부연한다.

비록 운이 따라 주지 않거나 어쩔 수 없는 자연적 조건으로 인해 선의지가 자기의 의도를 성취할 수 없다 하더라도, 그래서 최대한 노력했음에도 결국 아무 것도 성취하지 못한 채 오직 선의지만 남게 된다 하더라도, 선의지는 그 자체만으로 자신 안에 온전한 가치를 지닌 것으로서 보석과 같이 빛날 것이다. 무엇에 유익하다거나 무익하다는 평가는 선의지가 지닌 가치에 아무런 영향도 미칠 수 없다. ─ 칸트, 『도덕 형이상학 정초』

그런데 칸트는 이러한 선의지가 인간의 내면에 이미 깃들어 있다고 주장한다. 말하자면 성선설이다.

그 자체로 높이 평가되어야 하고 또 더 이상의 의도 없이 선한 의지라는 이 개념은 건전한 지성 안에 이미 깃들어 있다. 따라서 새삼스럽게 가르칠 필요는 없으며 단지 일깨우기만 하면 된다. ─ 칸트, 『도덕 형이상학 정초』

이러한 칸트의 언급은 인간의 본성에 대한 신뢰를 보여 준다. 무제한적인 가치를 지녀서 이 세상 그 어떤 것보다도 소중한 선의지를 우리 인간은 자기 내면에 이미 지니고 있다고 말하기 때문이다. 이는 또한 인간이 적어도 선의지를 실현할 수 있는 가능성을 타고났음을 함축한다는 점에서 인간이 무한한 가치를 지닌다는 뜻으로 해석될 수도 있다. 한편 칸트의 이러한 사고방식은 모든 사람에게는 이미 불성(佛性)이 내재되어 있으므로 우리는 단지 이를 깨닫기만 하면 된다는 불교의 사고방식과도 일맥상통한다고 할 수 있다. ─ 박찬구, 『칸트의 도덕 형이상학 정초 읽기』

2 도덕 법칙

'도덕 법칙은 어떻게 알 수 있는가?'라는 물음에 대해 칸트는 "도덕 법칙이 순수 이성의 사실로서 주어져 있고, 우리는 그것을 선험적으로 의식하며 절대적으로 확신한다(칸트, 『실천 이성 비판』)."라고 대답한다. 여기서 '순수 이성의 사실'이란 무슨 뜻일까?

칸트의 사상에서 이성이란 경험에 앞서서, 또 경험과 상관없이 우리가 미리부터 가지고 있는 추론 능력이다. 수학적 계산 능력은 아마도 이성 능력의 가장 단순한 예가 될 수 있을 것이다. 그런데 이러한 이성 능력은 커다란 장점을 가지고 있다. 그것은 시공을 초월하고 주관을 초월한, 다시 말해서 시대와 장소나 개개인의 특성을 초월한 보편적이고 필연인 진리를 우리에게 알려 줄 수 있다.

아마도 이성적 존재라면 누구나 '2+2=4'라는 계산을 해낼 수 있을 것이며, 이것은 고대인이나 현대인, 유럽인이나 아시아인을 막론하고 동일할 것이다. 칸트는 도덕의 영역에서도 인간이 이와 같이 보편적인 사고를 할 수 있는 능력을 가지고 있다고 전제하며, 이것은 경험에 앞서서 또 경험과 상관없는 보편적이고 필연적인 도덕적 진리를 우리에게 알려 줄 수 있다고 본다.

그중에서 수학이나 논리학의 공리에 해당하는 것이 바로 도덕 법칙인데, 그것은 그 자신 이외의 다른 어떤 것을 통해 증명되지는 않지만 직관적으로 자명한 것으로 전제되며, 모든 다른 추론들의 출발점이자 기본 원리가 된다. 칸트는 도덕 법칙이 이렇게 우리의 이성을 통해 자명하게 드러난다는 것을 가리켜 '순수 (실천) 이성의 사실'이라 표현한 것이다.

– 박찬구, 『개념과 주제로 본 우리들의 윤리학』

3 칸트의 '자유'

칸트에게 자유, 즉 의지의 자유란 어떤 상태를 자신으로부터 시작하는 능력이다(칸트, 『순수 이성 비판』). 그것은 나의 의지가 어떤 외적 세력에 의해 규정되지 않는 것을 의미한다. 그런데 칸트는 이러한 외적 세력에, 우리를 둘러싼 여러 가지 사회적·역사적 제약뿐만 아니라 우리 자신의 타고난 경향성까지 포함시키고 있다. 왜냐하면 그것들은 모두 현상

계에 속하는 것으로서 한낱 타율의 근거이자 경험적인 제약들에 불과한 것이기 때문이다(칸트, 『실천 이성 비판』).

여기서 우리는, 인간이 두 가지 세계에 동시에 속해 있다는 칸트의 인간관과 만나게 된다. 이에 의하면 인간은 한편으로 동물과 공유하는 측면, 즉 본능적 욕구들(경향성)을 가지고 있지만, 다른 한편으로는 인간만이 지닌 측면, 즉 이성(자유 의지)을 가지고 있다. 그리고 이 후자만이 진정한 '나'이다. 따라서 이 후자인 '본체적(예지적) 자아'가 전자인 '현상적(감성적) 자아'를 통제하고 있는 상태가 바람직한 상태이자 진정으로 자유로운 상태라고 할 수 있다.

이러한 칸트의 자유 개념은 '인격'의 개념으로 연결된다. 칸트에 의해 존엄성을 지닌 것으로 표현되는 인격은 오로지 이 '본체적 자아'와 관련되는 것이다. 다시 말해서 '도덕 법칙을 세우고 그것을 따를 잠재적 가능성을 지닌 나'를 말하는 것이다.

4 정언 명령

칸트는 흔히 '보편 법칙의 정식'이라 불리는 정언 명령의 제1 정식과 '인간성의 정식'이라 불리는 제2 정식이 사실상 같은 것이라고 말한 바 있다. 이는 그의 보편주의 이념이 인간 존엄성의 이념과 통한다는 것을 의미한다. 모든 인간을 동등하게 대우한다는 것은 개인의 입장에서 볼 때 각자가 다른 사람을 자기와 같은 가치를 지닌 존재로 대한다는 것을 뜻한다. 그런데 개개인은 자기 자신을 가장 귀한 존재로 여긴다. 그러므로 다른 사람을 자기와 동등한 존재로 대우한다는 것은 곧 모든 인간을 존귀한 존재로 대우한다는 것과 같은 의미가 된다. 이는 바꾸어 말해도 똑같은 결과가 된다.

예를 들어 절대 왕조 시대에 각국의 군주들이 모두 모여 회의를 한다고 할 때, 그 회의의 룰은 모든 군주에게 동등한 자격을 인정하는, 즉 어떤 군주에게도 특권이나 예외를 허용하지 않는 룰이 될 수밖에 없을 것이다.

도덕이란 인간 상호간의 관계를 규정하는 원리이고, 모든 인간이 절대적 가치를 가진 인격체로서 결코 단지 수단이 아니라 목적으로 대우받아야 한다고 할 때, 목적적 존재 상호간의 관계를 규정하는 도덕이란 결국 모두의 입장을 동등하게 취급하는 원리에 기초하지 않으면 안 된다는 결론이 나오는 것이다.

다시 말해서 모든 사람에게 동일한 도덕 원리를 적용한다는 것은 곧 그들 각자를 목적으로서(존엄한 존재로서) 대우한다는 것이고, 각자를 목적으로서(존엄한 존재로서) 대우한다는 것은 곧 모든 사람에게 동일한 도덕 원리를 적용한다는 것과 같은 의미가 되는 것이다. — 박찬구, 「개념과 주제로 본 우리들의 윤리학」

더 알아보기 칸트가 생각한 인간 본성에는 어떤 것이 있을까?

인간의 특성에는 동물성, 인간성, 인격성이 있다.

칸트는 인간의 실천적 행위와 관련되는 근원적 소질을 '동물성', '인간성', '인격성'의 세 가지 차원으로 분류하였다.

첫째는 생물로서의 인간의 '동물성'의 소질인데, 이것은 자연적이며 기계적인 자기애로서 이성을 필요로 하지 않는 것이다.

둘째는 생물이면서 동시에 이성적인 존재자로서의 '인간성'의 소질인데, 이것은 자연적이면서도 비교하는, 즉 타산적 이성이 개입한 자기애를 가리킨다. 이로써 인간은 자기의 욕구를 실현하기 위해 앞뒤를 따져 보면서 행동하게 된다.

셋째는 이성적이면서 동시에 책임을 질 줄 아는 존재로서의 '인격성'의 소질이다. 이것은 '스스로 의지를 규정하는 충분한 동기'로서 도덕 법칙에 대한 존경심을 가리킨다. 도덕 법칙이란 인간 이성이 스스로에게 명령하는 당위의 규칙, 곧 정언 명령이므로, 인격성의 소질이란 바로 이것을 받아들이고 자신을 거기에 따르도록 하는 의지의 자유를 의미한다. — 칸트, 「이성의 한계 안에서의 종교」

그리고 인간은 첫 번째 차원에서 두 번째 차원 그리고 세 번째 차원으로 나아갈 수 있음을 역설하였다. 여기서 인간성의 소질은 타산적·도구적 이성을, 인격성의 소질은 도덕적·실천적 이성을 의미한다는 것을 알 수 있다.

27 공리주의 윤리 사상

KEY WORD

KEY WORD

+ **공리주의**
  행위의 결과를 중시한다는 점
  에서 결론이고, 쾌락을 기
  준으로 선악을 판단한다는 점
  에서 쾌락주의이다.

+ **양적 쾌락주의**
  벤담의 공리주의를 가리키는
  말로 모든 쾌락은 질적으로
  동일하며 다만 그 양에서 차
  이가 날 뿐이라는 주장이다.

+ **질적 쾌락주의**
  밀의 공리주의를 가리키는 말
  로 쾌락의 양만을 중시할 것
  이 아니라 질적 차이도 고려
  해야 한다는 주장이다.

+ **이익 평등 고려의 원칙**
  쾌락과 고통을 느끼는 모든 존
  재의 이익을 공평하게 고려해
  야 한다는 싱어의 주장이다.

▶ **밀**(Mill, J. S., 1806~1873)

영국의 철학자, 사회학자, 정치 경제학자이다. 그의 스승이었던 벤담의 공리주의 사상을
계승하여 나름의 체계로 발전시켰다. 경험주의 인식론과 공리주의 윤리, 자유주의 정치
경제 사상을 바탕으로 『논리학 체계』, 『정치 경제학 원리』, 『자유론』 등을 저술하여 현대
자유주의의 시조로도 불린다.

**사상의
흐름**

양적 쾌락주의

(벤담: 1748~1832)
∘ 공리주의의 선구자
∘ 쾌락의 동질성, 계량화 주장
∘ 감정 중심 윤리
∘ 개인주의, 평등주의 윤리

질적 쾌락주의

(밀: 1806~1873)
∘ 벤담의 공리주의 계승
∘ 쾌락의 질적 차이 인정
∘ 개인의 자유 최대 보장 – 『자유
  론』
∘ 해악 금지 원칙 제시

현대의 공리주의

(싱어: 1946~)
∘ 선호 공리주의
∘ 이익 평등 고려의 원칙
∘ 인종, 성, 동물에 대한 차별 반대
∘ 도덕적 관심 확대 – 공적 도덕 기
  준

1 쾌락주의로서의 공리주의

사람은 누구나 행복한 삶을 원한다. 또한 사람은 될 수 있으면 고통을 피하고 쾌락을 추구하려는 경향을 갖고 있다. 세상 사람들의 이와 같은 자연적 삶의 모습을 근거로 하여 나오게 된 윤리설이 쾌락주의이다. 공리주의 또한 쾌락주의를 표방한다.

도덕의 기초로서 공리 혹은 최대 행복의 원리를 받아들이는 공리주의는 인간의 행위는 행복을 증진하는 경향에 비례해서 옳고, 행복의 반대인 불행을 증진하는 경향에 비례해서 그르다고 주장한다. 행복은 쾌락의 향유와 고통의 부재를 의미하고, 불행은 고통을 느끼는 것과 행복의 결핍을 의미한다.
　　　　　　　　　　　　　　　　　　－ 밀, 『공리주의』

쾌락주의의 대표적 예로서는 고대 그리스의 에피쿠로스학파를 들 수 있다. 이들은 남과 더불어 사는 사회적·공적 차원의 삶보다는 혼자만의 개인적·사적 차원의 삶에 더 관심을 가졌기 때문에, 사람들에게 쾌락을 추구하되 주로 자기 자신의 쾌락을 최대한 추구하라고 가르쳤다.

에피쿠로스학파가 사라진 이후 서양에서 쾌락주의는 그다지 주목받지 못했다. 특히 중세기의 엄격한 종교적 윤리는 쾌락주의의 대두를 허용하지 않았다. 그런데 근대 시민 사회가 형성될 무렵 영국의 철학자들이 쾌락주의에서 사회적으로도 의미를 가질 수 있는 측면을 찾아냄으로써 쾌락주의는 새로이 주목받는 계기를 맞게 되었다. 자기 자신의 쾌락만을 목적으로 삼는 것이 아니라 사회 전체 구성원의 쾌락을 역설한 근대 영국의 쾌락주의가 바로 공리주의이다.
　　　　　　　－ 박찬구, 『개념과 주제로 본 우리들의 윤리학』

왜 일반의 행복이 바람직한 것인지를 증명하기 위해 제시할 수 있는 유일한 근거는 각 사람이 자신의 행복을 얻을 수 있다고 믿는 한에서 자기 자신의 행복을 바란다는 것뿐이다. 이것이 사실인 한, 우리는 행복이 곧 선이라는 것, 그리고 각 사람의 행복은 그 사람에게 선이고 일반의 행복은 관련된 모든 사람에게 선이라는 것에 대한 모든 증명을 확보하게 된다. 이로써 행복은 인간 행동이 지향하는 목적들 중 하나이자 도덕의 기준들 중 하나임을 입증한 셈이다.
　　　　　　　　　　　　　　　　　　－ 밀, 『공리주의』

공리주의자들은 사회는 개인의 집합체이므로 개개인의 행복은 사회 전체의 행복으로 연결되며, 더 많은 사람이 행복을 누리게 되는 것은 그 만큼 더 좋은 일이라고 생각했다.

2 결과론으로서의 공리주의

공리주의는 도덕적 의무감이나 동기를 중시하는 칸트의 의무론과는 상반된 입장을 취한다. 즉, '의무보다는 행복', '동기보다는 결과'를 중시한다.

어떤 도덕 체계도 우리가 하는 모든 행동의 유일한 동기가 의무감이어야 한다고 요구하지 않는다. 오히려 우리들의 행동 중 100분의 99는 의무감이 아닌 다른 동기를 가지고 행하는 것이고, 만일 의무의 규칙들이 그런 행동을 잘못된 것이라고 하지 않는다면 그것이 올바른 것이다. …… 익사하려던 사람을 구한 사람은 그의 동기가 의무감이건 보상을 받기 위한 것이건 도덕적으로 올바른 일을 행한 것이다. …… 공리주의가 도덕 행위자들로 하여금 언제나 세계 일반이나 사회 전체의 이익에 관심을 쏟을 것을 요구한다고 생각하는 것은 공리주의에 대한 오해이다. 대부분의 선한 행동은 세계나 사회의 이익이 아니라 개인의 행복을 위해 의도된 것이고, 세계나 사회의 행복은 이런 개인의 행복으로 이루어진다.
　　　　　　　　　　　　　　　　　　－ 밀, 『공리주의』

3 벤담의 '양적 쾌락주의'

▲벤담(1748~1832)

공리주의에서 '최대 다수의 최대 행복'이라는 원리가 실질적으로 선·악의 판단 기준이 될 수 있으려면 쾌락과 고통의 가치를 정확히 측정할 수 있어야 한다. 그 방법은 모든 쾌락이 질적으로 동일하다고 가정한 후 단지 그 양을 재는 것이다. 이에 벤담은 쾌락을 계산하는 일곱 가지 기준을 다음과 같이 제시하였다.

첫째는 '강도(强度)'로서 그 행위가 가져올 수 있는 쾌락의 강한 정도를 묻는 것이다.

둘째는 '지속성'인데 그 쾌락이 얼마나 오래 지속될 수 있는지를 묻는 것이다.

셋째는 '확실성'으로 어떤 행위가 단지 막연한 기대가 아니라 얼마나 확실하게 쾌락을 가져다 줄 수 있는지를 묻는 것이다.

넷째는 '신속성'으로 예상되는 쾌락이 언제, 즉 얼마나 빨리 획득될 수 있는지를 묻는 것이다.

다섯째는 '생산성'인데 어떤 행위를 통한 쾌락이 단지 일회성으로 끝나는 것인지 혹은 반복적으로 다른 쾌락을 동반하는지를 묻는 것이다.

여섯째는 '순수성'으로 현재 누리고 있는 쾌락 속에 고통의 요소는 없는지, 예를 들어 육체적 쾌락에 탐닉함으로써 건강을 해치게 되는 등의 부작용은 없는지를 묻는 것이다.

일곱째는 '범위'인데 어떤 행위가 단지 나의 쾌락에만 그치는 것이 아니라 얼마나 많은 사람에게 쾌락을 가져다주는지를 묻는 것이다. — 벤담, *An Introduction to the Principles of Morals and Legislation*

4 밀의 '질적 쾌락주의'

벤담이 쾌락의 양을 중시한 것에 반해 그의 사상을 계승한 밀은 쾌락의 질도 고려해야 한다고 주장하였다. 그렇다면 '질적으로 더 높은 쾌락을 어떻게 분별할 수 있는가?'라는 물음에 대한 밀의 대답은 '질적으로 서로 다른 두 가지 쾌락을 모두 경험한 사람들이 선택한 것이 바로 더 바람직한 쾌락'이라는 것이다.

더 고등 능력을 가진 존재가 행복하려면 하등 능력을 가진 존재들보다 더 많은 것을 필요로 할 것이며, 아마도 고통에도 더 민감할 것이기 때문에 확실히 많은 점에서 더 심한 고통을 받을 것이다. 하지만 이러한 약점에도 불구하고 그는 결코 스스로 더 저급한 존재가 되기를 바라지는 않을 것이다. — 밀, 「공리주의」

밀은 정상적인 사람이라면 누구나 다소 고통이 따르더라도 '더 수준 높은' 삶을 선택하리라고 확신하였다.

5 싱어의 '이익 평등 고려의 원칙'

▲싱어(1946~)

동물의 권리와 그들에 대한 인간의 의무를 최초로 언급한 사상가는 벤담이다. 벤담은 동물의 처지를 흑인 노예의 처지와 비교하면서 동물에 대한 인간의 지배를 비판했으며, 공리주의 원리에 입각하여 쾌락과 고통을 느낄 수 있는 존재인 동물의 권리를 주장했다. 이러한 벤담의 정신을 이어받은 현대 공리주의자로서 윤리의 적용 범위가 동물에게까지 확대되어야 한다는 주장을 대표하는 사람은 싱어이다.

싱어는 오늘날 인종이나 성(性)을 근거로 인간을 차별하는 인종 차별주의(racism)나 성 차별주의(sexism)를 우리가 거부하듯이, 단지 우리와 종(種)이 다르다는 이유로 동물들을 함부로 대하는 종 차별주의(speciesism)도 거부해야 한다고 주장한다.

어떤 존재가 고통을 느끼는데도 그러한 고통을 고려의 대상으로 삼길 거부하는 태도는 도덕적으로 옹호될 수 없다. 한 존재의 본성이 어떠하든, 평등의 원리는 그 존재의 고통을 다른 존재의 동일한 고통과 동일하게 취급할 것을 요구한다. 한 존재가 고통을 느낄 수 없거나 쾌락과 행복을 느낄 수 없다면, 거기에 고려되어야 할 것은 아무 것도 없다. 그러므로 쾌락과 고통의 감수 능력은 다른 존재의 이익에 관심을 가질지 여부를 판단하는, 우리가 옹호할 수 있는 유일한 기준이 된다.

– 싱어, 「동물 해방」

싱어가 내세운 '이익 평등 고려의 원칙(모든 이익은 그것이 누구의 것이든 동등하게 고려되어야 한다.)'에서 볼 때, 쾌락과 고통을 느낄 수 있는 능력(limit of sentience)을 지니는 동물들은 이익, 즉 고통을 당하지 않을 이익을 가지고 있으며, 따라서 우리는 이들을 도덕적으로 동등하게 고려할 책임이 있다.

더 알아보기 | 밀의 공리주의는 무엇에 바탕을 두고 있는가?

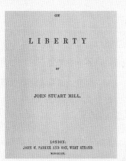
▲밀의 「자유론」 초판본 표지

밀의 『자유론(On Liberty)』은 그의 『공리주의』만큼이나 높은 평판을 받는 저술이다. 이 글에서 밀은 자신의 공리주의적인 입장을 국가와 개인 사이의 관계라는 문제에 적용하여 국가의 권위가 개인의 행동 양식을 규제할 수 있는 권리를 지니는 영역은 과연 어떤 영역인가를 탐구한다. 이 문제에 대한 밀의 입장은 고전적 자유주의의 견해를 잘 보여 준다.

밀의 견해에 따르면 각 개인은 폭넓은 활동 영역에서 자유를 누릴 수 있어야 하며, 자유를 제한할 수 있는 유일한 경우는 개인의 자유의 행사가 다른 사람의 이익을 침해하는 경우뿐이다.

"단 한 사람만이 다른 의견을 가지고 있다고 해도 그 한 사람에게 침묵을 강요할 권리는 없다."

– 밀, 「자유론」

자유에 대한 밀의 견해는 다음과 같은 두 가지 준칙으로 요약된다.

첫째, 각 개인은 자신의 행위가 타인의 이익에 영향을 미치지 않는 한 사회에 대하여 자신의 행위에 대한 책임을 질 필요가 없다. 충고나 훈계, 설득 또는 타인이 자신의 이익을 위하여 필요하다고 생각하는 한에서 그 행위를 피하는 것 정도가 개인의 행위에 대하여 사회가 정당하게 사용할 수 있는 유일한 수단이다.

둘째, 타인의 이익에 손해를 끼치는 행위에 대하여는 각 개인에게 책임을 물을 수 있으며, 만일 사회가 그런 행위를 막기 위하여 사회적·법적 처벌이 필요하다고 생각한다면 개인은 그 처벌을 감수하여야 한다.

– 애링턴, 「서양윤리학사」

28 실존주의 윤리 사상

▶ **사르트르**(Sartre, 1905~1980)

프랑스의 철학자이자 소설가이다. 실존주의라는 개념을 처음 사용하였으며, 하이데거의 영향을 받았다. 카뮈와 함께 프랑스 실존주의 문학의 대표자이자, 메를로퐁티와 함께 프랑스 실존주의 철학 및 현상학을 대표하는 인물로서, 저서로는 『실존주의의 휴머니즘이다』, 『구토』 등이 있다.

사상의 흐름

키르케고르의 실존	하이데거의 실존	사르트르의 실존
• 실존주의 사상의 선구자 • 개인의 주체성 강조 → 인간은 '신 앞에 선 단독자' • 실존의 단계: 감각적 실존 → 윤리적 실존 → 종교적 실존	• 사르트르 사상에 영향 • 인간은 '지금 여기에 던져진 현존재'이며, '죽음에 이르는 존재' • 죽음에 대한 자각 → 능동적 존재자로서 실존적 삶 추구	• '실존주의' 용어 처음 사용 • 한계 상황에서 주체적 결단을 통해 개인의 주체성 형성 • 주체적 존재: 자신의 결단에 스스로 책임을 지는 존엄한 개인

1 논리 실증주의

윤리학의 학문적 가능성에 대한 회의는 20세기 초 논리 실증주의(logical positivism)와 더불어 시작되었다. 논리 실증주의는 그 말뜻에서 짐작할 수 있듯이, 수학적·논리적 사고방식과 과학적·실증적 사고방식에 대한 절대적 신뢰를 바탕으로 한 이론이다. 논리 실증주의자들이 어떤 명제가 의미가 있는지 없는지를 가리는 기준으로 제시한 이른바 검증 원리(principle of verifiability)는 이 점을 잘 보여 준다. 검증 원리에 따르면, 모든 유의미한 문장은 동어 반복(tautology)이거나 경험적으로 검증 가능한 것, 이 둘 중 하나이어야 한다. 동어 반복이란 정의(定義)에 의해 참인 진술 및 그러한 진술로 환원 가능한 진술로서, 수학적·논리적 명제들이 여기에 해당한다. 경험적으로 검증 가능한 것이란 외부 세계의 관찰에 입각한 진술로서, 과학적이거나 사실적인 명제들이 여기에 해당한다.

그런데 검증 원리를 통해서 볼 때, '도둑질은 나쁘다.'와 같은 가치 명제는 동어 반복도 아니고 경험적으로 검증 가능한 진술도 아니기 때문에 무의미하다. 이는 선과 악, 옳음과 그름 같은 도덕적 개념들을 포함한 모든 도덕적인 명제는 그 참과 거짓을 가릴 수 있는 방법이 없으므로 무의미(nonsensical)하다는 결론을 함축한다. 그렇다면 우리가 알고 있는 모든 도덕 언어는 단지 헛소리에 불과한 것이 되며, 이는 곧 윤리학의 학문적 가능성에 대한 의심으로 이어지게 된다. — 박찬구, 「개념과 주제로 본 우리들의 윤리학」

2 야스퍼스의 한계 상황

야스퍼스에 따르면 인간이 실존을 자각하게 되는 계기는 한계 상황이다. 인간은 한계 상황에 부딪혀 좌절할 때 자기를 자각하게 되고 자기의 근원으로 돌아가게 된다는 것이다. 인간이 처한 상황 중에는 자신이 어느 정도 변화시키고 지배할 수 있는 것도 있지만, 자기 힘으로는 도저히 어떻게 할 수 없는 절대적이고 극한적인 상황도 있다. 이를 한계 상황이라고 한다. 야스퍼스는 이러한 한계 상황으로서 죽음, 고통, 투쟁, 죄를 들고 있다. 인간은 '죽음'을 면할 수 없고, 생로병사의 '고통'을 피할 수 없으며, 생존 경쟁으로 인한 '투쟁'을 피할 수 없고, 어떤 식으로든 '죄'를 짓지 않고 살 수도 없다는 것이다.

인간은 이러한 한계 상황에 부딪힐 때 좌절하게 되고 고뇌에 빠지게 되며, 자기의 유한성을 깨닫고 스스로 깊이 반성하게 된다. 이러한 의미에서 한계 상황은 현대 사회에서 자기에 대한 반성 없이 일상적으로 살아가고 있는 인간에게 본래의 자기를 찾게 하는 계기가 될 수 있다.

— 박영식, 「서양 철학사의 이해」

3 키르케고르의 실존의 단계

실존주의의 선구자 키르케고르에 따르면 인간의 실존은 다음과 같은 세 가지 단계를 거치면서 점차 본래적인 자기, 참다운 자기로 나아가게 된다. 이를 '실존의 변증법'이라고도 한다.

첫째는 '감각적(심미적) 실존'이다. 이것은 아름다운 것이나 즐거운 것에 탐닉하는 실존으로서 탐미주의자들이 취하는 삶의 태도를 의미한다. 감각적 실존은 인생을 향락해야 할 것으로 생각하며, 그 대표적 예로는 스페인의 전설적 호색한인 '돈 후앙(Don Juan)'을 들 수 있다. 탐미주의자는 자신이야말로 사회적인 규범 따위에 구애받지 않고 가장 자유롭고 주체적으로 살고 있다고 생각하지만, 사실 그는 세상이 제공하는 향락에 끌려다니는 향락의 노예일 뿐이다. 뿐만 아니라 그가 누리는 쾌락은 오래 갈 수 없고 곧 권태로 바뀐다. 이 단계에서 좌절하고 절망할 때 다음 단계로 비약하게 된다.

둘째는 '윤리적 실존'이다. 이 단계에서 인간은 더이상 아름다움이나 재미를 삶의 원리로 삼지 않고 도덕적 선을 삶의 원리로 삼는다. 이제 그는 사회적 법규나 도덕적 규범을 지키면서 한 선량한 시민으로 살려고 하며, 양심과 이성에 따라 살고자 한다. 윤리적 실존에게 중요한 것은 자신의 존엄한 인격을 실현하는 것과 이를 통해서 참된 자기를 구현하는 것이다. 그 대표적 예로는 '소크라테스'를 들 수 있다. 그러나 이 단계의 인간이 도덕 법칙을 철저하게 지키는 삶을 추구하는 순간 그는 죄의식에 사로잡히고 절망할 수밖에 없다. 왜냐하면 자신이 도저히 그것을 실현할 수 없다는 것을 깨닫게 되기 때문이다. 여기서 다음 단계로 비약하게 된다.

셋째는 '종교적 실존'이다. 이 단계에서 인간은 신을 받아들이고 믿음으로 사는 삶의 자세를 취한다. 이제 그는 절대자인 신에게 귀의하여 기도를 통해 신 앞에 자기를 있는 그대로 드러내는 삶의 자세를 취한다. 이러한 삶의 자세를 지녔던 대표적인 예로서는 성서 속의 '아브라함'을 들 수 있다. 키르케고르에 따르면 죄 속에서 죽음을 앞둔 절대 절명의 순간에 인간은 신앙을 갖든가 아니면 절망에 빠지든가 둘 중 하나를 선택해야만 한다. 즉, 그는 '신 앞에 선 단독자'로서 자기 일생을 건 결단을 내려야 한다. 여기서 최종적으로 신을 선택하는 결단을 통해 인간은 진정한 마음의 평정을 얻고 참된 자기와 만나게 된다.

키르케고르는 자신이 선택한 신앙과 그리스도교에 대해 다음과 같이 고백하고 있다.

인간의 심각하고도 비참한 경험과 하느님의 무한한 은혜와 그리고 감사하는 마음에서 우러나오는 인간의 노력, 이 세 가지가 그리스도교를 구성하고 있다.

– 박찬국, 『현대 철학의 거장들』

4 하이데거의 현존재와 실존

하이데거에게서 실존은 키르케고르의 실존처럼 신 앞에 서는 실존이나 신에로 초월하는 실존이 아니라, 신을 전제하지 않고 이성과 양심에 귀 기울여 세계를 초월하는 실존이다.

하이데거는 인간을 '세계 속에 살고 있는 존재(In-der-Welt-Sein)'라고 한다. 이는 현대의 대중을 뜻하는 '세상 사람(das Man)', 즉 일상인이라는 의미와 비슷하다. 일상인은 대체로 본래적인 자기, 즉 실존을 보려 하지 않고 퇴락한 생활을 한다. 호기심에 사로잡힌 채 남의 소문이나 주고받고 잡담이나 하면서 유행을 뒤쫓으며 산다. 한마디로 남들이 생각하는 대로 생각하고 남들이 사는 대로 산다. 그러나 인간에게는 그가 아무리 눈을 감고 일상인으로 살아가려 해도 이러한 일상적이고 비본래적인 자기로부터 참되고 본래적인 자기, 즉 실존으로 돌아가도록 자각시키는 무언가가 있다. 그것은 바로 불안(Sorge)이다. 인간이 이렇게 존재의 근원적인 의미를 막연하게든 분명하게든 항상 이해하고 있다는 점에서 하이데거는 인간을 현존재(Dasein)라고 부르기도 한다.

하이데거는 불안의 근원으로서 무엇보다 죽음을 거론한다. 우리의 비본래적인 삶과 세계의 자명성이 붕괴되고 세계의 공허함에 직면하게 되는 것은 우리가 죽음이라는 극단적인 한계 상황에 처하게 되는 사건을 통해서라는 것이다.

우리에게 죽음은 가장 확실한 가능성이다. 사람들은 자신이 죽을 것이라는 사실을 잘 알고 있고 또 다른 사람들의 죽음을 보면서도 '자신은 아직 죽지 않았다.'라고 안도하면서 죽음이 자신에게는 아직 먼 사건인 것처럼 생각한다. 그러나 죽음은 불현듯 우리에게 다가온다. 불안이야말로 죽음이 우리에게 나타나는 본래적인 방식이다. 불안을 통해 현존재가 그동안 안주해 온 일상적인 세계는 의미를 상실한다. 그가 이제까지 집착해 왔던 모든 것들, 예컨대 돈, 명예, 가족, 사회, 국가, 인류 그리고 신조차 더 이상 의미를 가질 수 없게 된다. 여기서 현존재는 고독한 단독자로서 자신 앞에 서게 된다.

이제 그는 '자신이 존재한다.'라는 것을 가장 큰 수수께끼로 경험하게 된다. 이처럼 죽음에의 불안과 고통을 회피하지 않고 오히려 용기 있게 받아들임으로써 우리는 새로운 인간으로 거듭나게 된다. 하이데거는 이를 죽음으로의 선구, 즉 '죽음으로 자각적으로 앞서 달려감'이라고 말한다. 죽음으로의 선구는 본래적인 실존으로 비약하는 것을 의미하며, 동시에 불안이라는 기분이 기쁨으로 전환되는 사건이다. 그리고 이러한 기쁨 안에서 모든 존재자들의 고유한 존재가 자신을 드러내는 근원적인 세계가 열린다.

더 알아보기 | 사르트르가 말하는 '실존'의 의미는 무엇일까?

사르트르의 『실존주의는 휴머니즘이다』라는 책은 "만약 신이 존재하지 않는다면 어떠한 일도 가능할 것"이라는 말로 시작된다. 이 말은 만약 신이 있어 그 신이 인간을 창조하고 인간에게 본질을 부여했다면, 인간은 그 본질에 의해 제한된 존재로서 어떤 자유도 누릴 수 없을 것이라는 점, 그리고 신이 존재하지 않는다면 인간은 자신의 운명을 스스로 결정할 수 있는 자유로운 존재라는 점을 역설하고 있다.

사르트르에 의하면 실존은 다음 두 가지 특성을 가진다. 하나는 '실존이 본질에 앞선다.'라는 것이다. 본질이란 사물을 그 사물답게 하는 성질로서, 사물은 그의 본질에 의해 규정되고 제한될 수밖에 없다. 예를 들어 칼이나 책상 같은 물건은 '본질이 존재에 앞선다.'라고 할 수 있다. 그 모양, 색상, 크기, 값 등이 미리 제작자에 의해 정해지고 그 정해진 본질에 따라 만들어지기 때문이다. 그러나 인간의 경우에는 '존재(실존)가 본질에 앞선다.'라고 할 수 있다. 인간은 미리 정해진 본질에 의해 규정되는 존재가 아니라, 자기의 본질을 스스로 만들어 가는 자유로운 존재이자 무한한 가능성을 지닌 존재이기 때문이다.

다른 하나는 '실존은 주체성'이라는 것이다. 이는 다음 두 가지 의미를 지닌다. 첫째, 실존은 자신의 행동을 선택하고 자신의 미래를 기획하는 주체라는 뜻이다. 주어진 본질에 따라 살아가는 존재가 아니라 본질을 만들어 가는 존재인 실존은 모든 것을 스스로 선택하고 앞날을 스스로 설계하는 존재라는 것이다. 둘째, 실존은 자신이 선택하고 기획한 일에 대해 책임을 지는 책임의 주체라는 뜻이다. 그리고 이 책임은 개인에 국한되는 좁은 의미의 책임이 아니라 전 인류에게 미치는 넓은 의미의 책임이다. 인간의 행위는 그 파장이 전 인류에게까지 미칠 수 있기 때문이다. 이처럼 사르트르에게 있어 실존은 선택하고 기획하는 자유로운 존재이면서 동시에 자신의 결정에 무한 책임을 지는 성실한 존재이다.   – 박영식, 『서양 철학사의 이해』

> **민주 사회에서는 철학이 새롭게 재구성되어야 한다.**

29 실용주의 윤리 사상

KEY WORD

KEY WORD

+ **실용주의**
19세기 미국에서 등장한 사상으로 어떤 이론이라도 인간의 삶에 실질적인 도움이 되지 못한다면 참된 지식이 될 수 없다는 주장이다.

+ **실험주의**
어떤 명제가 참인지 거짓인지는 그 명제를 실제로 실험해 본 결과 쓸모가 있다는 것이 입증되어야 한다는 주장이다.

+ **도구주의**
우리의 모든 관념이나 사상은 우리의 현실 생활에서 일어나는 문제 해결을 위한 도구에 지나지 않는다고 보는 주장이다.

+ **현금 가치**
돈이나 재물처럼 현실적 실효성을 강조하는 용어이다.

▶ **듀이**(Dewey, J., 1859~1952)

미국의 철학자, 심리학자, 교육학자로서 기능 심리학을 주창하였으며, 미국의 학교 제도에 막대한 영향을 준 진보주의를 이끌었고, 자유주의를 지지하였다. 그의 교육 사상은 민주주의에 대한 확고한 신념을 바탕으로 하고 있으며, 민주주의에 대한 열망으로 학교 제도와 시민 사회를 개혁하고자 하였다.

사상의 흐름

퍼스의 실용주의
- '실용주의'란 용어를 처음으로 사용 → 실용주의 창시자
- 과학적 탐구 방법으로서 실험주의 강조
- 실용주의 준칙 강조 → 지식에 대한 도구주의 관점

제임스의 실용주의
- 실용주의 이론 정립 → 실용주의의 대표적인 사상가
- 명제의 참과 거짓을 실험을 통해 검증
- 미국 사회의 산업화와 경제 발전을 위해 결과 중시

듀이의 실용주의
- 실용주의를 윤리 사상, 사회사상, 교육 철학, 민주주의 전반으로 확장
- 민주 사회에 걸맞은 철학의 재구성 주장
- 창조적 지성과 사회적 실천 강조 → 적극적이고 능동적인 참여자

1 실용주의의 기원

실용주의(pragmatism)는 1870년대 미국에서 시작한 철학 사상이다. 학술적으로 말하자면 대체로 1870년부터 1872년 사이에 케임브리지에서 있었던 '형이상학 클럽'이라는 비공식 모임에서 주로 퍼스의 아이디어에서 시작되었다는 것이 정설이다. 우리나라에서는 흔히 실용주의라고 번역하지만, 일부에서는 그 용어가 천박하다거나 공리주의의 아류로 오해될 수 있다고 주장하면서 넓은 의미에서 '행위' 혹은 '실천'을 의미하는 그리스어 프라그마(Pragma)의 의미를 살려 '프래그머티즘'이라고 하는 것이 바람직하다고 말한다.

실용주의란 말은 그리스 말 프라그마, 즉 행동이란 말에서 나온 것인데 영어의 실천이라든가 실제적이라는 말도 같은 말에서 연유한 것입니다. 이 말이 철학에 처음으로 도입된 것은 1878년 퍼스가 사용한 때부터입니다. …… 퍼스는 우리 신념이란 우리 행동을 지배하는 것임을 밝히고 나서 우리 사상의 의의를 밝히기 위해서는 다만 그 사상이 어떤 행위를 일으키게 마련인가 하는 점을 밝히기만 하면 된다고 했습니다. 사상이 지니는 의의는 오직 행위뿐이라는 겁니다. 도대체 사상의 차이라는 것은 아무리 미묘한 것이라 할지라도 실천상 차이점을 나타내지 않을 수는 없게 마련입니다. 그러므로 어떤 대상에 관해 우리가 품고 있는 사상을 완전히 명석하게 하기 위해선 그 대상이 실제적으로 어떤 결과를 자아내리라고 생각되느냐 하는 점을 고찰하기만 하면, 따라서 그 대상에서 어떤 감동을 받을 수 있다고 생각되며 어떤 반응을 각오해야 하느냐 하는 점을 고찰해 보기만 하면 됩니다. 곧 나타나건 오래 있다 나타나건 간에 그 결과에 관한 우리 개념이 그 대상에 관한 우리 개념의 전부입니다.

　　　　　　　　　　　　　　　－ 제임스, 『프래그머티즘』

실용주의는 크게 고전적 입장과 현대적 입장으로 구분된다. 고전적 실용주의의 대표자는 퍼스, 제임스 그리고 듀이이다. 고전적 실용주의는 20세기에 쇠퇴하다가 1970년대 이후 로티와 퍼트남을 거치며 다시 부흥한다. 그 이유는 20세기 초반 서양 철학계를 휩쓴 사변적인 분석 철학의 영향으로 실용주의의 실천적 주장들이 당시의 철학 사조의 관심을 얻지 못하였기 때문이다. 철학은 그 강조점이 시대와 장소에 따라 다소간 차이가 있지만 이론적 완결성이나 논리적 정확성을 중요하게 간주하였다. 이와 달리 실용주의는 '실천적 결과'를 가장 중요하게 간주하였고, 이러한 입장에서 전통적인 진리 개념조차 새롭게 구성하고자 하였다.

2 제임스의 실용주의

실용주의를 하나의 철학, 종교 이론으로 정립하고 세상에 공표한 사람이 제임스라는 점에는 이견이 없다. 제임스가 실용주의의 창시자는 아닐지 모르지만, 가장 대표적인 실용주의자로서 제임스의 위치는 누구도 부정할 수 없다.

제임스는 1890년에는 그에게 세계적인 석학의 명성을 안겨준 대저 『심리학의 원리』를 출간하였다. 그래서 오늘날 미국 심리학계에서는 제임스를 아주 중요한 인물로 다루고 있다. 『실용주의』는 1906~1907년 로웰 강연을 정리한 저술이다.

한 관념의 진리성은 그 관념 속에 내재된 붙박이 속성이 아니다. 그 관념이 진리로 나타난 것이다. 그 관념이 참이 되는 것이요, 그 관념이 사건들에 의해 참인 것으로 만들어진 것이다(It is made true by events.). 그 관념

의 진리성은 실제로 하나의 사건, 혹은 하나의 과정 즉 그 자신을 검증하는 검증화(verification) 과정이다.

대상에 대한 사고의 완벽한 명확성을 얻기 위해서는 …… 그 대상에 대해 우리가 어떤 감각을 기대하는지, 그리고 어떤 반작용을 대비해야 하는지 등 그것과 연관하여 인지 가능한 실천적 효과만을 숙고할 필요가 있다. 그러한 효과에 대한 관념이야말로, 그것이 적극적 의의를 갖는 한, 우리가 그 대상에 대해 갖는 관념의 전부이다.

어떤 진리의 의미에 대한 궁극적 테스트는 실로 그것이 지시하거나 고취시키는 행위이다. …… 어떠한 철학적 명제라도 그 효과적 의미는, 능동적이건 수동적이건, 언제나 미래의 실천적 경험 속의 구체적 결과가 되게 할 수 있다. 이때 초점은 경험이 능동적이라는 점보다는 구체적이라는 데 놓여 있다.
– 김동식, 『프래그머티즘』

3 듀이의 윤리 사상

퍼스에서 비롯된 실용주의를 명실상부하게 미국의 철학으로 자리 잡게 한 것은 듀이였다. 퍼스가 기호학 및 논리학과 과학적 탐구의 방법 등에 대해 관심을 가졌다면, 듀이는 그런 방법을 과학적 탐구의 논리로 발전시켰으며, 제임스가 개인의 심리에 관심을 가졌다면 듀이는 사회 심리에 관심이 있었고, 특히 제임스나 퍼스가 본격적으로 다루지 않았던 사회적, 도덕적, 정치적인 영역에까지 실용주의 철학을 확장시켰다. 제임스가 지식의 현금 가치를 중시했듯이, 듀이 역시 지식을 환경에 적응하기 위한 도구라고 보았다. 인간의 생각, 지식, 이론 등은 천상의 진리를 직관하기 위한 것이 아니라 인간의 생존을 위한 환경 적응의 도구이다. 이런 입장을 듀이는 도구주의라고 불렀다.

듀이의 도구주의적인 관점에서 보면, 진리란 단순히 참된 언명이나 지식을 일컫는 것이 아니라 '보증된 주장 가능성'을 뜻한다. 이것은 탐구의 과정을 거쳐서 얻은 지식이 실제로 문제를 해결해 주고 우리가 처한 상황을 더 나은 쪽으로 개선시켰다고 사람들이 생각하게 될 때 그런 지식을 사람들은 믿을 만한 지식이라고 주장할 수 있다는 것이다. 이것은 진리의 문제를 제임스처럼 개인적인 관점에서뿐만 아니라 사회적 유용성의 차원에서 다루고 있다는 것을 뜻하며, 동시에 상황이 달라지면 문제 해결을 위한 대안도 달라질 수밖에 없다는 다원주의적이고 관점주의적인 태도를 포함하는 것이다.

듀이의 실용주의가 갖는 특징은 이런 탐구의 방법론이 과학적인 문제뿐만 아니라 정치적인 문제 해결에도 적용될 수 있다고 생각했으며, 이런 방법을 통해 다양한 민주주의적 실험이 가능하고, 미국 사회를 더 나은 사회로 만들어 나갈 수 있다고 보았다는 점이다. 듀이는 민주주의 제도에서 중요한 것은 결과가 아니라 과정이라고 생각했다. 듀이에 의하면 민주주의는 공통의 문제를 해결하려는 개인들이 모여서 지성적인 방식으로 해결책을 찾고 조정해 가는 과정을 제도화한 것이기 때문에 민주주의야 말로 가장 안정된 정부 형태이다.

어떠한 개인이나 집단도 그들이 어떤 고정된 결과에 접근하느냐 못하느냐에 따라 판단될 것이 아니라, 그들이 어떤 방향에로 나아가고 있느냐에 따라 판단되어야 할 것이다. …… 목적이란 이미 도달되어야 할 종착점이나 한계가 아니다. 그것은 현재의 상황을 바꾸어 가는 능동적인 과정이다. 종국적 목표로서의 완성이 아니라 완성해 가고 성숙시켜 가고 개량해 가는 부단한 과정이 곧 살아 있는 목적이다. …… 모든 사회적인 제도들은 의미를 가지며 목적을 가진다. 그 목적은 인종, 성,

계급, 재정 상태에 관계없이 개인들의 능력을 해방시키고 발전시키는 것이다. 이 말은, 이 제도들이 모든 개인을 그들의 가능성의 최고 수준에까지 교육시키는 범위 바로 그것이 이 제도들의 가치에 대한 시금석이라고 말하는 것이나 마찬가지이다. 민주주의는 많은 의미들을 지니고 있는데, 만일 그것이 도덕적인 의미를 지닌다면, 그 의미는 다음과 같은 결의 속에서 찾아볼 수 있다. 즉 모든 정치 제도와 산업 조직의 좋고 나쁨을 판정하는 가장 좋은 시금석은 사회를 이루고 있는 모든 구성원들의 균형 있는 성장을 위한 그것의 공헌이어야만 한다는 결의이다.

— 듀이, 『철학의 재구성』

듀이는 종래의 '이성(reason)'이란 개념 대신에 '지성(intelligence)'이라는 개념을 사용한다. 그는 합리론에서의 이성은 자족적이고 초경험적인 것으로 간주되어 경험에 의한 확증이 결여되어 있는 동시에 인산으로 하여금 구체적인 관찰과 실험을 능한하게 한다고 하여 이를 비판한다. 경험과 사실에

대한 무시는 결과적으로 실패, 비애, 전쟁이라는 응보를 낳았다는 것이다. 그리하여 그는 경험에 일반성과 보편성을 부여하는 능력으로서의 칸트적인 이성을 전통적 형식주의자들이 만들어 낸 불필요한 것이라고 하여 이를 물리친다. 그리고 그는 현재의 필요에 따라 형성되고 성숙되며, 특정한 상황의 개조를 위한 방법으로 활용되며, 이러한 재조정의 수행 여부가 검증이 되는 경험적 시사(suggestion)를 '지성'이라 이름 붙이고 있다.

첫째, 가치 판단 내지 도덕 판단은 우리의 삶을 영위하는 데 있어서 보다 큰 중요성을 가진다는 점에서 다른 판단들과 구별된다.

둘째, 가치 판단 내지 도덕 판단은 선행하는 실재에 관한 것이 아니라 지성적 행동에 의해서 미래에 산출될 어떤 사건에 관한 것을 의미한다.

— 듀이, 『Problems of Men』

더 알아 보기

현대의 실용주의는 어떤 특징이 있을까?

듀이 이후 미국에서 거의 주목받지 못하던 실용주의를 새롭게 부각시킨 것이 로티이다. 그가 제시하는 철학은 고정불변의 토대를 근거로 지식을 탐구하는 활동이 아니라 인류의 대화에서 한 부분을 차지하는 그런 활동이다. 그런 점에서 로티가 제시하는 철학의 모습은 '인류의 대화'이다. 이런 점에서 그의 실용주의는 고정된 본질을 추구하는 것이 아니라 열려 있는 탐구 활동이 된다.

"프래그머티즘에 대한 나의 첫 번째 규정은, 그것이 '진리', '지식', '언어', '도덕' 등등의 개념과 같은 철학적 이론화의 대상에 적용된 반본질주의라는 것이다. 이것은 '참된 것'이란 '믿기에 좋은 것'이라고 하는 제임스의 정의를 통해 설명된다. 두 번째 규정은 다음과 같다. 당위적인 것에 관한 진리와 존재에 관한 진리 사이에는 어떤 인식론적인 차이도 없고, 사실과 가치 사이에는 어떤 형이상학적 차이도 없으며, 도덕과 과학 사이에는 어떤 방법론적 차이도 없다. 세 번째이자 마지막 규정은 다음과 같다. 프래그머티즘은 대화적인 것 이외에는 탐구에서 어떤 제약도 있을 수 없다는 입장이다. 즉, 대상, 마음, 언어 등의 본성에서 나오는 전반적인 제약 같은 것은 있을 수 없으며, 동료 탐구자의 언급에 의해 제기되는 소소한 제약만이 있을 뿐이다."

— 로티, 『Consequences of Pragmatism』

30 동서양의 이상 사회론

KEY WORD

+ 공자의 대동 사회
성인(聖人)이 나라를 다스리
고 모든 사회 구성원이 가족
과 같이 친밀한 관계를 맺으
며 인간다운 생활을 영위하는
사회이다.

+ 노자의 소국과민
작은 나라, 적은 백성으로 이
루어진 사회로 사회 구성원들
이 인위적인 문명을 멀리하고
자연의 순리에 따라 평화롭게
살아가는 사회이다.

+ 플라톤의 이상 국가
통치자가 지혜의 덕을, 군인
이 용기의 덕을, 모든 사람이
절제의 덕을 발휘하며 각자의
역할을 다하는 정의로운 사회
이다.

+ 마르크스의 공산 사회
생산 수단의 공동 소유에 바
탕을 둔 계급 없는 사회이다.

▶ **모어**(More, T., 1478~1535)

영국 헨리 8세 때의 법률가, 정치가이자 스콜라 학파의 인문주의자이며 가톨릭교회의 성
인이다. 헨리 8세가 이혼 건으로 성공회를 세우고 가톨릭을 탄압하는 과정에서 헨리 8
세의 이혼 문제와 교황의 권위를 부정하는 것에 대해 반대하다가 반역죄로 재판에 회부
되어 처형되었다. 현대인에게는 『유토피아』의 저자로 더 잘 알려져 있다.

사상의 흐름	동양의 이상 사회론	서양의 이상 사회론	현대의 이상 사회론
	◦유교: 대동 사회 ◦도가: 소국과민 ◦불교: 불국 정토	◦플라톤: 이상 국가 ◦모어: 유토피아 ◦기독교: 신의 은총이 가득한 나라 ◦마르크스: 공산 사회	◦도덕과 복지−약자 배려, 공동체 의식 ◦생명 존중과 평화−자연과 조화 ◦자유와 평등−민주주의, 사회 발전 ◦경제적 풍요−자본주의 한계 극복

1 공자의 '대동 사회'

큰 도가 행해지고 천하가 모두의 것이다. 현명하고 유능한 사람을 뽑아 나라를 다스리게 하며, 사람들은 자기 부모만 부모로 여기지 않고 자기 자식만 자식으로 여기지 않는다. 노인들은 여생을 잘 마칠 수 있고, 장년들에게는 일자리가 있으며, 어린아이는 잘 양육되고, 외롭고 홀로된 자나 병든 자들은 모두 보살핌을 받는다. 남자에게는 남자의 직분이 있고, 여자에게는 여자의 직분이 있다. 재화가 헛되이 버려지지 않지만 그것을 결코 자신을 위해서만 쓰지 않으며, 스스로 일하는 것을 싫어하지 않지만 자신만을 위해 일하지 않는다. 그래서 음모를 꾸미는 일이 생기지 않고 훔치거나 해치는 일도 일어나지 않는다. 그러므로 집집마다 문을 잠그지 않는다. 이를 일어 대동(大同)이라 한다.

– 『예기』, 예운

공자가 추구한 대동 사회는 유능한 사람이 숭용되고, 재화가 고르게 분배되며, 사람들이 가족주의에 얽매이지 않는 평화로운 도덕 공동체이다.

2 노자의 '소국과민'

소수(小數)의 인민이 거주하고 있는 약소국가에서는 병기가 있어도 사용하지 못하게 한다. 백성들에게는 죽는 것을 큰 일로 생각게 하여 다른 지방으로 이사 가지 않게 한다. 비록 배와 수레가 있더라도 이것을 타고 바깥쪽으로 나아가지 않게 한다. 비록 군대를 가지고 있더라도 전쟁터에 나아가지 않게 한다. 백성들을 다시 유사 이전(有史以前)의 시대로 돌아가게 한다. 백성들에게 자기네들이 밭 갈아 지은 곡식을 달게 먹게 한다. 자기네들이 방직하여 지은 의복을 훌륭하게 생각게 한다. 자기네들이 지은 집에서 편안히 살게 한다. 자기네들의 풍속을 즐겁게 지내게 한다. 이웃 나라끼리 서로 바라보

고 닭이 울고 개가 짖는 소리가 서로 들려와도 백성들이 늙어 죽을 때까지 서로 오고 가고 하는 일이 없다.

– 노자, 『노자의 도덕경』

노자가 추구한 이상 사회는 나라 규모가 작고 인구가 적은 공동체[小國寡民]이다. 이 사회의 백성들은 욕심이 적고, 분별적 지혜가 없으며, 인위적 문명의 이기(利器)에는 관심이 없다. 또한 그들은 생명을 소중히 여기며, 자연의 흐름에 따라 소박하게 살아간다.

3 플라톤의 '이상 국가'

플라톤은 그의 저서 『국가』에서 올바른 국가가 되기 위한 방법을 논한다. 그것은 세 계층이 각자의 덕목을 갖추고 조화를 이루는 사회이다. 통치자의 지혜, 수호자의 용기, 그리고 모든 계층의 절제가 바로 그것이다. 그가 말하는 국가 차원의 올바름(정의)이란, 국가를 구성하는 세 계층의 사람들이 저마다 자신에게 맞는 일을 하여 전체적으로 조화를 이루는 것이다.

먼저 플라톤은 어떻게 국가 또는 조직된 사회가 등장하게 되었는가를 묻는다. 그에 대한 답으로 구성원 각자의 타고난 능력과 재능에 따라서 조직화된 국가는 조직화가 이루어지지 않은 개인의 집단보다 구성원 전체의 기본적인 욕구를 충족시키는 데 더 큰 성공을 거둘 수 있을 것이라고 보았다.

플라톤은 시민들이 세 계층으로 나누어지는데 이들을 각각 통치자 계층, 보조자 계층, 그리고 생산자 또는 경제 담당자 계층이라고 부른다. 이상적인 국가는 사람들 사이에서 드러나는 타고난 본성의 차이를 적절히 이용하여 그러한 차이에 알맞게 각

자에게 서로 다른 책임과 사회적 역할을 배분한다.

플라톤은 이상 국가를 실현하기 위해 필요한 것을 교육이라 믿었다. 통치자와 보조자 계층에서는 특별히 폭넓고 강도 높은 교육이 필요하다. 그들은 타고난 재능과 교육을 받아들일 수 있는 능력에 따라서 선발된다. 또한 이 계층에는 남성들뿐만이 아니라 여성들도 당연히 포함되며, 그들은 일반 대중과 분리되어 어린 시절부터 계속 적절한 교육을 받아야 한다고 본다. 모든 교육에서 교육의 주된 목표는 각각의 계층이 자신들의 고유한 임무를 수행하는 사회가 이성적이라는 사실을 인식하도록 가르치는 데 있다. 이를 통해서 각자가 행복과 만족을 느끼게 될 것이라 설명한다.

이것이 의미하는 바는 다른 시민들도 저마다 타고난 바에 따라 자신에게 적합한 한 가지 일을 담당하여야 한다는 사실을 분명히 하자는 것일세. 이를 통하여 각자는 여러 사람이 아닌 한 사람이 되고 이런 식으로 국가 전체도 자연스럽게 여러 나라가 아닌 한 나라가 되는 것일세.
– 애링턴, 『서양윤리학사』

4 모어의 '유토피아'

모어가 추구한 이상 사회는 생산과 소유의 평등이 실현되고 경제적으로 풍요로우며 도덕적으로 타락하지 않은 사회이다. 먼저 그는 사유재산과 화폐 경제를 폐지한 공산제를 도입하였는데, 이 이유를 다음과 같이 설명한다.

사유 재산이 철폐되지 않고는 바르고 균등한 재화의 분배나 인간 세계의 행복이 있을 수 있다고는 도저히 생각할 수 없습니다. 사유 재산이 존속하는 한 지금까지 알려진 바로는 인류 최대 다수를 차지하는 가장 선량

한 사람들이 빈곤과 불행의 무거운 짐을 벗어날 수 없는 것입니다.

무거운 짐이 다른 방법으로 얼마간 덜어질 수 있다는 점은 인정합니다만, 완전히 제거될 수는 없다고 믿는 바입니다. – 김은석, 『토마스 모어의 유토피아에 나타난 교육적 이상』

모어의 유토피아는 외관상 비슷한 54개 도시와 농촌 구역으로 구성되어 있다. 각 도시마다 행정 조직이 세분화되어 있으며 치밀하게 짜져있다. 또한 전체 시민까지도 교육의 필요성을 확대해야 한다고 주장한다. 유토피아에서는 모든 사람이 교육받을 수 있도록 제도적으로 마련이 되어 있다. 이 사회에서 노동을 하루에 6시간으로 한정시킨 이유이다.

노동하고 남은 시간은 방종과 나태에 허비하지 않고 각자의 기호에 따라 다른 일에 자유로이 쓰도록 되어 있습니다. 보통 그 여가는 지적 추구에 이용됩니다.
– 김은석, 『토마스 모어의 유토피아에 나타난 교육적 이상』

또한 유토피아에 살아가는 사람들의 자유와 행복은 그들이 추구해야 할 인생의 목표로 설정하고, 그들이 추구해야 할 참다운 쾌락을 정신적 쾌락으로 보았다. 그리고 그들은 더 많은 물질을 소유하려는 욕심이나 더 강한 권력을 키우려는 욕심보다 절제하는 정신적 삶을 지향하였다.

정신적 쾌락이란 지식과 진리를 탐구하는 즐거움, 올바르게 살아온 삶을 회상하는 만족감, 그리고 미래의 행복에 대한 확실한 희망 등입니다. – 송용구, 『그 어디에도 없지만 그러나 꿈꿔야 할 세상 – 토마스 모어의 유토피아』

5 마르크스의 '공산 사회'

마르크스가 말하는 공산주의의 핵심은 바로 자유로운 개인들의 연합이다. 그가 지향한 새로운 공동

체는 국가를 넘어 구성원들의 자발적인 공동체, 모두가 정치의 주체가 되는 '세계 시민의 사회, 즉, 지구상의 모든 사람들이 세계라는 하나의 공동체 속에서 평등한 구성원이 되는 사회라는 특징을 가진다.

계급과 계급 대립을 가진 낡은 부르주아 대신 각인의 자유로운 발전이 만인의 자유로운 발전의 조건이 되는 하나의 연합이 나타나게 된다. 이는 각 개인의 완전하며 자유로운 발전을 근본 원리로 하는 보다 고차적 사회 형태이다.
– 정성진, 「마르크스 공산주의론 재조명」

마르크스는 『자본론』 초고에서 생산 수단의 소유, 노동자 자신의 협동조합적 소유의 용어를 통해 공산주의 개념을 설명하였다.

자본주의적 생산 양식에서는 물론 이것은 자본가(비노동자)가 이 사회적 대량의 생산 수단의 소유자라는 형태로 나타난다. 자본가는 실제로는 노동자들에 대해 그들의 결합, 그들의 사회적 통일을 대표하고 있을 뿐이다. 이 때문에 이 대립적 형태가 없어지게 되면, 그 결과 생겨나는 것은 노동자들이 이 생산 수단을 사적 개인들로서가 아니라 사회적으로 점유한다는 것이다.
– 정성진, 「마르크스 공산주의론 재조명」

더 알아보기 모어가 말하는 유토피아는 어떤 사회일까?

▲ 모어의 『유토피아』 초판본과 책 속에 그려진 유토피아

모어가 1516년 라틴어로 발표한 『유토피아』는 영국 사회의 부조리한 현실을 고발하고 이상 사회를 추구한 소설로서, 당대는 물론이고 후대의 정치가와 사상가들에 많은 영향을 끼쳤다.

유토피아(Utopia)는 'u'와 'topia(장소)'의 합성어이다. 그리스어에서 'u'는 '없다(ou)'는 뜻과 '좋다(eu)'는 뜻을 함께 가지고 있다. 따라서 유토피아는 '없는 곳'이라는 의미와 '좋은 곳'이라는 이중적인 의미를 지니고 있다고 볼 수 있다. 이 책의 원 제목은 『사회생활에서 최선의 상태에 대한, 그리고 유토피아라고 불리는 새로운 섬에 대한 유익하고 즐거운 저서』이다. 이러한 제목에서도 알 수 있듯이 이 책에서 그리고 있는 유토피아는 비록 현실 속에서는 '존재하지 않는 곳'이지만, 인류가 반드시 도달해야 할 '이상향'임을 암시하고 있다. 당시 그가 살던 16세기 영국은 봉건 질서가 무너지고 근대 사회로 전환하는 과도기였다. "양은 온순한 동물이지만 영국에서는 양이 사람을 잡아먹는다."라는 그의 말처럼 당시 영국은 인클로저 운동으로 양을 기르기 위해 농민들이 토지에서 쫓겨나는 상황이었다. '옥스퍼드 개혁가'로 불리던 그는 『유토피아』를 통해 당시 영국 사회의 모순을 비판하면서 바람직한 사회적 모델을 제시하려 하였다.

31 국가의 역할과 정당성

KEY WORD

+ 공동체적 동물
인간의 본성 자체가 타인과 함께 살아가려는 속성을 지니고 있음을 의미하는 말이다.

+ 공동선
공동체의 좋은 삶을 위해 요구되는 공공의 이익이나 사회적 책무를 의미한다.

+ 개인선
개인의 행복한 삶을 위해 요구되는 자유, 권리, 이익 등을 의미한다.

+ 최소 국가
개인의 자유와 권리, 이익 등을 침해하지 않으면서 국민을 보호하는 최소한의 역할을 수행하는 국가를 의미한다.

▶ **로크**(Locke, J. 1632~1704)

영국 경험론 철학자, 계몽주의 사상가, 자유주의 이론가로서 볼테르와 루소 등의 계몽 사상가들에게 영향을 주었다. 그는 사회 계약에 의해서 국가가 발생하였고, 국가의 임무는 개인의 생명과 자유, 재산권을 보장하는 데 있다는 야경국가론을 주장하였다. 국민 주권에 기초를 둔 그의 사상은 명예혁명 후 영국 민주주의의 바탕이 되었으며, 미국 독립 선언문에도 반영되어 있다. 대표 저서로는 『통치론』이 있다.

사상의 흐름

아리스토텔레스의 국가관	로크의 국가관	현대의 국가관
○ 의미: 공동선을 실현하기 위한 정치 공동체 ○ 목적: 구성원의 다양한 덕을 실천하여 도덕적 삶 영위 ○ 역할: 바람직한 덕성을 교육하고 교육 기회를 동등하게 제공	○ 의미: 개인의 생존과 이익을 보존하기 위한 결사체 ○ 목적: 개인의 생명, 자유, 재산을 보호하기 위한 수단 ○ 최소 국가: 개인 생활에 과도한 개입 시 저항권 행사	○ 배경: 현대 사회 불평등 심화 ○ 목적: 정의로운 복지 국가 지향 → 인류 전체의 평화 증진 ○ 역할: 국민의 정치적 자유와 기본 인권 보장, 경제적 평등과 사회 복지 증진 노력

1 국가의 기원

아리스토텔레스는 그의 저서 『정치학』에서 국가의 기원에 대해 설명하고 있다. 그에 의하면, 인간은 군집적인 동물이기 때문에 고립된 개체로서는 존재할 수 없고 반드시 집단을 이루어 생활을 하게 된다고 본다.

아리스토텔레스는 인간은 공동체적인 성향을 가지고 있어서 자연적으로 공동체를 형성하게 되어 있으며, 인간이 최초로 형성하게 되는 가장 기본적인 공동체는 가족이다. 가족은 남편과 아내, 주인과 노예, 그리고 부모와 자녀의 결합에 기초하고 있는 공동체로 물질적·도덕적 생활의 측면에서 일정한 역할을 담당한다.

하지만 가족이라는 공동체는 구성원들의 자족적인 삶을 보장하는 데 한계가 있어 삶의 자족성을 높이기 위해 여러 가족들이 결합하여 촌락을 형성하게 된다. 촌락은 가족에 비해 높은 수준의 자족성을 제공하지만, 이성적 존재로서의 인간이 추구하는 도덕적·정치적 자족성을 충족시키는 데에는 한계가 있다. 이러한 한계로 말미암아 여러 촌락들이 결합하여 다시 국가라는 최고의, 가장 완전한 공동체를 형성하게 된다.

— 한상수, 「아리스토텔레스의 국가론-국가의 기원을 중심으로」

아리스토텔레스는 개인이 아닌 가족을 국가의 가장 기본적 단위로 보고 있는데, 이는 그가 인간을 공동체적 동물로 규정하는 관점과 상통한다. 이는 인간의 본성 자체가 타인과 함께 살아가려는 속성을 지니고 있음을 의미하는 것이며, 인간이 타인과 고립된 상태에서 혼자 살아가는 것은 자신의 본능에 위배되는 것과 같다.

2 아리스토텔레스의 '국가관'

아리스토텔레스는 국가를 '일종의 동등한 자들의 공동체'라고 하면서, 다음과 같이 정의하였다.

국가(polis)는 일종의 동등한 자들의 공동체이고, 그 목적은 가능한 최선의 삶이다. 그런데 최선은 행복이고, 행복은 덕(arete)의 구현과 완전한 실천에 있다. …… 국가란 단순한 인간의 집합체가 아니라 생활 목적을 충족시키는 인간의 결합체이다. — 아리스토텔레스, 『정치학』

아리스토텔레스는 국가가 단지 삶을 위해서가 아니라 훌륭한 삶을 위해 존재해야 하며, 시민들의 탁월함에 대해 관심을 기울여야 하는 도덕 공동체로 규정하였다.

모든 국가는 일종의 생활 공동체이며, 모든 생활 공동체는 선한 목적을 가지고 성립된다. 그 이유는 인간은 그들이 좋다고 생각하는 것을 얻기 위해서 행동하기 때문이다. 그러나 모든 생활 공동체가 선을 목적으로 삼는다면, 기타 모든 것 중에서도 최고이며, 또한 모든 것을 포함하는 국가 또는 정치 공동체는 다른 공동체보다도 더 큰 정도에서 선을 목표로 할 것이다.

— 아리스토텔레스, 『정치학』

아리스토텔레스는 선의 추구를 위하여 국가의 교육을 중시하였다. 교육은 시민들 사이의 우애와 신뢰를 가지게 하고 나아가 시민 각자가 국가의 목적, 즉 최선의 삶을 살게 하려는 목적에 참여하는 것이다. 따라서 교육이야말로 국가를 통일시키고 하나의 공동체가 되게 하는 불가결한 요소라는 것이다. 또한 인간이 행복한 삶을 영위하기 위해서는 덕을 갖추어야 하고, 국가가 이러한 덕을 교육하는지의 여부가 어떤 사람이 국가가 지향하는 목적을 공유하는지를 알아보는 하나의 기준이 된다는 것이다.

로크의 '국가관'

로크 이전의 사회 계약론자들은 주로 통치자와 시민 사이의 지배와 예속이라는 통치 계약에 관심을 가졌지만, 로크는 통치 계약의 전제가 되는 사회 계약에 주안점을 두었다.

홉스는 인간이 자연 상태에서는 무제한의 자유를 누리지만 이기적 본성으로 말미암아 서로가 투쟁하는 공평하지 못한 처사와 폭행이 자행되므로 이런 무질서와 혼란을 억제하고 극복하기 위해 신이 정부를 만들었다고 보았다. 또한 인간은 모든 이의 생명 보존과 평화를 확보하기 위해 개인의 자유권을 양도하여 모든 권력을 주권자에게 일임하는 대신 시민권을 얻게 되는 방식으로 설명함과 동시에, 이렇게 이루어진 국가를 '리바이어던'으로 지칭하였다.

로크는 저항권을 말하며 '리바이어던'으로 불리는 홉스식의 사회 계약의 논리를 반박하였다.

절대 군주들은 사람에 불과하다. 물론 자연 상태에서 사람들은 자신들과 관련된 사안에서 스스로 재판관 역할을 하기 때문에 자연 상태의 불편함은 대단하지만 자연 상태를 떠나면서 다음과 같은 내용에 동의한다면 그냥 자연 상태에 남아 있는 편이 훨씬 낫다. 즉, 한 사람 외에 모든 사람이 법의 통제 아래에 있는 상태, 그 한 개인이 자연 상태의 모든 자유를 갖고 권력을 소유하며 마음대로 권력을 전횡할 수 있도록 하는 제도에 동의한다면, 이는 자연 상태보다 조금도 나아졌다고 말할 수 없다.

– 로크, 「통치론」

로크는 자연 상태를 규정할 때 사람들이 자신들 위에 군림하며 자신들의 쟁점 사안에 대하여 시시비비를 가려 주는 권위를 가진 재판관 없이 살고 있다는 사실에 있다고 본다.

로크는 비록 평화와 선의, 상호 도움과 보존 상태를 지닌 자연 상태일지라도 공통의 재판관이 존재하지 않기 때문에 분쟁이 발생할 여지가 농후하다고 본다. 분쟁이 확대가 되어 일단 전쟁 상태가 시작되면 걷잡을 수 없는 무질서의 상태로 발전하기 때문이다. 따라서 이러한 전쟁 상태에서 벗어나려고 하는 것이 사람들이 자연 상태를 떠나 사회에 진입하려고 하는 근본적인 이유가 된다. 정치 공동체는 무질서할 수 있는 상태를 해결하며 범죄자를 처벌하는 공동의 권위를 가진 재판관을 옹립하기로 함으로써만 존립할 수 있다.

인간은 완전한 자유와 자연법상의 권리 및 특권을 간섭받지 않고 누릴 수 있는 자격을 다른 사람과 더불어 평등하게 가지고 태어났다. 그리고 인간은 본래 타인의 침해와 공격으로부터 그의 생명, 자유, 재산을 보존할 권력뿐만 아니라 다른 사람들이 그 법을 위반한 것을 심판하고 처벌할 수 있는 권력도 가지고 있다. 그런데 어떤 정치 사회도 사회 그 자체 내에서 재산을 보존할 권력 그리고 이를 위해서 그 사회의 모든 범죄를 처벌할 수 있는 권력을 가지지 않고서는 존재하거나 존속할 수 없다. 따라서 각각의 구성원이 이 자연적 권력을 포기하고 공동체의 수중에 그 권력을 양도한 곳, 오직 그곳에서만 비로소 정치 사회가 존재하게 된다.

– 로크, 「통치론」

이와 같이 로크의 사회 계약은 자연 상태에서 개인의 수중에 갖고 있는 자연법의 집행권이 도를 지나치지 않는 적당한 자연법에 근거하여 만인이 정치 공동체를 형성하는 조건으로 제시된다.

4 로크의 '저항권'

로크는 홉스와 마찬가지로 정치 공동체의 형성 근거를 계약에 두고 있지만, 자연 상태가 '전쟁 상태 (state of war)'라고 본 홉스의 의견을 비판한다.

입법자들이 인민의 재산을 빼앗고자 기도할 경우 또는 인민을 자의적 권력하에 놓인 노예로 만들고자 할 경우, 그들은 스스로 인민과의 전쟁 상태에 몰아넣는 것이며, 인민은 그로 인해 더 이상의 복종 의무로부터 면제된다. 입법부가 야심, 어리석음 또는 부패로 인해 인민의 생명, 자유 및 재산에 대한 절대적인 권력을 자신들의 수중에 장악하거나 아니면 다른 자들의 수중에 넘겨줌으로써 사회의 기본적인 규칙을 침해하게 되면 그들은 인민이 그것과는 상반된 목적으로 그들에게 맡긴 권력을 신탁 위반으로 상실하게 된다. 그 권력은 인민에게 되돌아가며 인민은 원래의 자유를 회복할 권리와 그들이 적합하다고 생각하는 바에 따라 새로운 입법부를 설립함으로써 바로 그들이 사회에 가입한 목적에 다름 아닌 그들 자신의 안전과 안보를 강구할 수 있는 권리를 가지게 된다.

– 로크, 『통치론』

로크는 국가 권력이 개인의 기본적 권리를 부당하게 침해한다면 인민에게 부당한 권력에 대해 저항할 권리가 있음을 강조하였다.

더 알아보기 | 사회 계약은 사람들의 동의를 받은 것일까?

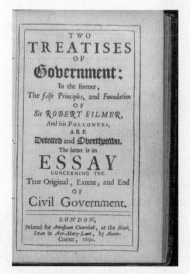

▲로크의 『통치론』

(그렇다면 사회 계약은) 어디까지 어떤 사람이 동의를 한 것으로 보아야 하며, 그럼으로써 그가 전혀 명시적 동의를 표하지 않은 정부에 대해서 어디까지 그 정부에 복종하기로 한 것으로 보아야 하는가? 이 문제에 대해서 나는 어떤 정부의 영토 일부분을 소유하거나 향유하는 사람은 누구나 그럼으로써 묵시적 동의를 한 셈이며, 적어도 그러한 향유를 지속하는 동안, 그 정부 하에 있는 사람들과 같은 정도로 그 정부의 법률에 복종할 의무를 진다고 말하겠다. …… 사실상 그 정부의 영토 내에 어떤 사람이 존재한다는 사실 그 자체만으로도 그에게 복종의 의무가 미친다고 할 것이다.

– 로크, 『통치론』

로크는 그의 저서 『통치론』에서 정치권력에 대해 개인의 복종이 동의의 개념으로 정당화될 수 있는지를 검토하였다. 그는 동의를 명시적 동의(express consent)와 묵시적 동의(tacit consent)로 구별하여 사용한다. 사람이 어떤 사회에 가입하려고 자발적으로 명백히 권력 위임에 동의한다면 사회의 완전한 성원으로서 그 정치 공동체에 복종할 의무가 그에게 있음은 명백하다. 이처럼 숙고된 자발적인 권력 위임은 명시적 동의에 해당한다. 하지만 이와 달리 로크는 명시적 동의뿐만 아니라 묵시적 동의를 통해서도 정치 공동체에 대한 복종의 의무가 발생한다고 주장한다. 그는 사람이 어떤 나라의 영토 내에 존재한다는 사실 만으로 묵시적 동의를 한 셈이며, 따라서 복종의 의무가 발생한다고 본다.

32 공화주의 사회사상

KEY WORD

공화주의
인민 주권에 바탕을 둔 정치 형태로서 사적 이익보다 공적 이익을 중시하는 윤리 철학으로 이해된다.

소극적 자유
남의 간섭과 방해를 받지 않고 원하는 대로 행동할 수 있는 권리가 보장된 자유를 의미한다.

적극적 자유
공동체에 참여를 통해 자아를 실현할 수 있는 자유를 의미한다.

개인선
개인의 행복한 삶을 위해 요구되는 자유, 권리, 이익 등을 의미한다.

공동선
공동체 생활에 요구되는 공공의 이익이나 사회적 책무를 의미한다.

▶ **마키아벨리**(Machiavelli, N., 1469~1527)

르네상스 시대의 이탈리아 사상가, 정치 철학자이다. 저서로는 『군주론』, 『정략론』, 『로마사 논고』 등이 있다. 그의 정치사상의 핵심은 바로 주권자의 자율성으로, 공화주의의 핵심적인 저작이라 할 수 있는 『로마사 논고』는 로마 공화정을 비롯한 공화국들의 긍정적 역량을 최대한 조명하였다.

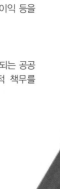

사상의 흐름

고전적 공화주의	근대의 공화주의	신공화주의
• 고대 그리스 아테네와 로마 공화정의 경험에 바탕을 둠. • 정치 참여와 법치를 통한 자유의 획득, 공공선을 위한 복무 등 시민적 덕성 강조 • 사상가: 키케로 등	• 마키아벨리: 공화주의적 자유의 개념 정립, 자유의 중요성 강조 • 루소: 『사회 계약론』을 통해 국민의 일반 의지에 의해 통치되는 법치 국가(공화국), 정치 참여를 통한 자치와 자율의 확립 강조	• 고전적 공화주의의 전통이 아렌트, 토크빌 등의 공리주의자들에게 계승 • 신아테네적(neo-Athenian) 공화주의: 샌델, 테일러 등 • 신로마적(neo-Roman) 공화주의: 페팃, 스티너 등

1 공화주의의 의미와 기원

일반적으로 공화주의는 라틴어 어원인 'res publica'의 의미에 따라 무분별한 사적 이익의 추구보다 공적 이익을 중시하여 사회 공동체에 참여하는 자주적 공민이 정치의 주체가 되어야 하며, 공화국은 그러한 공민적 덕이 없으면 존재할 수 없다는 정치 이념으로 인식된다.

공화주의의 기원은 고대 그리스 아테네와 고대 로마의 경험에 뿌리를 두고 있으며, 다양한 유형이 있지만 공통적으로 정치적 삶의 우선성을 중시하는 입장이다. 공화주의자들에게 인간다운 삶은 정치적 삶 속에서 영위할 수 있으며, 시민들은 그 안에서 비로소 시민 의식 혹은 시민적 덕성을 함양할 수 있다고 이해된다. 따라서 시민의 자유는 선험적으로 주어지는 것도 아니며, 정부의 권한을 제한함으로써만 얻어지는 것이 아니라 정치를 통해 정치 안에서 획득되는 것이다.

정치 참여를 통한 자유의 획득, 법치를 통한 자유의 획득, 정치의 우선성, 그리고 공공선에 대한 복무를 통해 얻을 수 있는 시민적 덕성이라는 고전적 공화주의의 특징은 마키아벨리를 통해 아렌트, 토크빌 등의 근현대 공리주의자들에게 계승되었다.

2 공화주의의 두 가지 유형

공화주의는 크게 두 유형으로 나눌 수 있다.

첫째는 자기 통치적인 공동체에 참여함으로써 실현되는 좋은 삶(the good life)에 대한 아리스토텔레스의 개념으로 대표되는 아테네 공화주의이고, 다른 하나는 법의 지배(the rule of law) 아래에서 '외부 권력'의 자의적인 의지로부터의 자유 또는 독립을 강조하는 로마 공화주의이다. 이러한 전통을 이어받은 공화주의를 '신공화주의'라 부르며, 여기에는 샌델, 테일러 등으로 대표되는 신아테네적 공화주의와 페팃, 스키너 등으로 대표되는 신로마적 공화주의가 있다.

– 강준만, 「왜 자유를 '간섭의 부재'로만 이해하면 안 되는가?」

3 공화주의적 '자유'

공화주의적 자유는 로마 공화정 시기부터 논의되었다. 고대 로마의 키케로(Cicero)는 자유야 말로 건전한 사회 질서를 이루는 주요한 요소라고 보고 자유의 중요성을 강조하였다. 그는 법을 제정하는 목적도 이 자유를 위한 것이라고 논하며, 자유는 평등하게 공유해야 하고 일체의 부자비한 통제에 구속되지 않는 상황을 뜻하는 것이어야 한다고 보았다.

공화주의적 자유가 본격적으로 발전한 것은 르네상스 전후를 거치면서이다. 특히 인문주의의 틀 안에서 공화주의적 자유에 대한 개념을 훌륭히 정립한 사람은 바로 마키아벨리이다.

마키아벨리가 말하는 자유는 외부의 공격이나 폭정으로부터 독립이라는 의미와 군주에 의해 다스림을 받는 대신에 자유로운 시민이 자유로운 만큼 스스로 다스릴 수 있는 권력을 염두에 두고 있다. 마키아벨리는 그의 저서 『로마사 논고』에서 공화주의적 자유의 모습을 고대 로마의 공화정으로부터 끌어내고, 이러한 자유의 중요성을 역설하였다.

4 자유의 두 가지 개념

영국의 정치 사상가 벌린은 '자유의 두 가지 개념'

이라는 강연을 통해 자유를 소극적 자유와 적극적 자유로 구분하였다.

소극적 자유는 남의 간섭과 방해를 받지 않고 원하는 대로 행동할 수 있는 권리가 보장되는 자유이며, 적극적 자유는 공동체의 참여를 통해 자아실현을 할 수 있는 자유를 의미한다.

벌린이 제시한 자유의 두 가지 개념에 대해 자유를 이분화할 수 있는 속성인지, 소극적 자유만이 진정한 자유인지 등에 대한 여러 반론이 왕성하게 제시되었으며, 특히 공화주의자들에 의해 격렬히 반대되었다.

공화주의자들은 간섭의 부재 또는 불간섭이 곧 자유를 의미하지 않는다고 주장하였다. 예를 들어 인자한 주인을 둔 노예는 아무런 간섭 없이 살아갈 수 있지만 자유롭다고는 할 수 없으므로, 자유의 반대말은 간섭이 아니라 종속 혹은 지배라는 것이다. 이것이 공화주의에서 말하는 자유의 의미이다.

페팃은 비지배(non-domination) 자유에 대해 소개하는 최선의 방법은 자유를 적극적 자유와 소극적 자유로 나눈 벌린의 분류가 제3의 가능성을 배제하고 있다는 점에서 살펴보는 것이라고 말한다. 벌린은 소극적 자유를 물리적 강제뿐만 아니라 강요된 선택까지 포함하는 의도적 개입이나 간섭의 부재, 즉 불간섭으로 설명한다. 즉, 누구도 나의 행동에 간섭하지 않는 한 자유롭다. 반면에 적극적 자유는 불간섭 이상의 것을 요구하는데, 그것은 행위자가 스스로 자신을 통제하고 관리하는 능동적 역할을 할 때, 즉 자율을 성취할 때 성립한다.

페팃은 바로 이 두 가지 자유 개념이 서로 충돌한다고 지적한다. 타인의 간섭이 존재하는 한 자율은 불가능하고 따라서 온전한 자유를 누리는 적극적 자유가 실현되기 위해서는 간섭의 부재를 넘어서는 무엇이 필요하기 때문이다. 페팃은 이 무엇을 타인에 의한 지배의 부

재라고 제안한다. 지배의 부재, 즉 비지배라는 조건에서 자유를 새로이 정초하는 페팃의 제3의 해석은 간섭과 같은 지배의 부재에 초점을 맞춘다는 점에서 소극적 자유와 공통점을 가지면서, 동시에 자율을 방해하는 지배에 초점을 맞춘다는 점에서 적극적 자유와 공통점을 갖는다. 하지만 불간섭 자유든 자율적 자유든 간에 자유가 성립하기 위한 근본 조건은 외부적 지배의 부재이므로, 페팃은 자유를 비지배 자유라고 달리 정의한다.

페팃의 새로운 정의에 따르면 적극적 자유로서의 자율이 자유의 내용으로서 적절하지 않다는 것이다. 왜냐하면 견제하는 힘을 가진 시민을 대신하는 대의 정치처럼 자율 없는 비지배가 분명히 있을 수 있고, 무엇보다 비지배 없이는 어떤 경우에도 의미 있는 형태의 자율이 사실상 불가능하기 때문이다. 따라서 자유가 굳이 자율이어야 하는 까닭이 없는 만큼 적극적 자유로서의 자율과 비재배 자유는 사실 다른 층위의 논의라고 할 수 있다. 이런 사정을 감안하면 비지배 자유가 간섭의 부재라는 소극적 자유와 어떻게 구분되는가를 따져 보는 것이 과제로 나타난다.

— 김범춘, 「신공화주의 정치 철학에서의 자유의 문제」

공화주의는 비지배로서의 자유를 최대한 실현하기 위해 개인이 책임감 있는 시민으로서 중요한 공적 사안의 논의에 적극적으로 참여하고 이를 위한 자치 구조와 제도가 갖추어져야한다고 주장한다. 공화주의적 자유는 적극적 자유와 비슷해 보이지만, 어떤 일원론적 가치를 배제하면서 자의적 지배에서 해방되어 개인들의 이익과 목표를 추구하는 것을 자유로 본다는 점에서 차이가 있다고 할 수 있다.

5 신공화주의

페팃은 신공화주의가 어떤 고정된 이데올로기나

이상 국가의 청사진을 제공하기보다는 각각 사회가 처한 정치적 환경과 문화적 유산에 따라 각기 다른 적용을 할 수 있는 조정 원칙으로서 역할을 수행할 것이라고 보았다.

신공화주의가 제시하는 비지배 자유의 원칙은 자유주의가 불간섭의 원칙에만 집착한 나머지 자율적인 개인의 공동체에 대한 헌신에 무관심했다는 점과 더불어, 공동체주의가 선험적이고 자연 발생적인 연대감을 지나치게 강조함으로써 개인의 자유를 파괴하고 다양성을 해치는 전체주의적 방향으로 전환될 수 있다는 우려를 동시에 극복할 수 있을 것으로 평가된다.

6 시민의 덕성(civic virtue)

공화주의는 공공선을 담보하는 법의 지배 아래 시민들이 다른 시민들에게 예속되지 않고 자유를 누리며, 시민적 덕성을 실천하는 정치 질서를 세우는 것을 목표로 한다. 이를 위해서 공공성을 목적으로 하는 법의 지배에 있는 사람들의 적극적인 참여와 지지가 필요하다.

법과 제도가 아무리 잘 갖추어져 있어도 사람들이 이를 따르지 않으면 아무런 의미가 없기 때문이다. 공화주의에서는 법과 제도의 중요성 못지않게 시민 의식 혹은 시민적 덕성을 중시 여긴다. 법과 제도는 스스로 기능하는 것이 아니라, 시민들의 선의 의지를 필요한 것으로 보기 때문이다.

더 알아보기

루소가 주장하는 '일반 의지'란 무엇일까?

루소는 『사회 계약론』에서 권력에 복종이 노예 상태로 전락하는 것이 아니라 자신의 자유와 권리를 실현하는 모델, 즉 '각 개인은 전체와 결합되어 자기 자신에게만 복종하고 이전과 마찬가지로 자유로울 수 있는 연합'으로 보았다.

"우리는 각자 자신의 신체와 모든 능력을 공동의 것으로 만들어 일반 의지의 최고 감독하에 둔다. 그리고 우리는 각 성원을 전체와 불가분의 부분으로서 한 몸으로 받아들인다."

– 루소, 『사회 계약론』

이 계약은 사회 질서의 기초가 자신의 의지에 기초한 계약으로, 각 개인이 자신의 모든 권리를 포기하고 자발적으로 복종하지만 계약 당사자 전체에 해당하기 때문에 각 개인은 서로가 자신의 권리를 포기하고 서로에게 양도한다. …… 자기가 자기 자신에게 복종하는 계약, 즉 자기 지배(자치)의 형식이라고 할 수 있으며, 자기가 자신의 의지에 복종하여 하나의 단일한 결사체를 구성하기 때문에, 그 지배에 대한 복종은 자기 자신에 대한 복종이며 자유의 실현이 되는 것이다. 자유 의지의 주체인 각 개인이 자발적 의사에 따라 사회 계약을 통해 공동의 단일한 결사체인 국가를 구성하고, 이 국가(공화국)는 일반 의지에 의해 지도된다. 일반 의지를 형성하기 위해서는 개별 의지를 일반 의지로 결속시킬 수 있는 공동의 관심사, 즉 공동선이 있어야 한다. …… 일반 의지의 행사가 주권이며, 양도·분할·대표될 수 없는 주권은 주권자 자신에 의해서만 대표될 수 있다.

– 류청오, 『공화주의, 민주주의, 그리고 루소의 사회 계약론』

33 홉스의 사회사상

▶ **홉스**(Hobbes, T., 1588~1679)

영국의 정치 철학자이자 최초의 민주적 사회 계약론자로서, 서구 근대정치 철학의 토대를 마련한 『리바이어던』의 저자로 유명하다. 홉스는 자연을 만인의 만인에 대한 투쟁 상태로 상정하고, 그로부터 자연권 확보를 위하여 사회 계약에 의해서 리바이어던과 같은 강력한 국가 권력이 발생한다고 주장하였다.

사상의 흐름

홉스의 자연 상태	홉스의 사회 계약설	근대 자유주의 사상
○ 국가 성립 이전에 만인 평등, 그러나 상호 불신 → 전쟁 발생 ○ '만인에 대한 만인의 투쟁' → 폭력과 공포의 비참한 삶 ○ 자연 상태: 무질서한 악의 상태	○ 자연 상태에서 벗어나 각자의 생명과 안전을 보장받기 위해 사회 계약을 맺음. ○ 리바이어던으로 불리는 군주에게 개인의 권리 위임	○ 개인은 자연권을 가진 존재 ○ 국가는 개인의 권리를 보장하기 위해 계약에 의해 성립 ○ 자연권 사상의 확장 → 근대 자유주의 사상 형성

1 『리바이어던』

홉스의 『리바이어던』은 인간 본성에 대한 예리한 통찰 아래 자연 상태에서 인간은 만인에 대한 만인의 투쟁 상태로 살아갈 수밖에 없다는 데서 출발하여 자기 보호를 위한 사회 계약론의 기초 위에 근대 국가를 세운다는 주장을 담은 저서이다. 홉스가 죽은 3년 뒤 옥스퍼드 대학에서는 『리바이어던』을 금서 목록에 추가하였다. 그것은 권력이 인민으로부터 나온다는 주장과 인간의 자기 보존을 모든 의무에 선행하는 자연관으로 보는 위험한 사상을 포함하고 있다는 이유 때문이었다. '리바이어던'은 구약 성서 '욥기'에 나오는 괴물 이름에서 유래한다. 리바이어던은 '어느 누구도 감히 맞설 생각조차 못할 정도로 무시무시한 영생 동물이며 바다 괴물'이다. 홉스가 구상한 이상적인 국가란 바로 이 괴물과 같은 것으로, 누구도 반항을 꿈꾸기조차 못할 만큼 국가는 무시무시해야 한다는 뜻을 담고 있다.

▲홉스의 『리바이어던』 표지

『리바이어던』의 표지 그림 오른손에는 정치권력을 상징하는 검, 왼손에는 교회 권력을 상징하는 지팡이를 든 수많은 사람들로 이루어진 거인이 그려져 있다. 인간 집합이면서 인간의 힘을 월등히 뛰어넘는 괴물은 인공 인간이며, 이는 곧 국가라는 홉스의 주장을 풍자적으로 표현하고 있다. - 홉스, 『리바이어던』

2 홉스의 '자연 상태'

홉스가 말하는 자연 상태란 국가가 생기기 이전에 인간이 살아가는 세상의 모습을 그린 것이다. 그는 인간이란 날 때부터 모두 평등하게 바라본다. 그러나 똑같은 수준의 기대와 희망을 품은 사람들 사이에 서로 같은 것을 원하지만 그것을 똑같이 누릴 수 없다면 그 둘은 서로 적이 되어 상대방을 무너뜨리거나 굴복시키려 한다고 보았다. 이러한 상호 간 불신의 자연 상태에서는 전쟁이 발생한다고 주장한다.

우리는 인간의 본성 속에서 분쟁을 일으키는 세 가지 주된 원인을 찾을 수 있다. 첫째는 경쟁이며, 둘째는 불신이며, 셋째는 공명심이다. …… 인간은 그들 모두를 위압하는 공통 권력이 없이 살아갈 때는 전쟁 상태로 들어간다. 이 전쟁은 만인에 대한 만인의 전쟁이다. 즉, 전쟁은 단순히 전투 또는 투쟁 행위의 존재 유무만으로 판단하는 것이 아니라, 일정 기간에 걸쳐 전투 의지가 존재하는 것이 확실하다면 그 기간 동안에도 전쟁 상태에 놓여 있는 것이다. …… 만인이 만인에 대해 적인 상태, 즉 전쟁 상태에서 벌어지는 모든 일은 자기 자신의 힘과 노력 이외에는 어떤 안전 대책도 존재하지 않는 상태에서도 똑같이 발생할 수 있다. 그런 상태에서는 노동에 대한 결과가 불확실하기 때문에 땀 흘려 일한 데 대한 보상이 불투명하다. 따라서 토지의 경작이나 항해, 해상 무역, 편리한 건축물, 이동을 위한 도구 및 무거운 물건을 운반하는 기계, 지표(地表)에 대한 지식, 시간의 계산도 없고 예술이나 학문도 없으며, 사회도 없다. 그리고 가장 나쁜 것은 끊임없는 두려움과 폭력에 의한 삶과 죽음의 갈림길에서 인간의 삶은 외롭고, 가난하고, 비참하고, 잔인하고, 그리고 짧다는 것이다. - 홉스, 『리바이어던』

이렇게 볼 때, 홉스가 주장한 자연 상태는 모든

사람이 평등하지만 서로를 불신하기 때문에 전쟁 상태에서 벗어날 수 없는 비참한 상태라고 할 수 있다. 이러한 전쟁 상태에서 각 개인은 서로 경쟁하고 있으며, 그 과정에서 서로를 적대시함으로써 평화를 이룰 수 없고, 각자의 희망 또한 이룰 수 없고, 자신의 생명조차도 보장받기 어렵다. 홉스의 자연 상태는 곧 폭력이 난무하는 무질서한 악의 상태로 이해할 수 있다.

3 '자연권'과 '자연법'

홉스는 자연 상태 속에서 죽음과 고통으로부터 자기의 생명과 몸을 지키기 위해 필요한 모든 것을 행할 자유에 대해 누구나 동의할 수 있는 올바른 것이며, 이성에 어긋나지도 않는 권리라고 주장한다. 그에 의하면, 국가나 체제, 출신과는 전혀 무관하게 성립하는 인간의 생득적인 권리가 바로 자연권이다. 이렇게 볼 때, 홉스가 주장한 자연 상태는 만인이 만물에 대한 권리를 갖는 상태, 심지어 다른 사람의 생명과 몸에 대해서조차 그것을 자유롭게 해도 되는 권리를 서로가 지닌 상태이다. 이러한 상태에서는 모든 사람이 무제한적인 자연권을 행사함으로써 실제로 지켜지는 자신의 자연권이란 존재할 수 없다.

권리란 어떤 일을 하거나 또는 하지 않을 자유를 말한다. 인간의 자연 상태는 모든 사람에 대한 모든 사람의 전쟁 상태이므로 누구나 오직 자신의 이성에 의해 지배당할 뿐이며, 그가 이용할 수 있는 힘 가운데 적으로부터 자기의 생명을 지키는 데 도움이 되지 않는 것은 아무 것도 없다. 따라서 그런 상태에서 모든 사람은 만물에 대한 권리를 가지며, 심지어는 서로의 몸에 대해서

까지도 권리를 가진다. 이와 같이 모든 사람의 만물에 대한 자연권이 존속하는 한, 어느 누구도 자연이 허락한 삶의 시간을 누릴 수 있다는 보장이 없다.

– 홉스, 「리바이어던」

홉스는 전쟁 상태에서 벗어나 평화를 실현하고 유지하려면 자연법이 필요하다고 본다. 자연법이란 신에 의해 인간 이성 속에 새겨진 선악의 공통된 척도이며 만인에게 공통된 보편적 도덕 법칙을 의미하는 개념이었다. 그런데 홉스는 이러한 자연법을 전쟁 상태를 혐오하고 평화의 실현과 유지를 바라는 인간이 그것을 위해 불가결한 수단으로서 승인하려는 일련의 규칙으로 바꾸어 놓고 있다. 홉스가 주장하는 제1의 기본적 자연법은 '만인은 평화를 획득할 희망이 있는 이상 그것을 위하여 노력해야만 한다.'라는 것이며, 여기에서 도출하는 제2의 자연법은 '인간은 평화와 자기 방어를 위해 그가 필요하다고 판단하는 한, 또한 다른 사람들도 모두 그럴 경우에는 만물에 대한 이 권리를 기꺼이 포기하고, 자신이 타인에게 허락한 만큼의 자유를 갖는 것으로 만족해야 한다.'라는 것이다. 이렇게 볼 때 홉스가 주장하는 자연법은 자연 상태에서 평화를 누리게 할 수 있으며 각자가 자신의 생명과 안전을 보장하기 위해 필수불가결한 요소라 할 수 있다.

4 홉스의 '사회 계약'

홉스는 전쟁 상태인 자연 상태를 벗어나 각자가 자신의 생명과 안전을 보장받기 위해 사회 계약을 맺는다고 본다. 그가 말하는 사회 계약은, 생명과 안전을 보장받는 대신 자연권을 양도하고자 하는 사람들 사이에 이루어지는 계약이다.

자연권을 양도받은 주권자는 어떤 약속도 지켜지게 할 수 있을 정도로 강력해야 한다. 왜냐하면 홉스가 지적하듯이, 무력이 따르지 않는 신뢰 관계는 빈껍데기일 뿐 사람을 지켜줄 힘이 전혀 없기 때문이다.

당사자 양쪽이 현재는 계약 내용을 이행하지 않은 상태에서 서로 신뢰를 바탕으로 한 신약이 자연 상태, 즉 만인의 만인에 대한 전쟁 상태에서 맺어졌다면, 이 계약은 무효이다. 그러나 그들 위에 채무 이행을 강제할 충분한 권리와 힘을 가진 공통 권력이 존재한다면 무효가 아니다. 자연 상태에서는 그런 강제적 힘을 기대할 수

없다. 강제적 힘에 대한 두려움이 없는 말의 속박은 인간의 야심, 탐욕, 분노 및 다른 정념을 이겨내기에는 지나치게 힘이 약하기 때문이다.

— 홉스, 「리바이어던」

홉스는 주권자에 대한 백성의 의무는 주권자에게 백성을 보호할 힘이 존속할 때만 계속된다고 보고, 그것이 불가능해졌을 경우에는 주권자에 대한 복종 의무는 소멸된다고 본다. 그가 가장 중요한 인간으로 간주한 사람들이 날 때부터 지니고 있는 자기 보존의 욕구는 어떠한 계약에 의해서도 폐기될 수 없다고 보았기 때문이다.

찰스 2세는 홉스의 '사회 계약론'을 왜 거부하였을까?

▲찰스 1세의 처형(1951) 청교도 혁명의 내전에서 의회파가 승리하여 찰스 1세가 처형되었다.

홉스는 '사회 계약'을 처음으로 주장한 근대 정치 철학자이다. 홉스에 따르면 자연 상태에서 이기적 본성을 지닌 개인들은 자신의 이익을 한없이 추구하며 '만인에 의한 만인의 투쟁'을 전개한다. 그는 만인이 서로 다투는 자연 상태 속의 사람들이 자신이 가지고 있던 개인의 권리를 양도하여 주권을 창조했다고 보았다. 홉스는 이렇게 창조된 국가의 이름을 '리바이어던'이라고 불렀으며, 이는 국가가 사회 계약에 의해 만들어진 인공적 산물이라는 점을 강조하기 위한 것이었다.

홉스의 『리바이어던』은 당시 청교도 혁명(1642~1651)의 내전으로 프랑스에 망명 중이던 찰스 2세에게 헌정되었으나 거절당했다. 찰스 2세와 왕당파들은 홉스의 사회 계약이라는 개념을 탐탁지 않게 여겼다. 시민들이 자신들의 보존을 위해 맺은 계약으로 왕이 권력을 얻는다면, 왕의 권력은 아래로부터 형성된 것이기 때문이다. 물론 홉스는 절대 왕권을 옹호하며 왕이 교회 권력으로부터 독립하기 위해 집중된 권력을 가져야 한다고 주장하였지만, 왕은 권력이 시민들로부터 나온다는 것을 용납할 수 없었던 것이다. 그래서 그들은 홉스의 논리 대신에 왕권은 신이 부여한다는 왕권신수설을 채택하였다. 왕권신수설은 위부터의 권력 형성을 의미하며, 권력 형성 과정에서 시민은 어떠한 관여도 할 수 없다는 것이다. 홉스의 사상에서 오늘날까지도 중요한 영향을 끼친 것은 사회 계약이라는 개념이다. 이 개념은 홉스와 정치적으로 대척점에 있었던, 로크에 의해 변증법적으로 수용 · 발전되었다.

34 루소의 사회사상

＋ 자연인
루소가 자연 상태의 인간을
지칭한 용어이다 루소는 자연
상태에서 인간은 완전한 자유
와 평등을 누리는 존재로 설
명하였다.

＋ 일반 의지
루소가 『사회 계약론』에서 사
용한 개념으로 '사회의 모든
사람에게 공유되는 의지'라는
의미이다.

＋ 적극적 자유
사회 구성원 각자가 자유롭고
평등한 존재로서 정치에 적극
참여하는 것이 당연하다는 의
미이다.

＋ 『에밀』
루소의 교육 사상을 엿볼 수
있는 대표 저서로서 참된 공화
국이 필요로 하는 참된 자유인
을 어떻게 교육할 것인가에 대
한 그의 답변이 담겨 있다.

▶ **루소**(Rousseau, J. J., 1712~1778)

프랑스의 사회 계약론자이며, 직접 민주주의자, 공화주의자, 계몽주의 철학자이다. 1762
년 저술한 『사회 계약론』에서 자유와 평등의 자연권을 국가 상태에서 확정하기 위한 이
론적 근거로 사회 계약을 주장하며 인민 주권의 이론을 완성하였다. 국가의 권력 행사가
정당화되는 유일한 조건으로서 '일반 의지'를 설정하고, 이것이 다수결에 의해 확인될 수
있다고 하였다.

**사상의
흐름**

인간 불평등의 기원

○ 자연 상태의 자연인: 자유와 평
등, 독립을 누리는 존재
○ 사회의 발전 과정에서 제도와 관
습으로 지배 정당화
○ 지배와 굴종, 폭력과 약탈, 부정
과 부패 발생 → 인간 불평등

루소의 사회 계약설

○ 인간은 자유인으로 태어나 선한
본성과 연민의 감정을 지닌 존재
○ 인간은 홀로 살수 없으므로 계약
을 통해 국가 형성
○ 국가는 구성원의 이익을 보호하
고 장려하는 역할 수행

근대의 공화주의 사상

○ 국가는 만인의 개별 의지가 아닌
구성원 전체의 일반 의지가 바탕
○ 국민 주권론: 개인의 주권은 타인
에게 양도할 수 없음.
○ 공동체 구성원의 적극적인 정치
참여 강조 → 근대 공화주의 형성

1 루소의 저술 활동

1749년 루소는 자신의 사색과 경험을 토대로 『학문 및 예술에 관한 논문』을 제출했는데, 그 주된 내용은 문명의 발전은 풍속을 순화시키는 것이 아니라 인간의 본래적 덕성에서 사치와 무절제로 몰아넣었다는 것이었다. 디종 한림원은 이 논문에 상을 주었고 루소는 커다란 영예를 차지하였다. 5년 후 그는 '인간 안의 불평등의 기원은 무엇이며, 이 불평등은 자연법에 의해 허용된 것인가'에 관한 논문 공모에서 현대 사회의 타락과 불평등은 사회 제도 그 자체에 기인한다는 결론에 다다랐다. 이러한 그의 논문은 『인간 불평등 기원론』(1755)으로 발표되었다. 이후 전원생활 속에서 저술 활동을 계속하였는데, 이때 『신 엘로이즈』(1761), 『사회 계약론』(1762), 『에밀』(1762)을 발간하였다.

『에밀』의 출판은 당시 사회에 많은 물의를 일으켜 파리 고등 법원은 루소에게 유죄를 선고하고, 제네바 시의회도 『에밀』과 『사회 계약론』을 규탄하였다. 이로 말미암아 그는 파리를 떠나 유럽 각지를 떠돌아다니며 방랑 생활을 하였다. 그는 이 기간 동안 자신을 변호하는 내용을 수록한 『고백록』을 저술하였다.

– 루소, 『사회 계약론』

2 루소 사회사상의 출발점

루소의 저서 『인간 불평등 기원론』은 루소의 사회사상을 이해하는 데 주축이 된다. 이 논문은 제1부와 제2부로 나뉘어져 있는데, 제1부는 자연 상태에 관한 내용이고, 제2부는 사회 상태에 관한 내용이다.

루소는 이 논문에서 인간 불평등의 기원을 찾아내기 위해 자연 상태에 있는 미개인, 즉 평등하고

행복한 '자연인'을 가정하여 고찰한다. 자연인에게는 자연적·육체적 불평등만이 있을 뿐이며, 사회적 불평등은 일어나지 않는다. 따라서 자연인은 완전한 자유와 평등과 독립을 누리게 된다.

자연 상태에서 자연인에게는 생활 기술이나 언어, 주거, 전쟁, 동맹도 없으며, 동포의 도움을 전혀 필요로 하지 않을 뿐만 아니라 그들을 결코 해치려고 하지도 않는다. 아무도 개인적으로 기억하는 일조차 없는 자연인은 약간의 정념에만 지배당할 뿐 자기 혼자서 일을 해결할 수 있다.

– 루소, 『사회 계약론』

루소는 인간 불평등의 기원과 진보를 인간 정신의 연속적인 발전 과정이 일어나는 사회 상태에서 찾는다. 그는 사람들이 사회를 이루어 살기 시작하면서 서로 이익을 얻기 위해 쟁탈하게 되었고, 제도와 관습을 통해 지배를 정당화하게 되었다고 본다. 또한 이러한 불평등은 시간이 갈수록 더 커지며, 부정과 타락을 가져온다고 주장한다.

화폐가 발명되기 이전까지 부(富)는 단지 토지와 가축으로 나타났으며, 그것은 사람들이 소유할 수 있는 유일한 재산이었다. 그런데 상속 재산의 수나 범위가 증대되어 모든 것이 서로 접촉하게 되었을 때, 타인을 희생시키지 않고는 자기 재산을 늘릴 수 없게 되었다. 무력하거나 상속을 받지 못한 자들은 아무 것도 잃지 않았지만 어쩔 수 없이 가난해지고, 그의 생활용품을 부자로부터 얻거나 빼앗을 수밖에 없게 되었다. 이렇게 되자 사람들 각자의 성격에 따라 지배와 굴종, 또는 폭력과 약탈이 생기기 시작했다.

– 루소, 『사회 계약론』

3 루소의 '사회 계약'

루소의 『사회 계약론』은 그가 도피 생활을 할 때 약 10여 년 동안 줄곧 생각해 왔던 그의 정치사상을 집대성한 저작이라 할 수 있다. 이 책에서 루소는 『인간 불평등 기원론』에서처럼 자연 상태에서 출발하여 정당한 국가 권력은 어떤 모습인지를 피력한다. 그는 자연 상태에서 인간은 자유인으로 태어나 선한 본성을 지니고 자기애와 연민의 감정을 지니고 행복하게 살아가지만, 인간은 홀로 살 수 없으므로 계약을 통해 국가를 만든다고 본다. 사회 계약에 의해 이루어진 국가는 모든 성원들의 일반 의지를 바탕으로 이익을 추구해야 하며, 좋은 정부가 수행하는 국가를 위한 일은 곧 시민들에게도 이익이 된다고 본다.

나는 자연 상태에서 인간 생존에 해로운 장애물들이 강력한 힘을 발휘하여 인간의 힘을 능가해버린 시점을 가정해 본다. 그렇게 되면 그러한 원시 상태는 더 이상 존속할 수 없게 되고 인류는 그의 존재 양식을 바꾸지 않으면 멸망하고 말 것이다. 인간은 기존의 힘을 통합하여 새로운 방향으로 운영할 수밖에 없으므로 인간이 생존하기 위해서는 단결하여 그러한 장애물의 힘을 이겨낼 힘의 총화, 즉 사회 계약에 이르는 방법 외에 다른 방법은 없다.
— 루소, 「사회 계약론」

『사회 계약론』은 총 4부로 구성되어 있는데, 제1부에서는 사회 계약의 본질에 대해 고찰하면서 진정한 정부는 협약에 있으며, 각 개인들은 공동체를 위해 자신의 자연권을 포기하고 공동체는 개인의 생명과 재산을 보장해야 하며, 이러한 사회 계약을 통해 인간은 자연적 신분에서 시민의 신분으로 옮아간다고 본다. 제2부에서는 주권과 법의 문제를 다루는데, 주권은 일반 의사의 행사로서 양도될 수도 없고 분할될 수도 없다고 본다. 또한 정치체의 보존은 법에 의해 보장되며, 사회생활 문제에 대해 일반 의사의 적용을 명령한다고 주장한다. 제3부는 정부 및 정부의 여러 형태에 관한 고찰을 담고 있는데 주로 민주 정치, 귀족 정치, 군주 정치, 혼합 정부를 다룬다. 제4부는 로마 정치사에 초점을 맞추어 일반 의사는 파괴될 수 없으며, 국가의 보존과 전체의 이익을 위해 제한된 독재가 불가피하다는 의견을 제시한다.

4 루소의 공화주의 사상

루소의 『사회 계약론』에는 공화주의의 전통이 담겨 있다. 그가 주장하는 정부나 정치체는 만인의 개별 의지가 아니라 일반 의지라는 공통성에 입각하고 있다. 그리고 국민의 주권이나 국가의 법은 이러한 일반 의지에 바탕을 두고 정당화할 수 있다. 루소는 이러한 일반 의지의 개념을 바탕으로 국가 공동체는 사회 구성원 모두의 것이며, 국가 공동체가 수행하는 일은 개인의 이익을 침해하지 않는다고 본다.

'모든 공공의 힘으로부터 각 구성원의 신체와 재산을 방어하고 보호해 주는 연합의 형태, 그리고 각 개인은 전체와 결합되고 자유로울 수 있는 그런 연합의 형태를 발견하는 것'이 사회 계약이 해결해야 할 근본 문제이다. …… 이러한 계약은 다음과 같은 말로 요약될 수 있다. '우리는 각자 자신의 신체와 모든 능력을 공동의 것으로 만들어 일반 의사의 최고 감독하에 둔다. 그리고 우리는 각 구성원을 전체와 불가분의 부분으로서 한 몸으로 받아들인다.' 그 순간, 각 계약자의 인격은 사라지고, 투표에 참여하는 사람들로 조직된 결사체는 그 결합 행위로부터 통일성과 공동의 자아, 생명력, 의사를 지니게 된다.
— 루소, 「사회 계약론」

루소의 일반 의지에 기초한 주권 행사와 법의 수립은 국민 주권의 원리를 강조한 것이다. 이러한 원리에 따라 모든 개인의 주권은 타인에 의해 대표될 수 없으며, 주권자인 모든 국민이 정치 과정에 참여하는 것이 정당화된다. 다시 말하면 절대주의 왕정이나 독재와 달리 민주주의 정치 원리를 구현한 것이라 할 수 있다.

한편 루소는 단지 국가의 간섭이 배제된 소극적 측면의 자유보다는 예속과 지배에서 벗어난 자유롭고 평등한 상태를 강조함으로써 적극적 측면의 자유를 강조한다. 그는 이러한 예속으로부터 벗어나기 위해 사회 구성원 각자가 자유롭고 평등한 존재로서 정치에 참여하는 것이 당연하다고 본다.

국민이 주권의 주체로서 정당하게 의회를 구성할 때 정부의 모든 법률은 중지되고 행정권은 정지되며 가장 미천한 시민의 신분도 최고 행정관의 신분에 못지않게 성스럽고 불가침의 것이 된다. 왜냐하면 대표된 자가 몸소 나타날 때 대표자는 더 이상 존재하지 않기 때문이다.

– 루소, 「사회 계약론」

루소는 사회를 악과 타락의 주범으로 보았지만 인간의 사회성을 부인하지는 않았으며, 인간이 사회 계약을 맺어 공화국을 구성하는 것이 자연법과 합치된다고 생각하였다. 그에 의하면 인류의 역사가 시작되고 발전의 길로 들어선 것은 인간의 사회성 때문이다. 단지 그가 주목한 것은 사회 상태에서 인간 문명에 의한 타락이나 불평등이 생겨날 수 있다는 점이다. 이렇게 볼 때, 루소의 사회사상은 공화주의를 통해 사회 상태에서 나타나는 차별과 예속을 극복하고 좋은 권력과 좋은 정부를 구성하여 인간 사회를 건전하게 구성하고자 한 것으로 평가할 수 있다.

더 알아보기 | 루소의 『에밀』에 담긴 교육 사상의 특징은 무엇일까?

"아이들의 행복은 어른들과 마찬가지로 자신의 자유를 누리는 데 있다. 그런데 아이의 행복은 제한받고 있다. 자기가 원하는 것을 행하는 사람은 자기 스스로도 그것에 만족해야 행복한데, 자연 상태에 사는 어른의 경우가 그렇다. 그러나 욕망이 그 한계를 넘어서면, 자기가 원하는 것을 행하더라도 결코 행복하지 못한다. 그와 같은 상태에 있는 아이의 경우도 마찬가지이다. 우리 문명인들은 모두 타인의 도움 없이는 지낼 수 없게 되었으며, 이 때문에 우리는 또다시 약해지고 비참해져 있다 우리는 어른이 되기 위해 키워졌지만, 법률과 사회가 우리를 다시 어린 시절로 돌아가게 한 것이다." – 루소, 「에밀」

루소의 『에밀』에는 참된 공화국이 필요로 하는 참된 자유인을 어떻게 교육할 것인가에 대한 물음에 대한 그의 답변이 담겨 있다. 『에밀』은 루소가 이야기 형식으로 제시한 교육 개혁론이며, 동시에 문명 비평론이기도 하다. 이 책을 저술하면서 루소가 가장 역점을 둔 것은 어린아이의 영혼을 오염시키는 그릇된 교육자들과 문명의 해독으로부터 그들을 보호하는 일이었다. 루소는 아이들의 자유를 보존하기 위해 놀이와 종교의 선택에서 자유로워야 한다고 말한다. 그는 아이들이 연약한 존재로서 보호자가 필요하지만 그 연약함이 예속의 구실이 되어서는 안 되며, 자연법의 불가항력적 힘은 가르치되 인간에의 예속을 강요해서는 안 된다고 주장한다.

35 민주주의 사회사상

+ 아테네 민주 정치
성인 남자 자유민(시민)만이
폴리스의 중요한 일을 결정하
는 민회에 참여하여 추첨제나
윤번제로 공직에 참여하는 직
접 민주 정치이다.

+ 대의제
국민들이 직접 선출한 대표자
들을 통해 법률 제정 및 정책
결정에 참여하는 정치 형태
또는 그 절차를 말한다.

+ 참여 민주주의
정부의 정책 결정과 집행 과
정에 대한 시민들의 적극적인
참여를 강조한다.

+ 심의 민주주의
시민, 전문가, 공직자들이 공
론의 장에 모여 합리적 의사
소통을 통해 정책을 결정하는
민주주의의 형태이다.

▶ **페리클레스**(Perikles, B.C. 495?~B.C. 429)

고대 그리스 아테네의 정치가이자, 웅변가이다. 그리스-페르시아 전쟁을 승리로 이끌고
아테네의 황금시대를 열었다. 당대 역사가 투키디데스는 그를 '아테네 제1 시민'이라고
칭하였다. 그가 아테네를 지도하던 시기인 기원전 457년에서 기원전 429년 사이를 '페
리클레스의 시대'라고 하는데, 이 시대는 아테네 민주 정치의 절정기였다.

사상의
흐름

고대의 민주주의	근대의 민주주의	현대의 민주주의
○아테네의 민주 정치: 시민이 정치적 주체가 된 직접 민주 정치 → 제한적 민주주의 ○로마 공화정: 기원전 500년경 왕정을 폐지하고 귀족 중심의 공화정 수립	○자유주의 사상 확산 → 근대 시민 혁명으로 분출 ○명예혁명: 입헌주의 전통 수립 ○미국 독립 선언: 국민 주권의 원리 ○프랑스 혁명: 절대 왕정 타도, 봉건적 신분제 폐지	○산업 혁명 후 자본주의의 모순 심화 → 자유 민주주의 등장 ○대의 민주주의 한계 극복 → 심의 민주주의, 참여 민주주의 등장 ○시민의 자율성과 책임성, 소통과 유대 강화 강조

1 민주주의의 의미

민주주의의 어원은 고대 그리스어인 demos(인민, 다수)와 kratia(권력, 지배)의 합성어이다. 따라서 그 의미는 인민의 권력 또는 다수의 지배로 이해할 수 있다. 근대 이후 민주주의에서는 인민이 국민의 의미를 지니게 되었고, 다수의 지배는 국민 주권의 원리로 변화되었다.

고대 그리스의 민주주의는 민주정이라는 정치 형태를 통하여 논의되었는데, 플라톤이나 아리스토텔레스의 사상적 입장에 비추어 보면 좋은 정치를 상징하는 것은 아니었다. 플라톤은 지혜의 덕을 갖춘 철인(哲人)이 통치하는 철인 정치를 이상적인 정치 형태로 제시하였으며, 아리스토텔레스는 가장 이상적인 정치 형태를 현명한 군주가 다스리는 군주정이라고 보았다. 플라톤에게 민주정은 어리석은 시민들에 의한 정치로 비판되었으며, 아리스토텔레스는 민주정을 나쁜 정치 형태 중에서 그나마 가장 덜 나쁜 정치 형태로 분류하였다. 당시 정치에 참여하는 시민들이 미덕을 갖추기 힘들었으며, 자기 이익을 실현하기 위해 부정의한 결정에 얼마든지 동의하는 의견을 낼 수 있었기 때문이었다.

근대 시민 혁명 이후 민주주의는 자유, 평등, 인간 존엄성 존중의 이념을 바탕으로 긍정적인 정치 이념으로 받아들여지게 되었다. 근대 민주주의는 사회 구성원들의 평등한 정치 참여의 자유와 기본적 권리를 보장하는 정치를 추구하였다. 평등한 정치 참여는 어느 누구나 집단에게 지배받지 않고 평등하고 자유롭게 자신의 정치적 의사를 표현할 수 있음을 의미하며, 평등한 기본적 권리 보장은 삼권분립과 입헌주의를 통해 생명, 안전, 복지와 같은 부문에서 누구나 인간답게 살아갈 권리를 지닌다는 것을 의미한다. 이러한 민주주의의 정치 철학은 사회 계약론의 계승과 변형 과정을 통해 현대의 대표적인 정치 이념으로 발전하였다.

2 직접 민주 정치

민주주의는 다수에 의한 지배를 전제로 하는 정치 이념으로 정치체를 운영하는 최고 권력이 국민에게 있다고 본다. 따라서 민주주의 국가에서 국민은 평등한 정치 참여의 자유를 보장받아야 하며, 중요한 정책 결정에 나름대로의 견해를 자유롭게 표출하는 것이 보장되어야 한다. 국민의 정치 참여 방식에는 시민이 직접 정책 결정 과정에 참여하여 의사를 표출하는 방식과 대표자를 통해 시민의 의사를 반영하는 간접적인 참여 방식이 있을 수 있다. 직접적인 정치 참여 방식의 예로는 고대 그리스의 직접 민주 정치를 들 수 있다.

민회는 아고라라는 광장에서 열렸다. 민회에 참석할 수 있는 사람은 20세 이상의 남성 시민이었다. 통상 아테네 시민은 18세에 데모스의 명단에 올라가면 군사 훈련을 받았고, 19세에는 수비 임무를 맡았다. 따라서 20세가 되어야 시민으로서 권리를 누릴 수 있었다. 이러한 자격을 갖춘 시민 전체의 모임인 민회는 최고 결정권을 지닌 기관이었다. 민회에서 결정할 사안은 500인 협의회가 준비했다. 전쟁 참여 여부, 조약과 동맹, 입법, 선거, 시민권 부여 등 국가의 모든 중대사가 이곳에서 결정되었다. 결정 방법은 거수 표결이 일반적이었고 특별한 경우에는 투표를 했는데, 의결에 필요한 정족수는 6000명이었다. 민회가 1년에 40회 정도 열렸으므로 집회마다 전부 참여하기가 용이한 일은 아니었다. …… 아테네인들은 재판도 민회에서 진행했다. 이렇게 볼 때 아테네의 민회는 직접 민주주의의 모범으로, 시민이면 누구나 국정에 참여할 수 있는 제도였다고 할 수 있다.

- 김창성 편저, 「사료로 읽는 서양사1」

고대 아테네의 민주 정치에서 모든 시민들은 재산, 지위, 종교, 교육 수준에 관계없이 평등하고, 그들은 모두 법의 제정에 동등하게 참여한다는 두 가지 원칙이 지켜졌다. 따라서 시민들은 지배자인 동시에 피지배자였다.

아테네의 민주 정치와 같이 직접적인 민주주의가 실현되기 위해서는 기본적으로 소규모의 동질적인 시민들로 구성된 공동체에서 가능했다. 근대 시민 사회가 전개되면서 방대한 영토와 인구의 급속한 증가, 이해관계들을 달리하는 이질적인 시민들로 구성된 사회에서 직접 민주주의를 실현하기 어렵게 되었다. 대신 시민이 대표자를 선출하여 간접적으로 정치에 참여하는 대의제 민주주의가 발전하게 되었다.

3 대의제 민주주의

인민의 지배라는 민주주의 이념을 대의제라는 비민주적 실제와 결합시킴으로써 전적으로 새로운 형태와 차원의 민주주의가 가능하다는 것을 인식하기 시작한 것은 18세기가 되어서였다. 이를 인식한 대표적 학자가 밀이다. 밀은 소규모 단일 마을의 규모를 넘어서는 공동체에서는 고대의 직접 민주주의가 불가능하다고 생각하였고 현실에서 가능한 최선의 정치 체제는 인민이 그들 자신에 의해 정기적으로 선출되는 대표자를 통해 궁극적 통제권을 갖는 대의제 민주주의라고 주장하였다. 이로써 도시 국가의 소멸과 더불어 시들었던 민주주의는 18세기 들어서면서부터 대규모의 근대 영토적 국민 국가에서

도 이상적인 정치 체제로 부활할 수 있게 되었다.

- 임혁백, 「대의제 민주주의는 무엇을 대의하는가?」

대의제 민주주의는 선거를 통해 대표가 선출됨으로써 시민들의 집단적 의사가 확인되고 그들에게 집단적 의사가 위임되는 민주주의 형태이다. 대의제 민주주의는 시민들이 직접적인 참여를 통해 이루어지는 직접 민주주의가 아니라 간접 민주주의라 할 수 있다. 또한 시민들 간의 직접적인 접촉을 통해 집단적 의사 결정이 이루어지는 것이 아니라 시민들의 의사가 대표자에 의해 집합되는 민주주의 형태라 할 수 있다. 이러한 대의제 민주주의가 시민들의 의사를 실현하기 위해서는 대체로 다음과 같은 조건이 필요하다.

첫째, 시민의 대표가 완벽한 시민의 대리인이어야 하며, 둘째, 대표를 통해서 표출되는 시민의 의사는 합리적인 선택을 전제로 해야 한다는 것이다. 이러한 조건을 충족시키기 위해서는 시민들의 완벽한 정보를 가지고 선택의 자유가 보장된 선거 제도가 이루어져야 한다.

4 심의 민주주의

심의 민주주의(deliberative democracy)는 시민들이 선거를 통해 선출된 대표에게 공적 문제의 해결을 위임하지 않고 스스로 공적 문제에 대한 심의를 통해 해결하려는 직접 참여 방식의 민주주의이다. 이는 대의제 민주주의가 안고 있는 대표의 실패 문제를 해결하고자 고전적인 아테네 민주주의의 이상을 실현하고자 한다. 심의 민주주의에 의하면, 평등한 사람들의 자유로운 공적 심의를 통해 도달된 민주적 과정은 집단적으로 정당화된다는 것이다.

심의 민주주의에서는 시민들의 선호가 고정되어 있지 않고 대화와 토의 토론과 심의의 과정을 통해 변화할 수 있다고 가정한다. 따라서 시민들은 대화와 담론, 토론과 심의의 과정을 통해 자신이 선호하는 것을 세련되게 할 수 있으며, 자신의 잘못된 선호를 교정할 기회를 가지게 된다. 따라서 심의가 이루어지는 공적 토론의 장은 다양한 시각과 이익들이 상호 이해와 비판의 과정을 거쳐 공동의 바람직한 의사 결정이 이루어지는 장이라 할 수 있다.

오늘날, 대의제 민주주의는 대표자들이 정파에 휘둘려 심의의 과정을 거치지 않는 심의의 위기, 시민들의 의사와 다른 대표자들의 의사 결정으로 인한 정치적 무관심, 유권자들의 이해의 다양성과 선호의 변화 등은 공적 문제에 대한 합의를 실천으로 옮기기 어려운 한계점을 지닌다. 심의 민주주의는 심의에 참여하는 시민의 의사가 계속 변화할 수 있다는 점, 실제 심의 과정이 비이성적으로 진행될 수 있다는 점, 자유로운 심의를 위한 시간적·공간적 한계가 한계점으로 지적된다. 그렇지만 심의 민주주의는 대의제 민주주의가 안고 있는 대표의 실패 문제를 극복하고 의사 결정의 공공성을 확보하는 데 도움을 줄 수 있으며, 시민의 대표자들로 하여금 시민적 합의에 기초한 결정에 정당성을 제공할 수 있다는 점에서 그 의의를 찾을 수 있다.

더 알아보기 | 대의제 민주주의의 한계를 어떻게 극복할 수 있을까?

"영국의 국민은 스스로 자유롭다고 생각하면서 스스로를 속인다. 사실상 그들은 의회 의원을 뽑을 때만 자유롭다. 그렇지만 새로운 의원이 뽑히자마자 그들은 또다시 사슬에 묶여서 아무 것도 아닌 존재가 된다. 이렇게 그들에게는 짧은 순간의 자유를 누리는 그 방법으로 그것을 잃어버려 마땅한 것이다."

– 루소, 「사회계약론」

대의제 민주주의는 대표자가 시민의 의사를 대표하지 못하는 대표의 실패 문제를 안고 있다. 이러한 대표의 실패는 먼저 시민들이 선거에 의해 선출하는 대표자는 일반 시민과 동질적이라기보다는 능력과 자질, 명성 등에서 훨씬 우월한 사람들로 구성되어 있다는 점, 그리고 대표자들이 의회에서 정책을 결정할 때 자신을 선출해 준 일반 시민을 대표하는 것이 아니라, 자신이 속한 정당이나 자기 개인의 이익을 중시하는 의사 결정을 한다는 점을 근거로 들 수 있다. 이러한 대의제 민주주의의 문제점을 보완하기 위해 시민들의 의사를 직접 정치 과정에 반영하기 위해 참여 민주주의가 대안으로 모색되고 있다.

참여 민주주의를 주장하는 페이트먼(Pateman)에 의하면 참여 민주주의는 참여 그 자체가 참여자들의 권리를 실현하는 것으로서 가치를 지닌다. 이는 참여의 결과나 어떤 효과 때문이 아니라 참여하는 것 자체가 민주주의를 실현하는 행위라는 믿음을 표현한 것이다. 특히 참여는 절차로서의 민주주의의 핵심 요소로 강조할 수 있는데, 그것은 그 자체가 시민의 의사를 표출할 수 있는 절차적 요소이기 때문이다.

정보 사회에 접어들면서 참여의 확대를 위해 최근에는 전자 민주주의가 대안으로 부각되고 있다. 인터넷을 통한 설문 조사, 여론 수렴, 선거 캠페인 및 홍보, 온라인 투표, 사이버 국회, 전자 공청회, 정책 결정에 따른 시민의 참여 및 토론을 비롯해 자신이 지지하는 후보나 정책 등을 인터넷을 통해 다른 사람들에게 알리는 일련의 정치적 행위 등은 시민의 참여를 확대시킴으로써 대의 민주주의의 문제점을 보완하는 기능을 수행하고 있다.

– 정원규, 「민주주의의 두 얼굴: 참여 민주주의와 숙의 민주주의」

> **"우리는 인간이어야 하고, 그 다음에 국민이어야 한다."**

36 시민 불복종 운동

▶ **소로**(Thoreau, H. D., 1817~1862)

미국의 사상가, 시인, 수필가이다. 노예 제도와 멕시코 전쟁에 항의하기 위해 홀로 숲에서 작은 오두막을 짓고 살기도 했으며, 인두세 납부 거부로 투옥도 당했고, 후에는 노예 해방 운동에 헌신하였다. 그의 그러한 정신은 시민 불복종으로 이어진 간디의 인도 독립 운동과 킹 목사의 시민권 운동 등에 사상적 영향을 주었다. 주요 저작으로는 『월든』, 『시민 불복종』이 있다.

사상의 흐름

소로의 관점	롤스의 관점	하버마스의 관점
○ 국민이기 이전에 인간으로서의 도덕성과 책무 강조 ○ 법 보다는 각 개인의 양심에 근거한 불복종 주장 ○ 불의한 법이나 권력에 대한 불복종은 인간으로서의 의무	○ 시민 불복종은 불법이지만 입헌 제도를 안정시키는 도구임. ○ 불복종은 비폭력적이고 공개적이며 다수의 정의관에 근거함. ○ 기본적 자유와 기회 균등의 원칙 훼손의 경우에 한해 정당함.	○ 법치 국가는 합법성을 토대로 정당성을 내세워서는 안 됨. ○ 국가는 절대적 복종이 아닌 조건부적 복종만을 요구할 수 있음. ○ 불복종은 마지막 수단이며 시민의 비판적 판단에 호소해야 함.

1 시민 불복종의 개념과 의의

일반적으로 시민 불복종(civil disobedience)은 국가의 법이나 정부 또는 지배 권력의 명령 등이 부당하다고 판단했을 때, 이를 공개적으로 거부하는 행위를 말한다. 또한 인간의 보편적인 휴머니즘과 상식에 따라 자신의 희생을 감수하면서까지 좋은 세상을 만들기 위해 노력하는 사람들이 표출하는 저항 의지의 한 형태라고도 할 수 있다. 하지만 시민 불복종이 정당화되려면 그것이 비폭력적이어야 하며, 최후의 수단이 되어야 하고, 자신의 처벌까지도 감수해야 하며, 그 목적이 정당해야 한다.

현대 사회에서도 국가나 정부가 그 자체로 선한 것이 아니며, 국가와 권력이 언제나 올바른 판단을 하는 것은 아니다. 따라서 전체주의적 정부가 아닌 민주주의 정치 체제라면 이러한 정치 체제를 적극적으로 수호하기 위해서도 시민들이 국가의 법률에 복종하지 않을 수 있어야 한다. 또한 민주주의 국가나 정부는 시민 불복종에 열린 마음으로 다가갈 수 있어야 한다. — 오현철, 「시민 불복종–저항과 자유의 길」

2 소로의 '시민 불복종'

불의한 법들은 존재한다. 당신은 그 법을 준수하는 것으로 만족할 것인가, 아니면 개정하려고 노력하면서 개정에 성공할 때까지 그 법을 준수할 것인가, 아니면 지금 당장이라도 그 법을 어길 것인가?

— 이진희, 「시민 불복종과 그 도덕 교육적 함의에 대한 연구」

소로는 자신의 양심에 따라 멕시코 전쟁과 노예 제도를 강력하게 비판하고, 인두세 납부를 거부하다 감옥에 수감되기도 하였다.

국가가 자신의 권력과 권위의 원천으로서 개인을 더욱 고귀하고 독립된 힘으로 인정하고 그에 걸맞게 대접하지 않는 한, 진정으로 자유롭고 계몽된 국가는 없을 것이다. — 앤드류 커크, 「세계를 뒤흔든 시민 불복종」

소로는 인간으로서 각 개인의 양심과 도덕성에 따른 행위가 상황과 관계를 변화시킬 수 있으며, 민주주의 제도 속에서 저항권을 행사하는 최후의 방법이 시민 불복종이라고 보았다. 따라서 자신의 양심에 따라 정의롭지 못한 국가 권력이나 부당한 법률에 불복종하는 것이 자신의 가치를 지키는 방법이라고 본 것이다.

우리는 먼저 인간이어야 하고, 그 다음에 국민이어야 한다고 나는 생각한다. 법에 대한 존경심보다 먼저 정의에 대한 존경심을 기르는 것이 바람직하다. 내가 떠맡을 권리가 있는 나의 유일한 책무는 어떤 때이고 간에 내가 옳다고 생각하는 일을 행하는 일이다. 단체에는 양심이 없다는 말이 있는데 그것은 참으로 옳은 말이다. 그러나 양심적인 사람들이 모인 단체는 양심을 가진 단체이다. 법이 사람들을 조금이라도 더 정의로운 인간으로 만든 적이 없다. 오히려 법에 대한 존경심 때문에 선량한 사람조차도 불의의 하수인이 되고 있다.

— 앤드류 커크, 「세계를 뒤흔든 시민 불복종」

소로의 관점은 "피를 흘릴 때를 생각해 보라, 양심이 상처를 입었을 때에도 일종의 피가 흐른다고 할 수 있지 않은가?"라는 그의 말을 통해서도 알 수 있다. 또 각 개인이 정치에서 적극적인 역할을 맡아야 한다고 주장하며, "당신의 표를 모조리 던져라. 종이쪽지 한 장이 아니라, 당신의 영향력 전부를 던져라."라고 하였다. 이는 단순한 불복종이 아닌 적극적인 행동을 촉구하는 것으로, 그는 개인의 힘을 적극적으로 표현하는 것을 중시하였다.

롤스에게 시민 불복종 행위는 소수자가 정치권력을 쥐고 있는 다수자에게 자신의 의사를 관철시키려 하는 신중하고 양심적인 정치적인 신념의 표현이며, 청원의 형태로 이루어지는 비폭력적인 정치적 행위이다. 그리고 공적 정의관에 비추어 보아서 이러한 정의관의 기본 원칙을 오래도록 끈질기고 의도적으로 위반하는 것, 특히 굴종이나 반항을 일으키는 기본적인 평등한 자유의 침해가 이루어지는 경우에 공통된 정의감에 호소하여 다수자들로 하여금 소수자의 합당한 요구를 인정하도록 만들어 주는 정치적 행위이기도 하다.

나는 우선 시민 불복종을 흔히 법이나 정부의 정책에 변혁을 가져올 목적으로 행해지는, 공공적이고 비폭력적이며 양심적이긴 하지만 법에 반하는 정치적 행위라 정의하고자 한다. 이러한 행위를 통해서 우리는 공동 사회의 다수자가 갖는 정의감을 나타내게 되고 우리의 신중한 견지에서 볼 때 자유롭고 평등한 사람들 사이에서 사회 협동체의 원칙이 존중되지 않고 있음을 선언하게 된다. …… 시민 불복종은 그것이 정치권력을 쥐고 있는 다수자에게 제시된다는 의미에서뿐만 아니라 그것이 정치적 원칙, 헌법과 사회 제도 일반을 규제하는 정의의 원칙들에 의해 지도되고 정당화되는 행위라는 의미에서 정치적 행위라는 점을 또한 주목해야 한다.

― 롤스, 「정의론」

롤스는 시민 불복종이 정당화되는 조건을 다음과 같이 제시하였다. 첫째, 법률이나 명령이 평등한 자유의 원칙을 심각하게 위반한 경우, 둘째, 공정한 기회 균등의 원칙을 현저하게 위반한 경우, 셋째, 정치적 다수자에게 정상적으로 꾸준히 호소해

왔지만 그 어떤 효과도 가져오지 못한 경우이다. 그는 이러한 조건이 충족된 경우에 한하여 시민 불복종이 정당화될 수 있다고 본다. 따라서 시민 불복종은 정치 질서의 밑바탕에 깔려 있는 다수의 보편적 정의관에 의거해야 하고, 비폭력적인 것이어야 한다고 규정한다. 그렇기 때문에 시민 불복종은 공공적 행위로서 공개적으로 공정한 주목을 받는 가운데 참여되어야 하는 것이지 은밀히 행해지는 것이 아니며, 비록 법의 바깥 경계선에 있는 것이긴 하지만 법에 대한 충실성의 한계 내에서 법에 대한 불복종을 나타낸 것이라고 본다. 또한 롤스는 사람들이 시민 불복종에 참여하는 목적은 다수자의 정의감에 호소하여 참여자들의 입장에서 다시 생각해 보도록 만들어 기본적 자유의 침해가 결코 복종할 수 없는 부정의한 것임을 인식시키려는 데 있다는 것이다.

만일 합당한 정치적 호소를 위해 어느 정도의 기간을 정상적으로 허용한 후에도, 기본적 자유가 침해되었을 경우 시민들이 시민 불복종으로 반대를 한다면, 이 기본적 자유는 보다 확고해지리라고 생각된다. 그래서 이러한 이유 때문에 당사자들은 법에의 충실성의 한도 내에서 정의로운 헌법의 안정성을 유지하기 위한 최종적인 장치를 마련하는 방식으로 정당한 시민 불복종을 규정하는 조건들을 채택하게 될 것이다. 비록 이것이 엄밀히 말해서 법에 반하는 행위이기는 할지라도 그것은 입헌 체제를 유지하기 위한 도덕적으로 옳은 방식인 것이다.

― 롤스, 「정의론」

이처럼 롤스는 시민 불복종을 어느 정도 정의로운 민주주의 국가 안에서 헌법의 합법성을 인정하고 받아들이는 시민들에게서만 일어나는 의무 간의 충돌, 즉 '법에 따라야 할 의무와 부정의에 반대해야 할 의무'에 준거하여 시민 불복종을 다루고 있다.

4 하버마스의 '시민 불복종'

하버마스는 그의 '담화 윤리론'을 통해 시민 불복종을 정당화한다. 정치권력, 입법 권력, 행정 권력의 궁극적 원천은 의사소통 권력이므로, 이 권력은 정의로운 법을 만드는 정치 체계에 개입해야 한다. 그러나 체계 권력이 의사소통 권력에 복종하지 않을 때 의사소통 권력의 모태인 시민 사회에서 체계의 부정의에 저항할 수 있고, 그 최후의 방법이 시민 불복종이라는 것이다.

– 이진희, 「시민 불복종과 그 도덕 교육적 함의에 대한 연구」

하버마스의 담화 윤리의 핵심은 모든 정치·사회적 권력의 원천은 시민들의 의사소통에 의해 합의된 결론에 의해서만 정당성을 획득할 수 있다는 것이다. 그러므로 법률조차도 담화 윤리를 준수하는 과정에서 도출된 사회적 합의의 결과에 복종하게 된다. 법치 국가가 시민들에게 요구하는 것은 처벌을 두려워하라는 것이 아니라 자율적으로 법질서를 인정하라는 것이다.

법은 불복종하는 사람들에게 언제나 행위의 정당성을 묻는다. 합법성이 정당성을 보장하지는 않는다. 법치 국가는 단순한 합법성을 토대로 자신의 정당성을 내세워서는 안 되며, 시민들에게 법에 대한 절대적 복종이 아닌 조건부의 복종만을 요구할 수 있다. 따라서 시민 불복종은 헌법을 중단하지 않는 프로젝트로서 이해되어야 한다. 즉, 국가와 사회의 기틀이 되는 법 원칙을 고정될 수 없는 역동적인 규칙 체계로 수용해야 한다는 점을 이해하면 된다.

더 알아보기   시민 불복종은 '개인적 양심의 저항'인가, '자발적 결사체'인가?

▲ 아렌트(1906~1975)

아렌트는 개인의 도덕적 양심에 입각하여 시민 불복종 문제에 접근하는 것은 문제가 있다고 본다. 양심은 무엇보다 비정치적이며 주관적이기 때문이다. 따라서 시민 불복종이 양심에 준거한다는 통상적인 관념을 비판하면서 새롭게 '자발적 결사체'의 개념을 제시하였다.

아렌트에 따르면 자발적 결사체는 시민들이 연합해 행위할 수 있는 조직이며, 일시적으로 구성되고 또 해체되면서 다양한 성격을 가질 수 있다. 자발적 결사체를 통해 개인들은 더 이상 고립되어 있지 않으며 하나의 권력을 형성한다.

불복종 시민은 개인으로서는 존재할 수 없으며 오직 집단의 일원으로만 기능하고 살아남을 수 있기 때문에, 시민 불복종은 자발적 결사체의 가장 최근의 형태라는 것이다. 이와 같이 아렌트는 시민 불복종이 개인적인 양심에 따른 저항이라는 논변에 반박하고, 자신의 독특한 권력 개념에 빗대어 시민 불복종은 어디까지나 집단적인 정치적 행위이며, 시민들의 실질적인 정치 참여를 가능하게 하는 조건으로서 자발적 결사체, 더 나아가 평의회를 제시하고 있음을 알 수 있다.

– 김정한, 「한나 아렌트의 시민 불복종」

37 롤스의 정의론

KEY WORD

공정으로서의 정의
자유롭고 평등한 시민들 간의
협력의 틀로서의 사회가 운
영되기 위해서는 먼저 협력의
공정한 조건에 대한 합의가
이루어져야 한다는 주장이다.

무지의 베일
계약 당사자들에게 일반적인
지식 이외의 특수한 여건에
대한 정보를 차단하여 그들이
처음부터 개별적인 특수한 이
익을 증진할 수 없는 공정한
상황에서 정의의 원칙들에 합
의하도록 유도하기 위해 롤스
가 도입한 개념이다.

정의의 두 원칙
롤스는 정의의 제1원칙으로
서 '평등한 자유의 원칙'과 제
2원칙으로서 '차등의 원칙'을
제시하였다.

▶ **롤스**(Rawls, J., 1921~2002)

미국 하버드 대학교 정치 철학 교수이자 철학자이다. 그의 대표 저서인 『정의론』은 현대 윤리학에서 중요한 저작으로 평가되고 있으며, 정치 철학의 주요 교재 중 하나로 인정받고 있다. 그의 정치 철학 저서들은 "가장 합리적인 원리는 모든 사람이 공정한 지위에서 수용하고 동의하는 것이다."라는 주장을 출발점으로 취하였다.

사상의 흐름

롤스의 정의론	롤스의 정치적 자유주의	롤스의 만민법 사상
○『정의론』저술 → '공정으로서의 정의' 표명 ○ 공정한 사회 운영을 위해 정의의 두 원칙 제시 • 제1원칙: 평등한 자유의 원칙 • 제2원칙: 차등의 원칙	○『정치적 자유주의』저술 → 민주적 정당성에 관한 주제 논의 ○ 중첩적 합의, 공적 이성: 무지의 베일 속에 있는 시민들의 공적 이성에 의해 합의되고 확립되는 공정으로서의 정의 주장	○『만민법』저술 → 롤스의 정의관을 국제 사회에 적용 ○ 민주 평화론 제시: 민주 사회들이 전쟁 없이 공존하는 만민 사회 실현 ○ 칸트의 영구 평화론을 바탕으로 하는 평화의 정치 철학

1 롤스의 사상

롤스는 자신의 철학을 스스로 '공정으로서 정의'라고 불렀다. 민주 사회를 위한 가장 적합한 도덕적 기초를 제공하는 것을 일관되게 추구한 롤스의 철학은 다음과 같은 3대 저술을 통해 구체적으로 표현된다.

첫째는 1971년 출판된 『정의론』이다. 이 책에서 롤스는 '공정으로서 정의'라는 자신의 정의관을 명시적으로 제시한다.

둘째는 『정치적 자유주의』이다. 이 책에서 롤스는 중첩적 합의와 공적 이성과 같은 개념을 도입하여 민주적 정당성과 같은 정치 철학적 주제를 본격적으로 다루고 있다. 한국에서는 롤스가 자신에 대한 공동체주의자들의 비판에 대한 대응으로 이 책을 저술한 것으로 알려져 있지만 이 책에서 롤스는 공동체주의에 대해서는 한 마디도 언급하지 아니한다.

셋째는 『만민법』이다. 이 책은 롤스가 자신의 정의관을 국제 관계에까지 적용한 것이다. 이 책에서 롤스는 민주적 평화론을 강력하게 개진한다. 민주적 평화론이란 칸트의 영구 평화론에서 시작한 것인데, 민주주의 사회들 사이에서는 전쟁이 거의 발생하지 않는다는 입장이다.

롤스는 민주 사회들이 전쟁 없이 공존하는 '만민 사회(the society of peoples)'를 '실현 가능한 유토피아(realistic utopia)'라고 하였다. 이런 점에서 롤스의 철학을 '평화의 정치 철학'이라고 부르는 것이 적절할 것이다. 롤스는 먼저 정의를 다음 세 가지로 구분한다.

첫째, 사회의 기본 구조에 적용되는 '정치적 정의'
둘째, 다양한 공동체에 적용되는 '국지적 정의'
셋째, 국가 간 정의를 다루는 '국제적 정의'이다.

2 공정으로서의 정의

'공정으로서 정의'라는 롤스의 정의관 전체를 아우르는 핵심 발상은 사회를 자유롭고 평등한 시민들 간의 협력의 틀(society as a cooperative venture)로 이해한다는 점이다. 이러한 사회가 운영되기 위해서는 우선 협력의 공정한 조건에 대한 합의가 이루어져야 한다. 따라서 정의의 1차적 주제는 사회의 기본 구조, 즉 사회의 주요 제도가 권리와 의무를 배분하고 사회 협동체로부터 발생하는 이익을 분배하는 방식이 된다.

여기서 사회의 주요 제도란 정치의 기본법이나 기본적인 경제적·사회적 체제를 말하며, 그 주요한 예를 들어 보자면 사상의 자유, 양심의 자유, 경쟁 시장, 생산 수단의 사유에 대한 법적 보호와 일부일처제 등과 같은 것이다. 따라서 최초의 합의, 즉 원초적 합의(original contract)의 대상은 특정 형태의 사회 구조나 정부 형태가 아니라 사회의 기본 구조에 대한 정의의 원칙들이다. 물론 공동체주의자인 왈처는 분배적 정의를 논의하는 과정에서 분배 원칙에 대한 합의보다 누구와 분배할 것인가의 문제, 즉 성원권(membership)에 대한 논의가 선행되어야 한다고 주장한다. — 왈처, 『정의와 다원적 평등』

최초의 계약을 할 때 가장 중요하게 다루어야 하는 것은 무엇일까?

롤스는 계약 상황 자체가 공정한지 먼저 살펴보고자 한다. 최초의 상황을 공정하도록 구현하기 위해 롤스는 근대 사회 계약론에서 흔히 볼 수 있는 '자연 상태(the state of nature)' 개념을 원용한다. 우리 모두가 최초의 계약 상황에 있다고 상상해 보자는 것이다. 롤스는 '무지의 베일(veil of ignorance)'이라는 일종의 사고 실험을 제안한다.

계약을 할 때 각자가 처한 특수한 사정에 따라 유리할 수도 있고 불리할 수도 있다. 아주 절박한 상황이라면 불리한 조건을 어쩔 수 없이 받아들이게 되고 여유 있는 상황이라면 유리한 조건을 고집하게 될 것이다. 그래서 롤스는 계약에 영향을 줄 수 있는 특수한 사정을 아예 모른다고 가정하자고 한다. 이것이 바로 무지의 베일이라는 가정을 도입하는 이유이다. 즉, 계약 당사자들에게 일반적인 지식은 허용하지만 그들의 특수한 여건에 대한 정보는 차단하는 제약 조건을 둠으로써 그들이 처음부터 개별적인 특수한 이익을 증진할 수 없는 공정한 상황에서 정의의 원칙들에 합의하도록 유도하는 것이다.

이러한 가설적 상황인 원초적 입장(original position)에서 당사자들은 차등의 원칙이나 평균 공리의 원칙 등 다양한 여러 대안적 정의관에 대한 비교 및 심의 과정을 거쳐 다음과 같은 정의의 두 원칙에 합의하게 된다.

3 정의의 두 원칙

제1원칙: 평등한 자유의 원칙
　각자는 평등한 기본권과 자유의 충분히 적절한 체계에 대해 동등한 권리 주장을 갖는 바, 이 체계는 모두를 위한 동일한 체계와 양립 가능하며, 또한 이 체계에서는 평등한 정치적 자유들, 그리고 오로지 바로 그 자유들만이 그 공정한 가치를 보장받는다.

제2원칙: 차등의 원칙
　사회 경제적 불평등은 다음 두 가지 조건을 만족시켜야 한다.
　첫째, 기회 균등의 원칙. 이러한 제반 불평등은 기회의 공정한 평등의 조건하에서 모두에게 개방되어 있는

직위와 직책에 결부되어 있어야 한다.
　둘째, 최소 수혜자 우선성의 원칙. 이러한 불평등들은 사회의 최소 수혜 성원들의 최대 이익이 되어야만 한다.
　　　　　　　　　　　　　　　－롤스, 「정치적 자유주의」

이러한 정의의 두 원칙 중 당연히 제1 원칙이 제2 원칙에 우선한다. 즉, 평등한 자유의 원칙이 차등의 원칙에 우선한다. 이를 두고 자유 우선성의 원칙이라고 한다. 제2원칙 내부에서도 첫 번째 기회 균등의 원칙이 두 번째 최소 수혜자 우선성 원칙에 우선한다.

4 재산 소유 민주주의

롤스가 제시하고 있는 정의의 두 원칙은 어떤 경제 체제와 잘 부합할 수 있을까?

이 문제는 철학자들뿐 아니라 정치학자들, 사회학자들, 나아가 경제학자들까지 가세하면서 현재까지도 격렬한 논쟁의 대상이 되고 있다. 많은 학자들은 롤스의 정의론을 '평등주의라는 상표를 단 복지 국가 자본주의에 대한 철학적 옹호론'으로 이해했다. 그러나 다른 일군의 학자들은 롤스의 정의론과 부합할 수 있는 정치 경제 체제는 고전적인 마르크스주의에서 말하는 자본주의와는 전혀 다른 체제라는 주장을 펴고 있다.

롤스 역시 자신의 정의론과 부합할 수 있는 체제들의 목록에서 복지 국가 자본주의를 분명히 배척한 후, 정의론과 양립 가능한 체제로 재산 소유 민주주의와 자유주의적(민주주의적) 사회주의를 제시하고, 전자를 구체적으로 예시하였다.

재산 소유 민주주의라는 개념은 원래 경제학자 미드(Meade, J. E.)로부터 롤스가 빌려온 개념이다. 미드는 자본주의에 대한 대안이 될 수 있는 체제를 다음 네 가지로 제시한다.

- 노동조합 국가(A Trade Union State)
- 복지 국가(A Welfare State)
- 재산 소유 국가(A Property-Owning Democracy)
- 사회주의 국가(A Socialist State)

— Meade, J. E., 『Efficiency, Equality and the Ownership of Property』

그런데 미드는 재산 소유 국가와 사회주의 국가만이 자본주의에 대한 대안이 될 수 있다고 주장하였다. 롤스의 '재산 소유 민주주의'는 미드의 것과 대동소이하다. 다만 한 가지 주목할 만한 차이점이라면, 미드가 사회적 평등을 이루기 위해 유전 공학적인 사회 정책까지 옹호하는 데 비하여 롤스는 이런 정책에 대해 개인의 기본적 자유를 침해할 수 있다는 점을 들어 명백히 거부한다는 점이다.

롤스는 자본주의의 대안으로 재산 소유 민주주의를 제시하면서 그 기본적인 사회적 제도들에 대해 다음과 같이 윤곽을 제시한다.

- 정치적 자유들의 공정한 가치를 보장하는 장치들
- 교육 및 훈련에서 기회의 공정한 평등을 실현하기 위한 장치들
- 모든 이들을 위한 기본적 수준의 보건 의료

— Rawls, J., 『Justice as Fairness』

나아가 롤스는 여기에 다음 두 가지 조건을 더 추가한다. 즉, 1) 경쟁적 시장 체제, 2) 시장의 불완전성을 시정하고 나아가 분배적 정의의 관건이 되는 배경적 제도들을 보존하기 위한 적정 수준의 국가 개입. 요컨대 재산 소유 민주주의의 기본적 제도들은 위에서 지적한 i), ii), iii) 그리고 경쟁적 시장 체제 및 적정 수준의 국가 개입으로 이루어져 있다고 할 수 있을 것이다.

롤스는 재산 소유를 평등하게 하는 핵심적인 제도적 방안으로 1) 증여 및 상속에 대한 누진 과세, 2) 다양한 종류의 교육 및 훈련 기회의 평등을 진작시키는 공공 정책을 제시한다. 일반적으로 교육 기회의 평등을 실현하고자 하는 공공 정책은 시민들이 소득 획득 능력을 갖추도록 하는 적극적인 정책이라 할 수 있다. 그러나 가정의 자율성이 존중되는 한, 그리고 개인의 소득 획득 능력에 결정적인 영향을 미치는 고등 교육의 경우 그 비용이 엄청나다는 점을 고려한다면, 교육 기회의 실질적 평등을 실현하는 것은 항상 불완전할 수밖에 없다. 이에 비해 증여 및 상속의 경우, 누가 어느 정도를 받게 되는가는 대부분 우연에 의해 결정되며 도덕적 관점에서 볼 때 임의적인 것이다. 그렇기 때문에 배경적 정의를 훼손할 정도의 불평등을 야기할 수 있는 증여 및 상속에 대해서는 누진 과세를 할 필요가 있다. 바로 이 누진 과세와 관련하여 롤스의 정의론은 복지 국가 자본주의와 완전히 결별한다.

38 자본주의 사회사상

> "'보이지 않는 손'에 이끌려 사회 이익을 달성하게 한다."

KEY WORD

시장 실패
시장이 효율적인 자원 배분을 이루지 못해 경제 침체를 초래한 상황을 말한다.

정부 실패
정부가 시장에 개입한 결과 최적의 자원 배분과 공정한 소득 분배에 실패한 상황을 말한다.

수정 자본주의
시장 실패를 극복하기 위해 정부의 재정 확대를 통한 새로운 수요 창출과 경기 회복 등을 강조한다.

신자유주의
정부 실패를 해결하기 위한 대안으로 정부의 복지 정책 축소, 노동 시장 유연화 등 시장의 역할을 강조한다.

▶ 스미스(Smith, A., 1723~1790)

영국의 정치학자, 경제학자, 윤리학자이다. 1759년 『도덕 감정론』을 발표하였고, 1776년에는 유명한 『국부론』을 발표하여 국가가 여러 경제 활동에 간섭하지 않는 자유 경쟁 상태에서도 '보이지 않는 손'에 의해 사회의 질서가 유지되고 발전된다고 주장하였다. 그는 고전 경제학의 대표적인 이론가이자 경제학의 아버지로 불리며 자본주의와 자유 무역에 대한 이론적 심화를 제공하였다.

사상의 흐름

자유방임적 자본주의	수정 자본주의	신자유주의
(18~20세기 초)	(20세기 중후반)	(20세기 후반~현재)
• 보이지 않는 손의 기능 • 개인의 합리적 이기심 존중 • 시장에서의 자유 경쟁 • 대표 사상가: 스미스	• 정부의 적극적 시장 개입 • 국가에 의한 유효 수요 창출 • 실업자 구제, 누진세 정책 • 대표 사상가: 케인스	• 시장 기능을 통한 정부 실패 극복 • 시장에 의한 경제 침체 극복 • 정부 기능 축소, 시장 경제 확대 • 대표 사상가: 하이에크, 프리드먼

1 자본주의의 등장

15~16세기 유럽은 군주가 자신의 권력을 강화하기 위해 부(富)를 통제하였고, 무역과 제조에 관한 권리는 군주에 의해 특정한 사람들에게만 주어지게 되었다. 이러한 독점적인 중상주의적 경제 체계에서 서구의 강대국들은 안정적인 자원 공급지 확보와 상품 판매 시장 확보를 위해 식민지를 개척하게 되었다. 그러나 중상주의 경제 체계는 식민지인뿐만 아니라 자국민으로부터도 자신이 원하는 생산과 판매 권리를 제한함으로써 반감과 불만을 증대시켰다. 이러한 상황에서 개인의 자유를 최고의 가치로 내세우는 자유주의 사상이 대중적 지지를 확보하게 되었다.

근대 자본주의는 18세기 후반 영국에서 산업 형태로 처음 등장한 경제 체계로서, 이후 식민지 확대와 더불어 전 유럽과 북미를 거쳐 전 세계로 퍼져나갔다. 자본주의는 인간 본성에 잠재하고 있는 어떤 것을 다른 어떤 것으로 교환하려는 성향에서 그 근원을 찾아볼 수 있다. 이러한 자유주의 이념을 토대로 자유방임적 자본주의 경제 체계를 제시한 스미스(Smith, A.)의 이론은 근대 자본주의 이론의 사상적 기초가 되었다. 스미스에 의해 체계화된 근대 자본주의의 특징은 대체로 개인의 자기 이익 추구와 국가 역할의 최소화, 그리고 사유 재산의 제도화를 그 특징으로 한다. — 노병철 외, 『현대 사회와 이데올로기』

2 스미스의 『도덕 감정론』

서구의 19세기 이전까지는 오늘날과 같이 다양한 학문 영역 간 분화가 심화되지 않았다. 이 때문에 경제와 관련된 논의는 윤리학과 법학 등 다른 영역의 문제와 밀접한 상호 연관 속에서 행해졌고, 부의 추구 및 덕성의 병립 문제, 사익과 공익의 양립 가능성 문제도 이러한 틀 속에서 전개되었다. 글래스고 대학교의 교수였던 스미스는 도덕 철학의 강좌를 맡고 있었는데, 그의 강의 중 윤리학 강의는 후에 『도덕 감정론』, 경제학 강의는 후에 『국부론』의 주요 부분을 구성하게 되었다.

『도덕 감정론』에서 스미스가 관심을 가진 중요한 주제는 '사람들이 어떠한 메커니즘을 통하여 실제로 도덕 판단을 하는가?'라는 것이었다. 그는 동감과 공정한 관찰자의 원리를 통하여 이를 밝히려고 시도하였다. 스미스는 도덕 세계의 질서가 조화롭고 이롭다는 사실을 설명하기 위한 윤리학의 중심 원리를 이성이나 신학적 전제가 아닌 도덕 감정을 기초로 삼았다.

인간이 아무리 이기적이라 할지라도 타인의 운명에 관심을 가지게 하는 원리가 인간 본성 가운데 명백히 존재하고 있다. …… 우리가 타인의 슬픔을 보고 빈번히 슬픔을 느낀다는 것은 입증을 필요로 하지 않는 너무나 명백한 사실이다. 왜냐하면 여타의 모든 본원적인 감정과 같이 이러한 감정은 미덕을 실천하거나 인간적인 사람에게만 국한되어 존재하는 것이 결코 아니기 때문이다.

— 스미스, 『도덕감정론』

산업 혁명과 시민 혁명 이후 인간의 본성은 다양하게 발현되었다. 그동안 억눌려 있던 인간의 이기적 본성이 자본의 축적을 가져왔고, 상인과 자본가로 이루어진 부르주아 계급이 사회 질서를 이끌었다.

『도덕 감정론』은 인간의 본성인 이기심이 도덕과 절제를 통해 공감(sympathy)과 자기애(self-love)를 통해 사회적 조화를 이룩하기 위한 의도에서 저술되었다. 스미스는 인간에게 공감과 자기애가 자연스럽게 작용한다고 보았다. 그는 이러한 자연스러운 감정을 통해 자신의 욕구를 충족시키고 안정감을 얻으면서 타인과 사회에 해악을 끼치는 존재가 되지 않기 위해 분별력 있고 신중하게 행동한다고 본다. 스미스는 공감과 자기애를 도덕 감정으로 보고, 이를 바탕으로 시대적 전환기에서 새로운 도덕 철학을 만들어 사회 질서를 회복하고자 하였다.

스미스는 기독교의 절대 윤리나 이성의 힘을 믿는 계몽주의적 사고에서 도덕성의 기초를 찾지 않았다. 그가 도덕적 판단 기준을 인간의 자연스러운 감정에서 찾은 것은 당시에 매우 참신한 것이었다.

3 스미스의 『국부론』

『국부론』의 정식 명칭은 『국부의 본성과 원인에 관한 고찰』이다. 10년에 걸쳐 완성한 이 저서에서 스미스는 부의 원천은 노동이며 부의 증진은 노동 생산력의 개선으로 이루어진다고 주장함으로써 생산의 기초를 분업에 두었다.

분업과 자유로운 교환이 이루어지는 시장에서 개개인은 도덕 감정에 따라 자기 이익을 추구할 뿐이고, 익명의 무수한 타인들을 이롭게 하려는 인애의 의도는 가지지도 않고 가질 수도 없다. 그럼에도 불구하고 시장 거래의 결과는 타인들에게 의도하지 않았던 혜택을 가져오게 된다는 것이 『국부론』의 중요한 결론 중 하나이다.

> 모든 개인은 보통 공공의 이익을 증진시키려고 의도하지도 않고, 또 자신이 공익을 어느 정도 증진시키고 있는지도 모른다. …… 그는 자기 자신의 이익만을 의도하고 있는데, '보이지 않는 손'에 이끌려 자신이 전혀 의도하지 않은 목적을 증진시키는 데 기여하게 되는 것이다. 개인은 각자 자신의 이익을 추구함으로써 실제로 공

> 익 증진에 기여하려고 의도할 때보다도 더 효과적으로 사회의 이익 증진에 기여한다. ─ 스미스, 『국부론(상)』

스미스는 시장에서 사람들이 서로 만나고 거래하고 교환하는 행위가 이타적 자비심이 아니라 자기애가 있기 때문에 이루어진다고 보았다. 그가 주장하는 보이지 않는 손에 의해 자유 경쟁하는 개인은 이기심과 탐욕을 억누르게 되고, 타인이 지닌 자기애를 존중하는 자애심으로 이끈다.

4 케인스의 수정 자본주의

초기 자유방임적 자본주의가 더 이상 생명력을 유지할 수 없게 한 것은 대공황이었다. 케인스(Keynes, J. M.)는 자유방임적 자본주의 경제의 결함으로 높은 수준의 실업과 소득 불평등을 지적하면서, 자본주의를 지키기 위해서는 국가가 이러한 결함을 해결해야 한다고 주장하였다. 케인스에 의하면, 자본주의 사회의 구성원인 소비자, 투기꾼, 기업가는 이 결함을 해결할 수 없다. 왜냐하면 이 결함 그 자체가 그들이 장래의 '위험, 불확실성, 무지' 속에서 사적 이익을 추구한 결과로 생긴 것이기 때문이다. 그에 비해, 국가는 자본주의 사회 구성원들의 심리와 행동으로부터 독립할 수 있으며, 자본재의 한계 효율을 장기적인 견지에서 일반적인 사회적 이익을 토대로 계산할 수 있는 위치에 있기 때문이다. 그리고 국가는 사회적 공공 이익의 옹호자이기 때문에 당연히 실업과 소득 불평등을 제거한다는 것이다. 이러한 입장에서 케인스는 몇 개의 국가 정책을 제시했다.

장래에 대한 자본가들의 불확실성, 무지, 공포를 줄이기 위해 국가는 '통화와 신용'을 통제해야 하며,

사업 세계에 대한 현실적인 정보를 수집해서 발간해야 한다. 또 국가는 부자들의 재산과 소득에 대해 높은 세금을 부과해야 하며, 통화량 증가와 상품 가격 인상을 통해 실질 임금을 인하함으로써 투자를 촉진해야 한다. 그리고 국가는 화폐 신용 정책에 의해 이자율을 완전 고용이 달성되는 수준까지 인하해야 한다. - 김수행, 「케인스의 자본주의 분석과 경제 정책 비판」

마르크스와 달리 케인스는 자본주의를 자본가의 가치 증식과 계급 갈등과 투쟁을 초래하는 것으로 이해하지 않았으며, 국가의 역할 또한 부정하지 않았다. 그는 투자의 사회화를 통해 완전 고용에 가까운 상태를 획득할 수 있다고 보았다. 그가 주장하는 투자의 사회화는 사적 이윤을 위한 것이 아니라 사회적 이익을 위한 것으로서 투자의 규모와 방향은 국가 정책에 의해 결정된다. 그리고 사회적 투자는 대규모 실업을 제거하기 위한 국가 안의 반자율적인 조직인 대학이나 은행, 항만청, 철도 회사에 의한 투자, 그리고 자본과 경영이 분리되어 이윤의 극대화보다 조직의 일반적 안정과 명성을 중시하는 주식회사에 의해 이루어지는 공공사업들을 포함한다.

이렇게 볼 때, 케인스는 한편으로 자본주의 체제의 활력을 재생하여 자본주의를 재건하려고 하였으며, 다른 한편으로 자본주의의 장래에 대한 공포를 예언하는 반자본주의적 세력에 대항하여 완전 고용이 이루어지는 자본주의적 이상 사회를 제시하고자 했다고 평가할 수 있다.

더 알아보기 '신자유주의'란 무엇일까?

신자유주의는 국가 권력의 시장 개입을 비판하고 시장의 기능과 민간의 자유로운 활동을 중시하는 이론이다. 이는 케인스 이론을 도입한 수정 자본주의의 실패를 지적하고 경제적 자유방임주의를 주장하면서 본격적으로 대두되었다. 1970년대 이후 프리드먼과 하이에크 등 신자유주의자들은 장기적 경제 침체와 물가 상승이 국가가 시장에 적극 개입하는 경제 정책이 실패한 결과, 즉 '정부 실패'의 결과라고 지적하였다. 이러한 주장은 이후 미국의 레이거노믹스와 영국의 대처리즘의 근간이 되었다.

"시장은 개인들 사이에 이루어지는 일련의 상호 조정 작용이라고 할 수 있으며, 이 과정에서 개인들은 다른 개인이 알지 못하는 특수한 사실들을 고려한다. 시장은 코스모스로서 체계적인 목적을 가지지 않으며, 그것은 서로 다른 구성원들의 서로 다른 목적에 봉사하는 것이다. 시장은 소유권법, 불법 행위법, 계약법의 규칙들 내에서 행동하는 인간들을 통하여 형성되는 특수한 종류의 자생적 질서라고 정의된다."
– 하이에크, 「법, 입법, 그리고 자유 II: 사회적 정의의 환상」

신자유주의자들은 자유 시장과 규제 완화, 재산권을 중시한다. 신자유주의자들은 국가 권력의 시장 개입을 완전히 부정하지는 않지만 국가 권력의 시장 개입은 경제의 효율성과 형평성을 악화시킨다고 주장한다. 따라서 소극적 통화 정책과 국제 금융의 자유화를 통해 안정된 경제 성장을 목표로 한다. 이렇게 볼 때, 신자유주의는 수정 자본주의에서 강조하는 정부 기능의 확대보다는 고전적 자유주의의 입장에서 자본주의 사회 문제의 해결책을 찾는다. 자유주의의 입장에 따라 신자유주의자들은 정부의 시장 개입에 반대하며, 정부 기능을 축소하고 개인의 자유와 시장 경제를 확대하여 정부 실패로 인한 경제 침체와 물가 상승 등의 경제 문제를 해결하고자 하였다.

39 동서양의 평화 사상

+ 묵자의 겸애설
사회 혼란은 인간의 이기심과
차별적인 사랑 때문이며, 인
간이 차별 없이 사랑하고 서
로 이익을 나누어야 사회 혼
란을 극복할 수 있다는 주장
이다.

+ 칸트의 '영구 평화론'
칸트가 18세기에 주장한 것
으로 제1, 2차 세계 대전 이
후 등장한 국제 연맹이나 국
제 연합의 이론적 바탕이 되
었다.

+ 소극적 평화
전쟁이 일어나지 않고 직접적
이고 물리적인 폭력이 없는
상태를 의미한다.

+ 적극적 평화
직접적이고 물리적인 폭력뿐
만 아니라 구조적이고 문화적
인 폭력까지도 극복한 상태를
의미한다.

▶ **갈퉁**(Galtung, J., 1930~)

노르웨이 국제 평화 연구소의 창설자이며, 오슬로 대학교에서 평화와 분쟁 연구 교수로
재직하였다. 1964년 세계 평화학회를 발족하고 남북한을 여러 차례 방문하며 평화 통일
을 위해 노력하였다. 갈퉁은 그의 저서 『평화적 수단에 의한 평화』에서 평화를 직접적인
폭력이 없는 상태인 소극적 평화와 갈등을 비폭력적 방식으로 해결하는 적극적 평화로
구분하였다.

사상의 흐름

고대 동서양의 평화론	근대 서양의 평화론	현대의 평화론
○ 묵자의 겸애설: 차별 없는 사랑과 이익 나눔, 침략 전쟁 반대, 국가 간의 외교 중시 ○ 아우구스티누스 정의 전쟁론: 공동체의 선 보호, 이웃과 국민을 지키기 위한 전쟁 허용	○ 칸트의 영구 평화론: 세계 평화는 인류의 의무이자 도덕적 실천 과제 ○ 동등한 독립 국가 간의 평화와 민주주의를 통한 전쟁 방지 주장 ○ 평화의 조건: 인권이 보장되는 법치 국가, 보편적인 국가 연합 실현	○ 세계 시민 윤리에 바탕을 둔 평화 ○ 인류가 지향하는 우애와 협력, 인권과 정의의 가치를 전제로 한 평화 ○ 실현 방법: 민주주의 강화, 평화 감수성 기르기, 세계 문제의 해결을 위한 적극적 참여 자세

1 묵자의 평화 사상

묵자의 사상에서 비공(非攻)은 국가 간 침략 전쟁을 반대하는 것이다. 겸애교리(兼愛交利)가 개인 윤리 차원적이라면 국제 윤리 수준으로 확장시킨 것이 바로 비공(非攻)이다. 공(攻)은 강대국이 약소국을 침략하는 공벌(攻伐)의 의미가 있다. 묵자가 모든 전쟁을 반대한 것은 아니다. 그는 공벌과 주벌(誅伐)을 구분해 후자는 허용한다. 공벌이란 지배 계급의 이익 때문에 다른 나라를 공격하는 침략 전쟁이라면, 주벌은 덕 있는 자가 하늘의 뜻을 대신하여 무도한 군주를 징벌하고 도탄에 빠진 백성들을 구제하는 전쟁인 셈이다.

묵자는 공벌을 천하의 가장 큰 해악이라 비판한다. 공벌은 백성들의 이익에 반하기 때문에 불의(不義)이다. 또한 전쟁은 인간뿐만 아니라 천의 이익에도 부합하지 않는데, 그 이유는 겸애와도 어긋나기 때문이다. 묵자가 생각할 때 전쟁의 근원은 내 나라와 다른 나라를 차별하는데 있다. 타국을 침략하더라도 나의 이익을 얻고자 하는 욕망이 바로 그것이다. 묵자는 침략 전쟁은 나의 이익을 위해 남의 나라를 크게 해치는 것이므로 그 무엇보다 의롭지 못함을 논리적으로 증명한다.

한 사람을 죽였다면 이것을 불의라고 하여 반드시 그 사람을 죽을죄에 처할 것이다. 이런 논리로 나간다면 열 사람을 죽이면 불의는 십 배나 되니 열 번 죽을죄에 처해야 할 것이요, 백 사람을 죽인다면 불의는 백배라 백 번 죽을죄에 처해야 할 것이다. 이런 것은 세상의 모든 군주들도 의롭지 못한 일이라고 비난할 줄 안다. 그러나 남의 나라를 침략하는 큰일에서는 이것을 비난하기는커녕 칭찬하여 의롭다고 하는 것이다.

– 박문현, 「묵자의 겸애와 비공의 평화론」

묵자는 강대국의 침략 야욕을 억누르고 만약 침략을 당했을 때 생존을 위해서라도 각국은 국방력을 강화해야 한다고 주장한다.

국방력을 강화하는 가장 좋은 방법은 국가를 부유하게 하고 인구를 크게 늘리며 정치가 안정되게 하는 것이다. 국가가 그 다음으로 강구해야 할 일은 방어용 무기를 갖추고 방어 기술을 개발하여 성을 튼튼하게 지키는 것이다. 이렇게 하면 나라의 환난을 거의 면할 수 있다고 보았다.

대체로 큰 나라로서도 작은 나라를 침략하지 못하는 이유는 비축이 많고 성곽이 잘 정비되어 있으며 위아래 사람들이 모두 화합을 이루고 있기 때문이다. 이 때문에 큰 나라는 작은 나라에 대한 침략을 꺼려 하는 것이다.

– 박문현, 「묵자의 겸애와 비공의 평화론」

2 칸트의 '영구 평화론'

말년에 칸트가 내놓은 철학적 구상은 인류 세계의 '영원한 평화' 이념을 담고 있다.

흔히 말하는 평화란 하나의 중심 국가에 의해 주변 국가들이 통제됨으로써 전쟁이 방지되고 평온이 유지되는 수준의 것으로 규정할 수 있다. 하지만 칸트는 이러한 수준에 그치지 않았으며, 이러한 수준의 평화는 진정한 평화일 수 없음을 논하면서 동등한 독립 국가 간의 평화를 주창하였다.

칸트는 평화 안에서만 인간의 인간다움, 인간의 인간으로서의 권리, 곧 '인권'이 지속적으로 펼쳐질 수 있다고 보기 때문에, 이를 위한 논의를 전개하였다. 칸트는 인권이란 "인간들 사이에서만 있을 수 있는 가장 신성한 것"으로 규정한다.

우리 인격 안의 인격성의 권리들 및 인간들의 권리 외에 세상에서 신성한 것은 없다. 신성성은 우리가 인간들을 결코 한낱 수단으로 쓰지 않는다는 데에 있으며, 그러한 사용의 금지는 자유와 인격성 안에 있다.

– 백종현, 「칸트의 이성 철학 9서 5제」

칸트는 평화란 결국 인권이 보장되는 법치 국가, 그리고 더 나아가 국제적으로는 '보편적인 국가 연합'을 이룸으로써 실현될 수 있음을 강조하였다. 그는 전쟁과 평화의 근원적 문제는 국가 간의 신뢰의 정착의 문제로 본다. 따라서 보편적인 국가 연합을 이루어 영원한 평화를 실현하기 위해서는 전쟁의 원인을 배제하고 다음 내용을 지켜야 한다고 보았다.

---

1. 예비 조항

1) 장래의 전쟁의 재료를 암암리에 유보한 채로 맺어진 어떠한 조약도 평화 조약으로 간주되어서는 안 된다.
2) 어떠한 독립 국가도 다른 국가에 의해 상속, 교환, 매매 또는 증여를 통해 취득될 수 있어서는 안 된다.
3) 상비군(常備軍)은 점차 완전히 폐지되어야 한다.
4) 대외적인 국가 용무와 관련하여 어떠한 국가 부채도 지어져서는 안 된다.
5) 어떠한 국가도 다른 국가의 체제와 통치에 폭력으로 간섭해서는 안 된다.
6) 어떠한 국가도 다른 국가와의 전쟁 중에 장래의 평화 시기에 상호 신뢰를 불가능하게 만들 것이 틀림없는 그러한 적대 행위들, 예컨대 암살자, 독살자의 고용, 항복 협정의 파기, 적국에서의 반역 선동 등을 자행해서는 안 된다.

2. 확정 조항

1) 영원한 평화를 위한 제1 확정 조항: 각 국가에서 시민적 체제는 공화적이어야 한다.

2) 영원한 평화를 위한 제2 확정 조항: 국제법은 자유로운 국가들의 연방주의에 기초해야만 한다.
3) 영원한 평화를 위한 제3 확정 조항: 세계 시민법은 보편적 후대의 조건에 제한되어 있어야 한다.

– 백종현, 「칸트의 이성 철학 9서 5제」

칸트는 세계 평화를 위한 노력을 인간의 의무 가운데 하나로 본다. 그에게서 세계 평화는 한낱 정치적 이해관계의 산물이 아니라, 인간이 인간답게 살 수 있는 필수 조건인 것이다.

3 갈퉁의 '적극적 평화'

현대의 대표적인 평화학자인 갈퉁은 '평화적 수단에 의한 평화'를 폭력 극복의 최고 수단으로 제시하였다.

갈퉁은 평화에 대해 말하기 위해서는 먼저 폭력에 대해 말해야 한다고 보고 폭력의 의미를 다음과 같이 진단함으로써 평화를 위한 처방을 내린다. 그는 폭력은 "인간의 기본적 욕구를 모독하는 것"으로 정의하고, 폭력을 직접적 폭력, 구조적 폭력, 문화적 폭력으로 구분하였다.

직접적 폭력이란 폭력의 결과를 의도한 행위자 또는 가해자가 존재하는 폭력을 말한다. 신체에 직접 위해를 가해 오는 개인적이고 직접적이며 현재적인 폭력으로 전쟁, 테러, 린치 등이 이에 해당한다.

구조적 폭력이란 사회 구조 자체에서 일어나는 것으로, 비참한 것도 고통의 한 형태이므로 간접적 폭력이라고 한다. 간접적 폭력은 사람들 사이에서, 사람들의 집단인 사회 간, 사회들의 집단인동맹이나 지역 간, 그리고 인간의 내면의 성격 구조로부터 생기는 간접적이고 의도되지 않는 폭력으로 억압과 착취가 그 대표적 형태이다.

문화적 폭력은 상징적인 것으로 종교와 사상, 언어와 예술, 과학과 법, 대중 매체와 교육 내부에 존재하며, 직접적 폭력과 구조적 폭력을 정당화하는 중요한 기능을 수행한다. 다시 말해 문화적 폭력은 직접적인 폭력 행위나 구조적 폭력의 실체가 정당하다거나 최소한 잘못된 것은 아니라고 폭력을 합법화하거나 용인한다.

– 김명희, 「종교 · 폭력 · 평화–요한 갈퉁의 평화 이론을 중심으로」

갈퉁은 전쟁이나 물리적 폭력이 없는 소극적 평화를 넘어 구조적 폭력과 문화적 폭력을 인식하고 이를 해결하는 것이 적극적 평화 실현을 위해 중요하다고 강조하였다.

갈퉁은 목표로서의 평화뿐만 아니라 수단으로서의 평화도 강조한다. 즉, 평화는 어떠한 경우에도 평화적 수단으로서 성취해야 한다는 것이다. 이렇듯 갈퉁이 말하는 평화는 직접적 평화와 구조적 평화, 그리고 문화적 평화가 합쳐진 상태를 의미한다.

더 알아 보기

'정당한 전쟁', '정의로운 전쟁'이란 무엇일까?

'정의로운 전쟁'의 이론을 체계화한 사상가는 아우구스티누스이다. 그는 그의 저서 『신국』을 통해 '정당한 전쟁론'을 주장하며 "그리스도인은 성직자나 수도자로서 완전히 영적 삶에 자신을 바치지 않는 이상, 자기가 사는 지상 도시에서 벌어지는 전쟁에도 참여해야만 한다."라고 말했다. 그러나 이 경우에도 사제들은 무기를 손에 들 수 없다고 말한다. 또 이민족의 침공에 대해 국가가 언제 폭력을 사용할 수 있는지에 대한 입장을 정리하면서, 공동체의 선을 보호하고 무고한 이웃과 국민을 지키기 위해 국가가 폭력을 사용하거나 전쟁에 나갈 수 있다는 '정당한 전쟁론'의 이론을 개발하였다.

▲아우구스티누스

아우구스티누스는 전쟁의 목적을 이웃 사랑에 두었다. 즉, 전쟁은 하느님의 사랑을 실천하려는 동기와 목적에서 시작되어야 하며, 이웃 사랑을 위한 마지막 선택이 되어야 한다고 보았다. 그는 개인적으로 자기 방위를 위해서 무력 사용을 반대한다 하더라도 국가가 국민을 보호하기 위한 목적, 즉 이웃 사랑의 동기에서 하는 무력 사용은 정당화될 수 있다고 본 것이다.

"전쟁도 평화에 대한 욕망으로 수행되는 것이며, 이 점은 명령과 전투 행위 속에서 자신들의 호전적인 본성을 발휘함으로서 쾌감을 얻는 자들에게도 마찬가지다. 따라서 평화가 전쟁을 추구하는 목적이라는 사실은 분명하다. 평화가 당신의 욕망의 목적이 되어야 한다. 전쟁은 단지 필요악으로서만 수행되어야 하며, 하느님이 그 수단으로 사람들을 필요악으로부터 구하고 그들을 평화 안에 존재할 수 있도록 하는 것에 한하여 수행되어야 한다. 평화는 전쟁의 구실로 추구되어서는 안 되며, 평화를 얻기 위하여 전쟁이 수행되어야 한다. 그러므로 전쟁을 치르는 과정에서도 평화의 정신을 소중히 간직해야 한다."

– 박인성, 「전쟁의 도덕성: 이라크 전쟁과 연관하여」, 「법한철학」 제41집

40 해외 원조의 의무

▶ **싱어**(Singer, P., 1946~)

오스트레일리아 출신 철학자이며, 현재 미국 프린스턴 대학교의 생명 윤리학과 교수이다. 선호 공리주의와 무신론의 관점에서 윤리적 문제에 접근하며, 세계 시민주의에 바탕을 두고 해외 원조를 강조한다. 그의 저서 『동물 해방』은 동물권 운동을 하는 사람들의 지침서 역할을 하고 있으며, 그의 생명 윤리학에 대한 새로운 관점은 오늘날 많은 사람들의 관심과 논란의 대상이 되고 있다.

사상의 흐름

롤스의 국제주의 관점

"만민이 동등한 국제 사회에서 원조의 의무는 모든 사회가 정의롭고 자유적이거나 적정 수준의 기본 제도를 가질 때까지 유효하다."

싱어의 세계 시민주의 관점

"기아 문제는 가난한 나라에 대한 무관심에 있다. 기아로 고통 받는 사람들과 자신의 이익 관심을 동등하게 고려하여 인류 전체의 행복을 증진시켜야 한다."

큉이 주장하는 세계 윤리

• 비폭력 문화와 생명 존중
• 연대의 문화와 정당한 경제 질서
• 관용의 문화와 진실한 삶
• 평등한 문화와 남녀 동반자 의식

1 롤스의 '원조 의무'

롤스는 만민법(The Law of Peoples)에서 국제 사회의 가장 기본적인 규범 원칙을 제시하려 하였으며, 이를 통해 규범적으로 타당한 국제 원조의 내용과 형태에 관한 견해를 제시하였다. 만민법의 국민들(Peoples)은 정치 문화를 공유하는 일련의 사람들의 집합체이다. 특히 롤스는 이 개념을 개인과 국가의 개념을 구분함으로써, 대표로서의 국민은 자신의 개별적 입장보다는 일차적으로 자신의 정치 사회를 우선적으로 대표하는 성격을 지닌다고 본다. 이러한 단계를 거쳐 롤스는 자유주의 국민 상호 간에 합의할 수 있는 8가지 원칙을 제시한다.

1. 만민은 자유롭고 독립적인 존재이다. 이들의 자유와 독립성은 다른 국민에 의해 존중되어야 한다.
2. 만민은 조약과 약속을 준수해야 한다.
3. 만민은 평등하며 자신을 구속하는 약정에 대한 당사자가 된다.
4. 만민은 불간섭의 의무를 준수해야 한다.
5. 만민은 자기방어의 권리를 갖는다. 그러나 자기방어 이외의 이유로 전쟁을 일으킬 수 있는 권리를 가지지 못한다.
6. 만민은 인권을 존중해야 한다.
7. 만민은 전쟁 수행에 있어 특별히 규정된 제약 사항들을 준수해야 한다.
8. 만민은 정의롭거나 적정 수준의 정치 및 사회 체제의 유지를 저해하는 불리한 여건하에 사는 다른 만민을 원조할 의무가 있다.

― 롤스, 『만민법』

롤스는 고통을 겪는 사회라 불리는 심각한 정치·경제적 어려움에 처한 국가들이 그러한 어려움에서 벗어나서 '스스로 일을 적절하고 합리적으로 처리'할 수 있는 것을 원조의 목표로 삼는다. 그리고 이들이 질서 정연한 사회가 되도록 지원해야 한다고 주장한다.

원조의 역할은 고통받는 사회의 사람들이 국제 사회의 완전한 성원이 되도록, 그리고 그들 스스로 자신의 미래 경로를 결정할 수 있도록 돕는 것이다. …… 만민법이 적용되는 국제 사회에서 원조의 의무는 모든 사회가 정의롭고 자유적이거나 적정 수준의 기본 제도를 가질 때까지 유효하다.

― 롤스, 『만민법』

질서 정연한 사회란 시민들이 기본적이 정치적 권리가 보장되는 사회이므로, 결국 롤스는 국제 원조의 궁극적인 목표를 자유와 평등을 보장하는 것으로 규정하고 있다고 볼 수 있다. 이는 롤스는 원조에 있어서 경제적 측면보다 정치적 측면을 강조한다고 볼 수 있다.

예를 들어 민주화나 법치주의의 확립 등을 통해 정치 발전에 있어 국제 원조는 일정한 기여를 할 수 있다. 롤스는 정치적인 목적의 국제 원조에는 차단점이 존재한다고 보는데, 이는 원조의 결과로 고통을 겪는 사회가 일정한 수준에 이르면 원조는 중단되어야 한다는 것이다.

만민법 사회의 기본 구조에서 일단 원조의 의무가 충족되고, 만민이 자유주의적 또는 적정 수준의 정부가 작동하는 상황을 가지게 된다면, 상이한 만민 간의 평균적 부의 차이를 다시금 좁혀야 할 이유는 없다.

― 롤스, 『만민법』

롤스는 국적에 관계없이 모든 인간 개개인에게 기회의 평등을 보장하거나 선진국과 저개발국 간의 경제적 격차를 줄이는 것을 원조의 목적으로 삼지 않는다.

롤스는 국제 원조에 평등주의 원칙을 적용하지 않는다. 그 이유는 어려움에 처하게 된 가장 중요한 이유가 각국의 정치 문화에 있기 때문이다. 많은 국가들이 기근에 처하는 이유는 식량 생산의 감소가 아닌 잘못된 식량 배분 정책에 있다. 따라서 그가 보기에 아무리 부존자원이 보잘 것 없을지라도 적절하고 합리적으로 조직되고 통치되기만 하면 얼마든지 질서 정연한 사회 대열에 동참할 수 있다.

롤스는 심각한 어려움에 처한 국가들이 정상적인 정부를 갖추고 제대로 작성할 수 있도록 지원하는 데 원조의 초점이 맞추어져야 한다고 본다. 롤스의 만민법은 칸트의 영구 평화의 발상을 계승하면서, 국제 사회 또는 지구적 사회의 정의 문제를 논함에 있어 규범적 틀을 제공해 주고 있다.

2 싱어의 '원조 의무'

싱어는 '이익 동등 고려의 원리(the principle of equal consideration of interests)'를 도덕 판단의 궁극적인 기준으로 삼아 이를 현실 문제에 일관되게 적용한다.

그는 윤리가 보편적 관점을 취하는 것임을 전제하면서, 윤리적 판단을 내릴 때 자신의 이해타산을 넘어서서 객관적인 판단을 하는 것이라고 본다. 이러한 관점에서 이익 동등 고려의 원리란 우리의 행위에 의해 영향을 받을 모든 존재들의 이익에 동등한 비중을 두고 행위해야 한다는 원리로 이해할 수 있다.

그는 공리주의에 입각해 전 인류의 행복을 증진시켜야 한다는 주장을 제시하며 모든 사람의 복지를 고르게 고려하고자 하였다. 이 관점에 따르면 빈곤으로 고통받는 사람을 돕는 것은 의무로 규정한다.

싱어는 특히 빈곤의 문제를 해결하기 위해 아무 것도 하지 않은 것 또한 잘못이라고 규정한다.

부유한 나라의 사람들이 그들이 줄 수 있는 것보다 적게 줌으로써 10억 이상의 사람들이 어려운 상황 속에서 계속 살게 하고 일찍 죽도록 용납하고 있는 것을 의미한다. 이러한 결론은 단지 정부들에게만 해당되는 것이 아니라, 각각의 풍요로운 개인들에게도 해당된다. 왜냐하면 우리들 각각은 그러한 상황에 대해서 무엇인가 할 수 있는 기회를 가지기 때문이다. 만약 어떤 이를 죽도록 방치하는 것과 어떤 이를 죽이는 것과 본질적으로 다르지 않다면, 우리 모두는 살인자로 보일 것이다.

– 싱어, 『실천 윤리학』

싱어가 빈곤의 문제를 다룰 때 특이한 점은 자신과 가까운 사람을 우선적으로 고려해야 한다는 상식적인 생각에서 벗어나고 있다는 점이다. 싱어는 "10야드 떨어진 곳에 사는 내 이웃을 돕는 것과 10만 마일 떨어진 곳에 사는 이름도 모르는 벵갈 인을 돕는 것 사이에는 어떠한 도덕적 차이도 없다."라고 주장한다. 이는 어려운 처지의 이웃을 돕는 것이 우리의 당연하고 자연스러운 도덕적 의무로 간주되어야 한다는 의미로 이해할 수 있다.

모든 인간은 국적이나 인종, 사는 곳의 여부와 관계없이 근본적으로 평등하다는 원칙을 인정한다면 거리를 이유로 어려움에 처한 생면부지의 외국인을 우리의 이웃과 다르게 대우하는 것은 적어도 규범적 차원에서 용인될 수 없다는 것이다.

나는 절대 빈곤과 그에 따른 배고픔, 열악한 영양 상태, 주거의 부족, 문맹, 질병, 높은 유아 사망률, 낮은 평균 수명 등을 나쁜 것이라 가정한다. 그리고 또 도덕적으로 마찬가지로 중요한 일들을 희생시키지 않고 절대

빈곤을 감소시키는 일을 할 수 있는 힘이 풍요한 사람들에게 있다고 가정한다. 만일 이 두 가정과 우리가 논의하는 원칙이 올바르다면, 우리는 절대 빈곤에 빠져 있는 사람들을 도울 의무를 갖게 되며, 이는 연못에 빠져 죽어 가는 아이를 구할 의무보다 약한 것은 아니다. 돕지 않은 것은, 그것이 본질적으로 죽이는 것과 같든 아니든 간에, 나쁜 일일 것이다. 그것은 모든 사람이 마땅히 해야 하는 그러한 것이다.

                                      – 싱어, 『실천 윤리학』

싱어는 우리가 어려운 처지에 놓인 이들을 도와야 하는 이유를 두 가지로 제시한다.

먼저, 식량, 피난처, 의료 서비스의 부족으로 인한 고통이나 죽음은 나쁘다. 둘째, 도덕적으로 상당한 희생을 감수하지 않고 나쁜 일을 막을 수 있다면 우리는 그렇게 해야 한다.

싱어는 이 두 가지 이유를 원조 의무에 대한 필요 충분조건으로 간주한다. 싱어는 우리가 어려운 처지의 타인들에 원조의 의무를 지는 가장 근본적인 이유가 나쁜 일이 일어난다는 사실 그 자체로 규정한다. 그 사실로 인하여 고통받는 타인들에 대한 원조 의무는 자연 발생적이다.

더 알아보기 ─ 해외 원조는 '의무'인가, '자선'인가?

우리도 행복해질 수 있나요?

전쟁과 굶주림에 익숙해질 때도 되었는데 하루하루가 더욱 힘이 듭니다.

낡고 해진 천막 안에서도 희망을 키울 수 있도록 사랑을 나누어 주세요, 지금!

"개인은 목적이지 수단이 아니므로 우리에게는 타인을 해치지 않을 의무가 있다. 그러나 가난한 사람을 돕기 위한 과세는 강제 노동과 동등한 것이므로, 우리는 자발적 동의 없이 타인을 도울 필요가 없다."

                          – 노직

해외 원조를 자선으로 보는 관점은 노직으로 대변된다. 자유 지상주의자인 노직은 개인이 목적이지 수단이 되어서는 안 되므로 우리에게는 타인에게 해를 끼치지 않을 의무가 있다는 점에서 논의를 전개한다.

그러나 가난한 사람을 돕기 위한 과세는 강제 노동과 동등한 것이기 때문에 우리는 자발적 동의 없이 타인을 도울 필요가 없는 점을 분명히 밝힌다. 이렇듯 노직은 정당하게 취득한 재산에 대한 배타적 소유권을 강조하며, 원조는 의무의 영역이 아닌 개인의 자율적 선택의 결과여야 한다고 본다. 따라서 노직은 부유한 나라의 약소국에 대한 원조는 자선의 형태로 이루어져야 한다고 주장한다.

○ 가나야 오사무, 『중고사상사』, 이론과 실천, 1989

○ 금장태, 『다산실학탐구』, 소학사, 2001

○ 금장태, 『한국유학의 탐구』, 서울대학교출판부, 2003

○ 금장태, 『한국 유학의 탐구』, 서울대출판부, 2003

○ 김교빈, 『양명학자 정제두의 철학사상』, 한길사, 1995

○ 김교빈 외, 『함께 읽는 동양철학』, 지식의 날개, 2009

○ 김봉렬, 『유길준: 개화사상의 연구』, 경남대학교 출판부, 1998

○ 김비환 외, 『21세기의 동양철학』, 을유문화사, 2005

○ 김병환, 『동양윤리사상 강의』, 예문사, 2017

○ 김상봉, 『호모 에티쿠스』, 한길사, 1999

○ 김용휘, 『우리 학문으로서의 동학』, 책세상, 2007

○ 김용휘, 『최제우의 철학』, 이화여자대학교출판부, 2012

○ 김창성 편저, 『사료로 읽는 서양사1』, 책과함께, 2014

○ 노병철 외, 『현대 사회와 이데올로기』, 인간사랑, 2000

○ 노자, 『노자의 도덕경』, 북팜, 2011

○ 롤스, 『만민법』, 이끌리오, 2000

○ 롤스, 『정의론』, 이학사, 1996

○ 롤스, 『정치적 자유주의』, 동명사, 1998

○ 미조구치 유조 외 편저, 『중국사상문화사전』, 민족문화문고, 2003

○ 밀, 『공리주의』, 계명대학교 출판부, 2014

○ 맹자, 『맹자』, 홍익출판사, 2012

○ 박성규 역주, 『논어집주』, 소나무, 2011

○ 박영식, 『서양철학사의 이해』, 철학과현실사, 2000

○ 박종현, 『칸트의 이성 철학 9서 5제』, 아카넷, 2012

○ 박찬구, 『칸트의 〈도덕형이상학정초〉 읽기』, 세창미디어, 2014

○ 박찬구, 『개념과 주제로 본 우리들의 윤리학』, 서광사, 2015

○ 박찬구, 「흄과 칸트에 있어서의 도덕감」, 『철학』 제44집, 1995 가을

○ 박찬국, 『현대 철학의 거장들』, 철학과 현실사, 2005

○ 박희병, 『범애와 평등』, 돌베개, 2013

○ 시마다 겐지, 『주자학과 양명학』, 까치, 1986

◦ 사하키안, 『윤리학의 이론과 역사』, 박영사, 1986

◦ 성백효, 『대학 · 중용 집주』, 한국고전인문연구소, 2016

◦ 순자, 『순자』, 명지대학교 출판부, 1985

◦ 신일철, 『동학사상의 이해』, 사회비평사, 1995

◦ 신정근, 『사람다움의 발견』, 이학사, 2005

◦ 스피노자, 『에티카』, 서광사, 1990

◦ 스피노자, 『에티카』, 서광사, 1990

◦ 안광복, 『처음 읽는 서양 철학사』, 어크로스, 2017

◦ 아리스토텔레스, 『정치학』, 박영사, 2007

◦ 여정덕 편, 『주자어류』, 소나무, 2001

◦ 윤사순, 『퇴계철학의 연구』, 고려대학교출판부, 1986

◦ 이규성, 『최시형의 철학』, 이화여자대학교출판부, 2011

◦ 이돈화, 『천도교창건사』, 천도교 중앙종리원, 1933

◦ 이상익, 『서구의 충격과 근대 한국사상』, 한울, 1997

◦ 애덤 스미스, 『국부론(상)』, 비봉출판사, 2013

◦ 애링턴, 『서양윤리학사』, 서광사, 2003

◦ 앤드류 커크, 『세계를 뒤흔든 시민불복종』, 그린비, 2005

◦ 왈저, 『정의와 다원적 평등』, 철학과현실사, 1999

◦ 왕양명, 『전습록 1』, 청계, 2001

◦ 윌리스턴 워커, 『세계기독교회사』, 대한기독교서회, 1975

◦ 정약용, 『다산 맹자요의』, 현대실학사, 1994

◦ 정현식 외, 『정치경제학과 경제주의』, 서울대학교출판부, 1998

◦ 천라이, 『송명성리학』, 예문서원, 1997

◦ 토마스 허슬리, 『진화와 윤리』, 산지니, 2012

◦ 펑유란, 『중국철학사』, 형설출판사, 1979

◦ 피터 싱어, 『동물해방』, 인간사랑, 1999

◦ 피터 싱어, 『실천윤리학』, 연암서가, 2013

◦ 하이에크, 『법, 입법, 그리고 자유 II : 사회적 정의의 환상』, 자유기업센터, 1997

◦ 한영우, 『다시, 실학이란 무엇인가』, 푸른역사, 2007

◦ 홉스, 『리바이어던』, 동서문화사, 2016

◦ 황의동, 『율곡철학연구』, 경문사, 1987

◦ 뚜웨이밍, 『한 젊은 유학자의 초상: 청년 왕양명』, 통나무, 1998

40주제로
이해하는
윤리와 사상
개념 사전

2018년 6월 15일 초판 발행
2024년 1월 1일 5쇄 발행

편 저 자   박찬구, 양일모, 최유진, 정원섭, 박지운, 안인선
발 행 인   이미래, 김남인

발 행 처 |주|씨마스
등록번호   제301-2011-214호
주   소   서울특별시 강서구 강서로33가길 78 씨마스빌딩
전   화   (02)2274-1590
팩   스   (02)2278-6702
홈페이지   www.cmass21.co.kr

편 집 자   성시용, 송인철
디 자 인   이기복, 김영수, 박상군